수능 영어를 향한 가벼운 발걸음

맨 처음
수능 영어

주제별 독해

1

정담서
쥬기스 변형문제 출제위원
이화여대졸
현) 대치세정학원(송도)

안치현
쥬기스 운영진
EBS 변형문제(모자이크)
Ashland Univ.(Ohio)
현) Promise Tesol Director (St. Louis)
현) 오르다 영어
현) 열린아카데미
현) 아이클레버유학원 자문위원

이건희
현) 쥬기스(http://jugis.co.kr) 대표
맨처음 수능영어(영문법, 기본, 실력, 독해, 완성)
내공(중학영문법, 중학구문, 중학듣기, 중학단어) (다락원)
체크체크(천재교육) Grammar in(비상) 외 집필
instagram@gunee27

서재교
대전 스카이피아학원 대표
〈저서〉
내공 중학영어 듣기시리즈(다락원)
맨처음 수능 영어 독해 모의고사 10회(다락원)
EBS 수능 변형문제시리즈(모자이크)
결정적코치 대입실전편 9 10(한국 교육컨설턴트 협의회)
〈검토위원〉
맨처음 수능영문법(다락원)
리더스뱅크 3~9, 완자 중고등 VOCA PICK 1~3(비상교육)

이연홍
경북대 졸
맨처음 수능 영어 독해 모의고사 10회, 내공중학영어듣기(다락원)
EBS고난도변형문제(모자이크)
현) 대치퍼스트학원 (창원)
현) Rhee's English Class (창원)
현) 이타카 영어학원(김해율하)

맨 처음 수능 영어 주제별 독해 1

지은이 정담서 안치현 서재교 이연홍 이건희
펴낸이 정규도
펴낸곳 (주)다락원

초판 1쇄 인쇄 2022년 12월 26일
초판 2쇄 발행 2023년 3월 10일

편집 김민아
디자인 김나경, 정규옥
영문 감수 Ted Gray

다락원 경기도 파주시 문발로 211
내용문의 (02)736-2031 내선 504
구입문의 (02)736-2031 내선 250~252
Fax (02)732-2037
출판등록 1977년 9월 16일 제 406-2008-000007호

Photo Credits
Mark Van Scyoc (p.13), Grey82 (p.14) Yuri Turkov(p.15),
lev radin (p.44), Jonas Petrovas (p.50), tichr (p.51),
Everett Collection (p.52), Wirestock creators (p.57),
Glynnis Jones (p.74), Rose Carson (p.76), Natata (p.87),
Sam Aronov (p.88), Everett Collection (p.92),
Viktor Prymachenko (p.99) / www.shutterstock.com

값 14,500원
ISBN 978-89-277-8045-8 54740
978-89-277-8044-1 54740(set)

http://www.darakwon.co.kr
다락원 홈페이지를 방문하시면 상세한 출판정보와 함께
동영상강좌, MP3자료 등 다양한 어학 정보를 얻으실 수 있습니다.

수능 영어를 향한 가벼운 발걸음

맨 처음 수능 영어

주제별 독해

1

다락원

맨처음 수능 영어 주제별 독해만의 장점!

🐾 모의고사 및 수능 기출 문제를 쉽게 공부할 수 있어요!

🐾 수능 빈출 소재 & 주제별 학습으로 수능 영어와 친해질 수 있어요!

🐾 주제별 다양한 배경지식과 풍부한 어휘로 수능 영어 독해력을 키울 수 있어요!

❶ 주제 소개
수능에 자주 나오는 주제에 대한 소개와 주제별 학습 방향을 제시합니다.

QR코드를 스캔하면 지문에 해당하는 원어민 음성을 들을 수 있습니다.

❹ Reading Check
Q에 해당하는 지문을 요약 및 구조화합니다. 주제별 전개 방식은 물론 지문에 대한 이해도를 높일 수 있습니다.

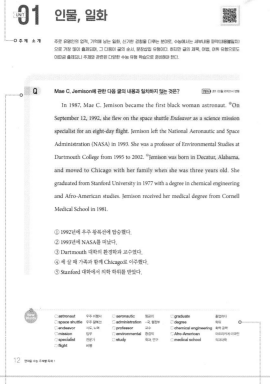

❷ Q
난이도를 조절한 기출 문제를 통해 수능 대표 주제에 대한 이해도를 높일 수 있습니다.

❺ Analyzing Sentences
지문 속 중요 구문이나 복잡한 문장 구조를 분석해보면서 문장 해석의 정확도를 높입니다.

❸ New Words
지문에 나온 단어들을 문제별로 정리했습니다. 영어 단어와 한글 뜻을 스스로 체크해 볼 수 있는 깔끔한 단 구성은 단어 암기의 효율을 높여줍니다.

❻ Background Knowledge
주제별로 다양한 배경지식과 사진을 함께 보여줌으로써 보다 흥미롭고 생생한 독해를 할 수 있습니다.

❼ 주제별 연습문제

난이도에 맞게 변형된 기출 문제를 수능 빈출 소재와
주제별로 집중적으로 연습합니다.

정답률 및 기출문제 변형
정보를 알려줍니다.

❽ Vocabulary Review

주제별로 학습한 기출 지문 속 어휘들을
빈칸 완성, 영영 풀이를 통해 반복 학습합니다.

❾ ➕(Expand Knowledge)

알아두면 유용한 다양한 배경지식을 사진과 함께
학습함으로써 주제에 대한 이해력과 독해력이 확장됩니다.

MINI TEST

앞서 학습한 다양한
주제별 기출 문제들을
모의고사 형태의 미니
테스트를 통해 종합적
으로 점검해봅니다.

• WORKBOOK

전 지문에 해당하는 핵심 어휘 및 구문 학습
용 워크북 문제를 제공합니다. 워크북 정답은
www.darakwon.co.kr에서 무료로 다운로
드 할 수 있습니다.

MINI TEST

책 속의 책 Workbook 제공

수능 영어 (절대평가)란 무엇인가요?

**기존의 상대평가와 달리 다른 학생의 성적과 비교하여 등급을 결정하지 않고,
본인의 성취 수준에 따라 등급을 결정합니다.**

1 수능 영어 문항과 시험 시간

수능 영어는 듣기와 읽기를 포함한 총 45문항으로 구성되어 있으며, 내용의 중요도나 난이도를 고려하여 문항별로 2점 또는 3점이 배정됩니다. 듣기 영역은 총 17문항으로서 듣기 12문항과 간접 말하기 5문항으로 구성되어 있습니다. 읽기 영역은 총 28문항으로서 읽기 21문항과 간접 쓰기 7문항으로 구성되어 있습니다. 시험 시간은 70분으로 듣기는 약 25분, 읽기는 약 45분이 배당되어 있습니다.

평가영역	문항수	시험시간
듣기	17문항	25분
읽기	28문항	45분
합계	45문항	70분

2 수능 영어 절대평가의 점수와 등급

수능 영어 절대평가는 원점수에 따른 등급만 제공합니다. 수능 영어 절대평가의 등급은 원점수 100점 만점을 기준으로 10점 간격의 9개 등급으로 구분됩니다. 예를 들어, 수험생이 90~100점 사이의 점수를 받으면 1등급, 80~89점 사이의 점수를 받으면 2등급을 받습니다.

성취등급	원점수
1등급	100~90점
2등급	89~80점
3등급	79~70점
4등급	69~60점
5등급	59~50점
6등급	49~40점
7등급	39~30점
8등급	29~20점
9등급	19~0점

3 수능 영어 평가 사항

수능 영어는 고등학교 영어 교육과정 성취기준의 달성 정도와 대학에서 수학하는 데 필요한 영어 능력을 평가하기 위한 시험입니다. 어법과 어휘, 글의 중심내용과 세부내용에 대한 문항, 논리적 관계 파악과 맥락 파악과 같은 글의 내용에 대한 이해력과 사고력 그리고 영어 표현을 상황에 맞게 사용하는 능력을 평가합니다.

4 수능 영어 읽기 학습

1 중심 내용 파악하기

중심 내용을 파악하기 위해서는 글을 읽고 전체적인 내용을 이해하고, 추론 하는 능력이 필요합니다. 중심 내용 파악하기에는 글의 주제, 요지, 제목 파악하기 등의 유형이 있습니다.

2 세부 내용 파악하기

세부 내용을 파악하기 위해서는 글에 제시된 특정 정보를 사실적이고 정확하게 이해하는 능력이 필요합니다. 세부 내용 파악하기에는 내용 일치·불일치, 실용문 및 도표 내용 일치·불일치 등 파악하기 유형이 있습니다.

3 논리적 관계 파악하기

논리적 관계를 파악하기 위해서는 글을 읽고 원인과 결과와 같은 내용의 논리적인 관계를 파악하는 능력이 필요합니다. 단어나 구, 절, 문장 또는 연결어가 들어갈 빈칸 내용 추론하기 등의 유형이 있습니다.

4 맥락 파악하기

맥락을 파악하기 위해서는 글을 읽고 말하는 이나 글쓴이의 의도나 목적을 파악하는 능력이 필요합니다. 맥락 파악하기에는 글쓴이의 목적, 주장, 글의 분위기나 심경 등 파악하기 등의 유형이 있습니다.

5 간접 쓰기

간접 쓰기를 위해서는 글의 전체적인 맥락과 문장 간의 논리적 흐름을 파악하여 가상의 글쓰기에 적용할 수 있는 능력이 필요합니다. 간접 쓰기에는 흐름에 무관한 문장, 주어진 문장의 적합한 위치, 글의 순서 파악하기, 문단 요약하기 등의 유형이 있습니다.

6 문법 및 어휘

문법 및 어휘를 위해서는 글의 전체적 의미나 문장 간의 의미적 관련성을 통하여 어법의 적합성이나 어휘의 적합성을 파악하는 능력이 필요합니다. 문법과 어휘에는 문맥에 따른 어법 또는 어휘 정확성 파악하기 등의 유형이 있습니다.

출처: 한국교육과정평가원

수능 지문의 6가지 대표 패턴

| Pattern 1 | 주제문 | 예시 ① | 예시 ② | 예시 ③ |

가장 기초적인 영어식 글쓰기 구성으로 「주제문+예시」의 기본 패턴입니다. 주제, 요지, 빈칸완성, 글의 전후 관계추론, 무관한 문장, 문장의 삽입 등 다양한 유형의 문제에 쓰입니다. 주제문은 문장 앞(두괄식), 문장 뒤(미괄식), 중간(중괄식), 혹은 앞과 뒤에 동시에 나올 수 있습니다. 예시를 위해 for example, for instance 같은 연결 어구를 사용합니다.

| Pattern 2 | 도입 | 주제문 | 예시 | 요약 |

수능에서 가장 많이 나오는 패턴으로 도입부에 일반적인 사실 또는 생각을 제시한 다음 but, however와 같이 역접을 유도하는 연결 어구를 사용하여 주제문을 제시합니다. 주제문을 보충 설명하기 위한 예를 2~3개 정도 쓰고 마지막에 전체 글을 요약합니다. 주로 주제, 요지, 주장, 빈칸 추론 등 유형에 활용합니다.

| Pattern 3 | 일반론 | 반론 | 결론 |

논설문에서 가장 많이 쓰이는 형태입니다. 문장의 앞부분에 주제의 도입이나 일반적인 생각을 제시한 다음, 그와 반대되는 생각이나 문제점을 지적한 뒤 결론을 유도하는 방식입니다. 역접, 인과관계를 나타내는 연결 어구의 쓰임에 주의해야 합니다. 글의 순서 또는 문장의 삽입, 주제 등의 유형에서 많이 이용합니다.

| Pattern 4 | 설명(사실 ① ② ③) | 요약 |

설명문에서 많이 쓰이는 패턴으로, 주제를 정당화할 수 있는 사실, 속성, 사건들을 나열한 후 주제문을 제시합니다. 열거되는 사실은 서로 대등하며, first, second, finally, another, some, others 등을 사용합니다. 결론을 유도하는 therefore, in short 같은 접속부사의 표현을 글의 뒷부분에서 발견할 수 있습니다. 주로 실용문, 지칭추론, 빈칸 추론, 요지, 요약문 완성 등을 묻는 문제에 많이 응용됩니다.

| Pattern 5 | 행동 ① | 행동 ② | 행동 ③ |

시간에 따른 어떤 대상의 움직임이나 장소를 구상하는 공간순서에 따른 행동에 대한 묘사로 어조, 분위기, 심경 또는 글의 순서 등을 파악하는 종합적인 이해력을 측정하는 문제에서 많이 활용합니다.

| Pattern 6 | 상황 제시 | 사건(시간순) | 마무리 |

주제를 암시하는 사건을 시간 순으로 간략하게 서술합니다. 상황, 일화 등 사건의 흐름을 간결하게 서술하거나 글 속에 대화로 등장할 수 있습니다. 속담, 함축 의미, 심경을 묻거나 특히 장문 독해 문제에서 자주 활용합니다.

수능 주제별 독해

Unit 01 ~ Unit 16

주 제 소 개 주로 유명인의 업적, 기억에 남는 일화, 신기한 경험을 다루는 분야로, 수능에서는 세부내용 파악(내용불일치)으로 가장 많이 출제되며, 그 다음이 글의 순서, 문장삽입 유형이다. 하지만 글의 제목, 어법, 어휘 유형으로도 이따금 출제되니 주제와 관련된 다양한 수능 유형 학습으로 준비해야 한다.

Q Mae C. Jemison에 관한 다음 글의 내용과 일치하지 <u>않는</u> 것은? [78%] 고1 03월 모의고사 변형

In 1987, Mae C. Jemison became the first black woman astronaut. **❶**On September 12, 1992, she flew on the space shuttle *Endeavor* as a science mission specialist for an eight-day flight. Jemison left the National Aeronautic and Space Administration (NASA) in 1993. She was a professor of Environmental Studies at Dartmouth College from 1995 to 2002. **❷**Jemison was born in Decatur, Alabama, and moved to Chicago with her family when she was three years old. She graduated from Stanford University in 1977 with a degree in chemical engineering and Afro-American studies. Jemison received her medical degree from Cornell Medical School in 1981.

① 1992년에 우주 왕복선에 탑승했다.
② 1993년에 NASA를 떠났다.
③ Dartmouth 대학의 환경학과 교수였다.
④ 세 살 때 가족과 함께 Chicago로 이주했다.
⑤ Stanford 대학에서 의학 학위를 받았다.

New Words

□ astronaut	우주 비행사	□ aeronautic	항공의
□ space shuttle	우주 왕복선	□ administration	-국, 행정부
□ endeavor	시도, 노력	□ professor	교수
□ mission	임무	□ environmental	환경의
□ specialist	전문가	□ study	학과, 연구
□ flight	비행		

□ graduate	졸업하다
□ degree	학위
□ chemical engineering	화학 공학
□ Afro-American	아프리카계 미국인
□ medical school	의과대학

Reading Check

빈칸에 들어갈 알맞은 말을 지문에서 찾아 적어 보세요.

인물 소개	• the first black woman ¹_____
활동	• ²_____ on the space shuttle as a science mission specialist
	• ³_____ NASA
	• a(n) ⁴_____ of Environmental Studies at Dartmouth College
	• ⁵_____ to Chicago with her family at the age of 3
	• graduated with a degree in ⁶_____ _____ and Afro-American studies
	• got her ⁷_____ _____ from Cornell Medical School

Analyzing Sentences

❶ On September 12, 1992, she flew on the space shuttle *Endeavor* **as** a science mission specialist **for** an eight-day flight.

···→ as는 전치사로 자격을 나타내는 '~로서'의 뜻이고, for 뒤에는 기간이 와서 how long ~? 의문문에 대한 답이 된다.

❷ Jemison was born in Decatur, Alabama, **and** moved to Chicago with her family **when** she was three years old.

···→ and를 기준으로 was born과 moved가 병렬구조로 연결되어 있으며, when은 '~할 때'라는 뜻의 접속사로 사용되었다.

Background Knowledge

NASA(미항공우주국)

National Aeronautics and Space Administration의 약자로, 민간 우주 프로그램과 항공 및 우주 연구를 담당하는 미국 연방 정부의 독립 기관이다. 1957년 10월 구소련의 세계 최초의 인공위성 Sputnik 1호의 발사 성공에 충격을 받아, 미국의 아이젠하워 대통령은 1958년 7월에 NASA를 발족시켰다. 산하 시설로 케네디 우주센터, 고다드 우주 비행 센터, 제트 추진 연구소, 존슨 우주 센터, 랭글리 연구 센터, 마셜 우주 비행 센터 등이 있다.

01 글의 흐름으로 보아, 주어진 문장이 들어가기에 가장 적절한 곳은? 〔77%〕고1 11월 모의고사 지문/문제 변형

> He hurried back to assure the gray-haired gentleman.

Albert Einstein once boarded a train from Philadelphia. The conductor came to punch the tickets and said, "Ticket, please." Einstein searched his vest pocket for the ticket, but did not find it. He checked his brief case. (①) But still, he couldn't find his ticket. (②) The conductor kindly said, "I know who you are, Dr. Einstein. Don't worry about your ticket." (③) Several minutes later the conductor turned around from the front of the traincar to see Einstein continuing to search under his seat for the missing ticket. (④) "Dr. Einstein, Dr. Einstein, I know who you are!" he repeated. (⑤) "You don't understand. I, too, know who I am. What I don't know is where I'm going." said Einstein.

*conductor 차장

✚ Albert Einstein (1897~1955)
독일 태생이지만 스위스 시민권을 취득한 역사상 가장 위대한 물리학자이다. 그의 상대성 이론과 양자역학은 현대 물리학의 두 기둥이며, 상대성 이론에서 나온 질량−에너지 등가식 E=mc²는 세계에서 가장 유명한 방정식으로 불린다. 한편 Einstein은 독일어로 하나의(Ein) 돌(stein)이라는 뜻으로, 유대인 계통의 성씨로 많이 사용된다.

New Words

☐ assure	안심시키다	☐ search	뒤지다, 찾다	☐ kindly	친절하게
☐ gray-haired	백발의	☐ vest	조끼	☐ several	몇몇의
☐ once	이전에	☐ brief case	서류가방	☐ traincar	(기차의) 차량, 기차칸
☐ board	타다, 승선하다	☐ still	여전히	☐ missing	잃어버린, 행방불명된
☐ punch	구멍을 뚫다				

02

주어진 글 다음에 이어질 글의 순서로 가장 적절한 것은?

67% 고1 06월 모의고사 변형

> In early 19th century London, a young man named Charles Dickens had a strong desire to be a writer. But everything seemed to be against him.

(A) Moreover, he had so little confidence in his writing skills that he sent his writings secretly at night to editors so that nobody would laugh at him. His work was repeatedly rejected.

(B) He couldn't attend school for more than four years. His father was in jail for not paying his debts, and this young man often knew the pain of hunger.

(C) Then one day, one editor recognized and praised him. The praise that he received from the publication of his work changed his life. His work has been widely read and is still popular.

① (A) – (C) – (B)　　　② (B) – (A) – (C)
③ (B) – (C) – (A)　　　④ (C) – (A) – (B)
⑤ (C) – (B) – (A)

⊕ Charles Dickens (1812~1870)
빅토리아 시대를 대표하는 영국의 소설가이자 사회 비평가이다. 영국의 남부 해안 도시에서 하급 공무원의 아들로 태어나, 빚을 지고 감옥까지 간 아버지 때문에 어려서부터 공장 노동을 하기도 했다. 그의 작품으로 《데이비드 코퍼필드》《위대한 유산》《올리버 트위스트》《크리스마스 캐럴》 등이 있다.

*빅토리아 시대: 영국의 빅토리아 여왕이 다스리던 시대(1837~1901)

New Words

□ desire	열망, 욕망	□ laugh at	비웃다	□ pain	고통
□ against	～에게 불리한, ～에 맞서	□ reject	거절하다	□ hunger	배고픔
		□ attend	다니다, 참석하다	□ recognize	알아보다, 인정하다
□ confidence	자신감	□ jail	감옥	□ praise	칭찬하다; 칭찬
□ skill	기술	□ pay	(빚을) 갚다, 지불하다	□ publication	출판
□ secretly	몰래	□ debt	빚	□ widely	널리
□ editor	편집자				

03

다음 글의 밑줄 친 부분 중, 문맥상 낱말의 쓰임이 적절하지 <u>않은</u> 것은?

55% 고3 06월 모의고사 지문/문제 변형

According to Cambodian legends, lions roamed the countryside attacking villagers and their buffalo. Long before the Khmer Empire began in the 9th century, farmers developed a martial art to ① <u>defend</u> themselves against the predator. These techniques became bokator, 'to fight a lion.' Bokator is ② <u>drawn</u> on the walls of Angkor Wat. There are 10,000 moves to master, ③ <u>imitating</u> animals such as monkeys, elephants and even ducks. King Jayavarman VII, the warrior king who united Cambodia in the 12th century, made his army train in *bokator*, turning it into a ④ <u>frightening</u> fighting force. Despite its long tradition, bokator ⑤ <u>flourished</u> when the Khmer Rouge took power in 1975 and executed most of the masters over the next four years.

*roam 돌아다니다 **execute 처형하다

➕ **앙코르 와트(Angkor Wat)**
앙코르(Angkor)는 크메르어(語)로 왕조를 뜻하며 와트(Wat)는 사원을 뜻한다. 12세기 초에 축조된 이래 크메르 제국의 모든 종교 활동의 중심지 역할을 맡았다. 처음에는 힌두교 사원으로, 나중에는 불교 사원으로도 쓰였다. 수준 높은 건축술을 가장 잘 보여주며, 캄보디아의 국기에도 그려져 있다.
*크메르 제국: 캄보디아 역사상 최전성기를 이끌었던 제국(802~1431)

 New Words

□ villager	마을 사람, 주민	□ move	동작	□ frightening	무서운
□ empire	제국	□ master	숙달하다; 사범	□ force	군대, 힘
□ develop	개발하다	□ imitate	모방하다	□ despite	~에도 불구하고
□ martial art	무술	□ warrior	전사	□ tradition	전통
□ defend	방어하다	□ unite	통일하다	□ flourish	번성하다
□ predator	포식자	□ turn ~ into ...	~을 ...로 바꾸다	□ take power	정권을 잡다

Vocabulary Review

01 다음 주어진 단어를 활용하여 빈칸을 완성하시오.

| graduate | missing | tradition | confidence | praise |

(1) He didn't _____ from Stanford University.

(2) We lose _____ when we make stupid mistakes.

(3) The 78-year-old woman has been _____ since 2020.

(4) The young students were highly _____ for their research on heart attacks.

(5) It is a _____ in my family to celebrate the new year by wearing the same shirts.

02 다음 영영풀이에 해당하는 단어를 보기에서 골라 쓰시오.

보기
| hunger | reject | predator | search | board |
| astronaut | defend | attend | empire | debt |

(1) _____ : to be present at

(2) _____ : to get into or on

(3) _____ : the need or desire for food

(4) _____ : to protect from harm; guard

(5) _____ : something owed to another person

(6) _____ : to refuse to take, approve, or believe

(7) _____ : an animal that hunts other animals for food

(8) _____ : a person trained to take part in space flight

(9) _____ : to look through very carefully in order to find something

(10) _____ : a group of countries ruled by a single person, government, or country

철학, 종교

주 제 소 개   인문학의 핵심이라고 할 수 있는 철학과 종교에 관련된 주제를 다루고 있다. 철학과 종교의 사회적 기능과 인간의 본성, 물질세계와 정신세계의 차이점과 유사점 등에 관한 내용이 주로 출제된다. 주로 빈칸 완성, 함의 추론, 흐름에 무관한 문장 찾기 등과 같은 논리 추론형 문제가 출제된다. 난이도가 높은 경우가 많으니, 소재의 흐름을 따라가며 읽는 연습이 필요하다.

Q   **다음 글의 밑줄 친 부분에 들어갈 말로 가장 적절한 것은?**   58% 고1 09월 모의고사 지문/문제 변형

From the beginning of human history, people have asked questions about the world and their place within it. For early societies, the answers to the most basic questions were found in religion. Some people, however, thought that the traditional religious explanations were not enough, and began to search for answers based on _____. This shift led to the beginning of philosophy, and the first of the great thinkers was Thales of Miletus. [1]He used reason to look into the nature of the universe, encouraging others to do likewise. [2]He passed on to his followers not only his answers but also the process of thinking rationally, including some explanations that could be considered satisfactory. For this reason, Thales is generally regarded as the first philosopher.

① their own inborn judgment
② reason rather than religion
③ long-lasting ethnic tradition
④ repeated natural phenomena
⑤ supernatural beings and powers

New Words

□ religion	종교	□ shift	변화	□ likewise	똑같이, 마찬가지로
□ traditional	전통적인	□ philosophy	철학	□ universe	우주
□ religious	종교적인, 종교의	□ thinker	사상가	□ process	과정
□ explanation	설명	□ reason	이성	□ rationally	합리적으로
□ enough	충분한	□ look into	~을 조사하다	□ satisfactory	만족스러운
□ search for	~을 찾다	□ nature	본성	□ be regarded as	~로 간주되다

Reading Check

빈칸에 들어갈 알맞은 말을 지문에서 찾아 적어 보세요.

도입	• Finding answers to questions about space in [1]_____
전개	• starting to look for answers based on [2]_____ • leading to the beginning of [3]_____
발전	• The first philosopher [4]_____ 　– explored the [5]_____ of the [6]_____ by reason 　– established the [7]_____ for rational thinking

Analyzing Sentences

❶ He used reason to look into the nature of the universe, **encouraging** others to do likewise.

⋯▶ ~, encouraging은 연속동작을 나타내는 분사구문으로 ~, and he encouraged로 바꿔 쓸 수 있다. encourage는 5형식 동사로 목적어(others)와 목적격 보어(to do likewise)를 이끌고 있다.

❷ He passed on to his followers **not only** his answers **but also** the process of thinking rationally, ~.

⋯▶ not only A but also B는 'A뿐만 아니라 B도'의 뜻으로 A, B에 해당하는 명사는 문장의 동사 passed on의 목적어로 병렬구조를 이루고 있다.

Background Knowledge

Thales (B.C. 624경~B.C. 546경)
고대 그리스 도시인 밀레투스(Miletus) 출신의 탈레스(Thales)는 수학자, 천문학자이자 소크라테스 이전 철학자로 자연주의적 이론과 가설을 통해 세계와 우주를 설명하였다. 우주의 이치를 탐구하느라 하늘을 보면서 걷다가 발 밑의 웅덩이를 못 보고 넘어졌다는 일화가 전해진다. 탈레스는 모든 물질의 본질은 물이라고 주장하였는데, 이는 철학 역사에서 최초로 제기된 본질에 대한 주장이었다.

01

글의 흐름으로 보아, 주어진 문장이 들어가기에 가장 적절한 곳은? [32%] 고1 03월 모의고사 변형

> However, if each person tried to take advantage of others for their benefit, a camping trip would quickly end in disaster and unhappiness.

The philosopher G. A. Cohen provides an example of a camping trip as a metaphor for the ideal society. (①) On a camping trip, he argues, it is unlikely for someone to say "I cooked the dinner but, you can't eat it unless you pay me for my superior cooking skills." (②) Rather, one person cooks dinner, another sets up the tent, yet another purifies the water, and so on, each in accordance with their abilities. (③) All these goods are shared and a spirit of community makes all participants happier. (④) Moreover, the experience would be ruined if people were to behave in such a way. (⑤) So, we would have a better life in a more equal and cooperative society.

*metaphor 비유

➕ **동양과 서양의 이상적 사회**(Ideal Society)
동양에서 유교는 대동(大同)사회를, 도교에서 소규모 공동체를 이상적 사회로 여겼다. 서양에서는 고대 그리스 플라톤이 철학자가 다스리는 국가가 이상적이라는 철인정치를 주장하였고, 루소는 직접민주주의 사회가 바람직하다고 보았다. 이후, 마르크스는 자본주의를 비판하면서 평등 사회를 이상적인 사회로 제시하였는데, G. A. 코헨(G. A. Cohen)이 이를 계승하였다.

*대동사회: 모든 사람이 더불어 살아갈 수 있는 이상 사회

□ benefit	이익	□ set up	~을 세우다	□ ruin	~을 망치다
□ disaster	재앙	□ purify	정화시키다	□ behave	행동하다
□ ideal	이상적인	□ goods	물품, 상품	□ equal	동등한
□ argue	주장하다	□ spirit	의식, 정신	□ cooperative	협력하는
□ superior	우월한	□ participant	참가자		
□ take advantage of	~을 이용하다	□ in accordance with	~에 따라		

02

다음 글의 밑줄 친 부분 중, 어법상 틀린 것은? 23% 고2 11월 모의고사 지문/문제 변형

Jon Kabat-Zinn was the first to introduce the Buddhist-style mindfulness to Western world. At first he had the difficult task of treating chronic-pain patients, many of ① them had not responded well to traditional pain-management therapy. In many ways, such treatment seems completely ② paradoxical — you teach people to treat pain by helping them become more aware of it! However, the key is to help people release the continual anxiety ③ that goes along with their fighting of pain, or a struggle that actually extends their awareness of pain. Through mindfulness meditation, many of these people could increase their sense of well-being and ④ experience a better quality of life. How so? Because such meditation is based on the principle that if we try to ignore unpleasant thoughts or sensations, then we only end up ⑤ increasing their intensity.

*chronic-pain 만성 통증

➕ **마음챙김(Mindfulness)**
마음챙김은 불교 수행전통에서 기원한 마음 수행법으로 현재 순간을 있는 그대로 관찰하는 것이다. 마음챙김 명상에 기반한 스트레스 완화 프로그램(mindfulness-based stress reduction, MBSR)은 만성병과 스트레스 관련 질병을 가진 환자들을 위해 8주 동안 진행하는 집단 프로그램으로 미국 의대 교수이자 명상가인 존 카밧진(Jon Kabat-Zinn)에 의해 만들어졌다. 종교와 문화에 상관없이 참가할 수 있으며, 미국 250곳 이상의 병원에서 제공되고 있다.

 New Words

☐ Buddhist-style	불교식의	☐ aware	인식하는, 알고 있는	☐ awareness	인식
☐ mindfulness	마음챙김	☐ key	핵심	☐ meditation	명상
☐ respond	반응하다	☐ release	놓다	☐ well-being	행복감
☐ treatment	치료 (treat 치료하다)	☐ continual	끊임없는	☐ quality	(품)질
☐ completely	완전히	☐ anxiety	불안	☐ principle	원리
☐ paradoxical	역설적인	☐ struggle	싸움, 투쟁	☐ sensation	감각, 느낌
		☐ extend	넓히다, 확장하다	☐ intensity	강도

03

다음 글의 빈칸에 들어갈 말로 가장 적절한 것은?

39% 고3 10월 모의고사 변형

By explaining the unknown and making it understandable, religion reduces the fears and anxieties of individuals. This explanation typically assumes the existence of supernatural beings and powers. Religion does more than this, however. Religion has a social function that makes people reflect on their own behaviors. In this view, religion plays a role in social control, which does not rely solely on law. Religion offers guidelines for acceptable behavior to those who believe in it. This is done through notions of right and wrong, good and evil. Usually, religious myths tell us the society's ethical code that supernatural beings show to them in various ways. The supernatural power recognized by a certain culture will approve right actions, but punish wrong actions. In short, by raising people's feelings of guilt and anxiety about their actions, religion _____ .

① explains death and afterlife

② helps keep people under control

③ reveals the mystery of the universe

④ distinguishes itself from superstition

⑤ teaches about the value of meditation

➕ 종교의 사회적 기능

종교는 사회의 구성원을 사회에 결속시킴으로써 질서와 체제를 유지해 나가는데 필요한 역할을 한다. 사람들의 속된(secular) 행동은 종교의 성스러운(sacred) 속성을 통해 바람직하지 못한 것으로 규제된다. 종교 의식은 모든 참가자들이 동질감을 형성하고, 공동의 가치관과 윤리관을 확인하여 외부에 대하여 자기 집단의 정체성을 밝히는 기능을 한다.

New Words

☐ the unknown	미지의 것	☐ function	기능	☐ notion	개념
☐ religion	종교	☐ reflect on	~을 반성[성찰]하다	☐ ethical code	윤리 규범
☐ typically	일반적으로	☐ solely	오로지, 단지	☐ recognize	인정하다
☐ assume	가정하다	☐ guideline	지침	☐ approve	승인하다
☐ supernatural	초자연적인	☐ acceptable	수용 가능한	☐ guilt	죄
☐ existence	존재				

01 다음 주어진 단어를 활용하여 빈칸을 완성하시오.

| reflect on | goods | recognize | anxiety | sensation |

(1) In a market economy, the price of _____ depends on supply and demand.

(2) Sharing your _____ with your friends helps improve your mental health.

(3) He had an odd _____ that the world around him was moving in all directions.

(4) Many of us turn our attention inward and _____ ourselves to make our lives better.

(5) His work has been internationally _____, and has made him one of the best writers in the world.

02 다음 영영풀이에 해당하는 단어를 보기에서 골라 쓰시오.

| 보기 | ruin | assume | respond | principle | supernatural |
| extend | intensity | cooperative | purify | disaster |

(1) _____ : to spoil or destroy something

(2) _____ : to make something bigger or longer

(3) _____ : willing to help or do what people ask

(4) _____ : to think that something is true or probably true

(5) _____ : something that causes a lot of harm or damage

(6) _____ : unable to be explained by science or the laws of nature

(7) _____ : to remove bad substances from something to make it clean

(8) _____ : the degree or amount of strength or force that something has

(9) _____ : to say or do something as an answer or reaction to something

(10) _____ : a basic idea or rule that explains how something happens or works

주 제 소 개   역사적 사건, 풍습, 지리적 특성과 관련된 흥미로운 이야기, 또는 유래 등을 통해 존재하지만 잘 알려지지 않거나 잘못 알려진 것들, 관심이 필요한 내용에 관한 이야기가 주로 다루어진다. 글의 순서, 문장 삽입, 요약하기 등의 수능 유형으로 주로 출제된다.

Q   글의 흐름으로 보아, 주어진 문장이 들어가기에 가장 적절한 곳은?   64% 고1 11월 모의고사 변형

> When Kaldi reported his observation to the local monastery, the abbot became the first person to make a cup of coffee and learn its flavor and refreshing effect.

❶Although humans have been drinking coffee for centuries, it is not clear just where coffee originated. (①) However, according to the popular legend, a goatherd discovered coffee in the Ethiopian highlands. (②) This legend dates back to 900 B.C., 300 A.D., and 800 A.D. (③) ❷Regardless of the actual date, it is said that Kaldi, the goatherd, saw his goats awake at night after eating berries, which were later known as coffee berries. (④) Effects and the great taste of coffee soon became known to everyone beyond the monastery. (⑤) The story of Kaldi might be more fable than fact, but at least some historical evidence shows that coffee originated in the Ethiopian highlands.

*abbot 수도원장 **monastery 수도원

New Words

□ originate	유래하다, 비롯되다	□ actual	실제의	□ taste	풍미, 맛; 맛이 나다
□ discover	발견하다	□ awake	깨어있는; 깨(우)다	□ be known to 명사	~에게 알려지다
□ popular	잘 알려진, 대중적인	□ goat	염소	□ fable	꾸며낸 이야기, 우화
□ legend	전설	□ berry	베리(산딸기류 열매)	□ fact	사실
□ goatherd	염소지기	□ be known as	~로 알려지다	□ at least	적어도
□ highland	고산지	□ observation	관찰	□ historical	역사적
□ date back	~(시기)로 거슬러 올라가다	□ flavor	풍미; 맛을 내다	□ evidence	증거
□ regardless of	~와 상관없이	□ effect	효과, 영향		

Reading Check

빈칸에 들어갈 알맞은 말을 지문에서 찾아 적어 보세요.

도입	The ¹_____ of coffee is not clear.
전개	• According to the popular ²_____, a goatherd discovered coffee. • It is said that goats didn't sleep after eating coffee ³_____. • An ⁴_____ was the first person to try and discover its ⁵_____ and ⁶_____.
발전	What some evidence shows is that coffee ⁷_____ in the high mountains.

Analyzing Sentences

❶ Although humans **have been drinking** coffee for centuries, **it** is not clear just **where coffee originated**.

⋯▸ it은 가주어이며, 의문사절 where coffee originated은 진주어로 명사 역할을 하는 간접의문문이다. 과거에 시작된 일이 현재까지 진행되고 있으므로 have been drinking인 현재완료진행형을 사용하였다.

❷ Regardless of the actual date, **it is said that** Kaldi, the goatherd, saw his goats awake at night after eating berries, **which** were later known as coffee berries.

⋯▸ 「It is said that S + V」은 '~라고 한다'의 뜻으로, 「S + is said to 동사원형」으로 바꿔쓸 수 있다. , which는 계속적 용법의 관계대명사로 선행사는 berries이다.

Background Knowledge

양날의 검, Caffeine(카페인)

Caffeine(카페인)이란 식물성 알칼로이드에 속하는 흥분제의 일종이다. 견과류 또는 식물의 잎에서도 천연 카페인을 얻을 수 있다. 우리가 일상적으로 접하는 카페인 함유 식품으로는 커피, 차, 초콜릿, 콜라 등이 있다. 카페인은 적절하게 섭취를 하면 장기적으로 혈압을 낮춰주고 부종을 치료해 주며 편두통, 피로, 근육의 피로도를 완화시켜주는 효과도 있다. 다만, 위산분비를 촉진하기 때문에 위가 약한 사람은 주의해야 하며, 불안, 초조, 신경과민, 불면증 등을 유발하므로 과도한 섭취는 피해야 한다.

01 주어진 글 다음에 이어질 글의 순서로 가장 적절한 것은?

44% 고1 03월 모의고사 지문/문제 변형

Geography affected people in Greece by keeping it small, because traveling rocky regions was difficult.

(A) "We do not sit at a table only to eat, but to eat together," said the Greek author Plutarch. Dining was a sign of the human community and distinguished men from beasts. In return, the guest also had duties to his host.

(B) With this difficulty, it made people in Greece think the guest-host relationship to be important. If a stranger, even a poor man, appeared at your door, it was your duty to be a good host, to give him a place to relax and to share your food with him.

(C) These were not to abuse his favor by staying too long, usually not more than three days. A violation of this relationship brought human and divine anger.

*divine 신(神)의

① (A) – (C) – (B)　　　　② (B) – (A) – (C)
③ (B) – (C) – (A)　　　　④ (C) – (A) – (B)
⑤ (C) – (B) – (A)

➕ 그리스 지형이 식단에 미친 영향
그리스 요리는 전형적인 지중해식 식단의 표본이라고 할 수 있다. 그리스 사람들은 일반적으로 고기보다는 채소, 해산물을 많이 먹는데, 고기를 섭취하는 경우에는 일반적으로 염소, 양고기나 토끼가 포함된다. 이렇듯 그리스 식단에 보편적으로 많이 먹는 소고기가 포함되지 않는 이유는 지형적 특성상 소보다는 염소나 양을 키우기 편한 탓이다.

New Words

☐ affect	영향을 주다	☐ relationship	관계
☐ rocky	험난한, 바위투성이의	☐ appear	나타나다, ~처럼 보이다
☐ in return	답례로	☐ share	나누다, 공유하다; 몫
☐ duty	의무	☐ author	작가
☐ host	주인; 개최하다	☐ dining	식사(하기)
☐ geography	지형, 지리	☐ sign	표식, 이정표; 서명하다

☐ community	사회, 공동체
☐ distinguish A from B	A를 B와 구별하다
☐ beast	짐승
☐ favor	호의, 친절
☐ abuse	악용하다, 남용하다; 악용, 남용
☐ violation	위반

02

다음 빈칸에 들어갈 말로 가장 적절한 것은? 45% 고1 03월 모의고사 변형

Why doesn't the modern American accent sound similar to a British accent? After all, didn't the British colonize the U.S.? Experts believe that British people and the colonists who settled in America all sounded the same back in the 18th century. Also, it is thought that they all probably sounded like modern Americans not like modern Brits. Then, why are they different from each other today? During the Industrial Revolution, some of the low-class people became wealthy. Thereafter, these people made new ways of speaking to distinguish themselves from common people. What they wanted to show was their new, elevated _____. In the 19th century, this unique accent became Received Pronunciation. Moreover, pronunciation teachers taught Received Pronunciation widely because a lot of people wanted to learn to speak fashionably.

*Received Pronunciation 영국 표준 발음

① social status
② fashion sense
③ political pressures
④ colonial involvement
⑤ intellectual achievements

➕ 영국의 R.P. vs. POSH ENGLISH
영국식 영어는 크게 두 종류로 나누어서 살펴 볼 수 있다. R.P. (Received Pronunciation)는 사전, 매체 등에서 사용되는 표준발음이고 "POSH ENGLISH"는 주로 영국 왕실, 상류층이 사용하는 영어이다. 여기서 "POSH"는 "화려한, 우아한"이라는 뜻을 가지고 있다. 뚜렷한 발음, 격식 있는 단어의 사용, 완곡한 표현이 특징이며 그 사람의 출신, 학력을 한눈에 구별할 수 있게 해준다고 한다.

New Words

☐ modern	현대의	☐ Brit	영국인	☐ status	지위
☐ accent	악센트, 억양	☐ revolution	혁명	☐ political	정치적인
☐ similar	비슷한	☐ wealthy	부유한	☐ pressure	압력
☐ after all	어쨌든, 결국	☐ elevated	높아진	☐ colonial	식민지의
☐ colonize	식민화 하다	☐ pronunciation	발음	☐ involvement	개입, 관여
☐ colonist	식민지 주민	☐ fashionably	세련되게	☐ intellectual	지적인
☐ settle	정착하다, 해결하다	☐ social	사회적	☐ achievement	업적, 성취
☐ probably	아마도				

03

64% 고3 06월 모의고사 변형

다음 글의 내용을 한 문장으로 요약하고자 한다. 빈칸 (A), (B)에 들어갈 말로 가장 적절한 것은?

Some environments can cause more fossils and following discovery than others. Thus, we cannot conclude that more fossil evidence from a particular period or place means that more species lived. It may be that the conditions at particular time or location, were more suitable for fossil formation than at other times, or in other places. Similarly, there can be no hominin fossil evidence, but it does not mean people didn't live there. As the saying goes, 'absence of evidence is not evidence of absence.' Similar thought suggests that some are likely to have existed before they first appear in the fossil record and likely to have survived even after their latest appearance in the fossil record. Thus, the first and the last appearance data of species in the hominin fossil record are likely to be minimum estimate about the times of origin and extinction of a species.

*hominin fossil 인류 화석

↓

Since discovery of fossil is affected by ＿＿(A)＿＿ conditions, the fossil evidence cannot ＿＿(B)＿＿ the times of its appearance and extinction.

(A)	(B)		(A)	(B)
① experimental	⋯⋯ interrupt		② moderate	⋯⋯ conceal
③ environmental	⋯⋯ clarify		④ deliberate	⋯⋯ reveal
⑤ accidental	⋯⋯ mask			

➕ **코리아노사우루스 보성엔시스 (Koreanosaurus Boseongensis)**
대한민국 전남 보성군에서 발견된 공룡이다. 처음으로 한국(Korea)이라는 단어가 공룡의 이름으로 공식 등록되었다. 발굴 작업과 공룡의 정체를 파악하는 데에만 5년이라는 기간이 소요됐다고 한다.

New Words

□ cause	야기하다	□ particular	특정한	□ appearance	등장
□ fossil	화석	□ suitable	적합한	□ minimum	최소한의
□ following	그 다음의	□ formation	형성	□ estimate	추정(치)
□ discovery	발견	□ absence	부재, 없음	□ origin	기원
□ conclude	결론짓다	□ be likely to	~일 가능성이 있다	□ extinction	멸종

01 다음 주어진 단어를 활용하여 빈칸을 완성하시오.

originate   regardless of   favor   settle   absence

(1) I thought this case _____ in jealousy.

(2) We were disappointed at your _____.

(3) Her humble attitude soon gained their _____.

(4) She is said to have _____ permanently in France.

(5) _____ age, whether we can manage our lives healthily depends on our attitude.

02 다음 영영풀이에 해당하는 단어를 보기에서 골라 쓰시오.

보기   fossil   abuse   population   violation   fable
duty   revolution   estimate   observation   origin

(1) _____ : a story or statement that is not true

(2) _____ : an approximate calculation of a quantity or value

(3) _____ : to deliberately use something with a bad intention

(4) _____ : the point or place where something begins or arises

(5) _____ : the action of carefully watching someone or something

(6) _____ : something that you must do because it is your responsibility

(7) _____ : the act of doing something that is not allowed by a law or rule

(8) _____ : a group of people or animals of a particular kind that live in a place

(9) _____ : the remains of a prehistoric animal or plant that are found inside a rock

(10) _____ : a sudden and huge change in a situation, a system, or the way of thinking and behaving

물리, 화학, 항공우주

주제 소개　일상의 흔한 경험을 과학의 언어로 객관적이고 논증적으로 설명해주거나 획기적 발견 또는 물리, 화학, 우주 과학의 전망 등을 주로 다루고 있으며 정보 전달이 주된 목적이다. 수능에서는 글의 순서, 문장 삽입, 빈칸 완성 등의 유형으로 주로 출제된다.

Q　글의 흐름으로 보아, 주어진 문장이 들어가기에 가장 적절한 곳은?　[74%] 고1 09월 모의고사 지문/문제 변형

> This kind of electricity is produced by friction.

　　Using a plastic pen and your hair, you can generate a static charge on the pen. With this charged pen, you can now pick up little bits of paper. Let's find out how to do it. Rub a plastic pen on your hair about ten times and then hold the pen close to small pieces of tissue paper or chalk dust. (①) ❶You can see the bits of paper or chalk dust cling to the pen. (②) You have created a form of electricity called static electricity. (③) Static electricity is also found in the atmosphere. (④) ❷During a thunderstorm, clouds may have electricity as they rub against each other. (⑤) The lightning that we often see during a storm is caused by a large flow of electricity between electrical clouds and the earth.

*friction 마찰 **static charge 정전하

New Words

☐ generate	발생시키다	☐ cling to	~에 달라붙다	☐ lightning	번개
☐ charged	전기를 띠는	☐ static electricity	정전기	☐ cause	야기하다; 대의
☐ chalk dust	분필 가루	☐ friction	마찰	☐ flow	흐름; 흐르다
☐ rub	문지르다	☐ atmosphere	대기, 분위기	☐ electricity	전기
☐ hold	들고 있다, 지탱하다, 유지하다	☐ thunderstorm	뇌우		

Reading Check

빈칸에 들어갈 알맞은 말을 지문에서 찾아 적어 보세요.

주제	How to make ¹_____ _____
방법 ①	• ²_____ a pen against your hair about ten times. • ³_____ the pen for a while ⁴_____ to the hair. • The charged hair ⁵_____ _____ the pen.
방법 ②	• During a thunderstorm, clouds create ⁶_____ from rubbing each other. → Electrically charged clouds and can cause ⁷_____.

Analyzing Sentences

❶ You can **see** the bits of paper or chalk dust **cling** to the pen.
⋯▸「지각동사(see) + 목적어 + 목적격 보어」의 5형식 문장으로 목적격 보어로 동사원형 또는 -ing를 쓸 수 있다. 여기서는 the bits of paper or chalk dust가 목적어이며, cling이 목적격 보어로 원형부정사를 취했다.

❷ **During** a thunderstorm, clouds may have electricity **as** they rub against each other.
⋯▸ During은 '~동안'이라는 뜻의 전치사이고, as는 '~하면서' 라는 뜻의 접속사로 쓰였다. rub against는 '서로 마찰하다'의 뜻이다.

Background Knowledge

정전기 원리를 이용한 생활용품
우리 생활 속에 정전기 원리를 이용한 물건들이 생각보다 많다. 그 중 복사기가 대표적인 제품이다. 정전기를 이용해 토너의 잉크가루를 종이에 붙여서 출력하는 원리다. 즉, 글씨 부분에만 남아 있는 양의 정전기에 음의 정전기를 띤 탄소 가루인 토너가 묻으면, 양의 정전기가 음의 정전기를 띤 탄소 가루를 끌어당기고 이를 그대로 종이 위로 옮겨 복사가 되는 것이다. 그 밖에 먼지떨이와 식품을 포장하는 랩도 정전기를 이용한 아이디어 제품이다.

01 다음 빈칸에 들어갈 말로 가장 적절한 것은?

66% 고1 06월 교육고시 지문/문제 변형

Isaac Newton researched the scientific examination of the physical characteristics of colors. One day, he found a set of prisms at a big local market. He took them home and began to experiment with them. In a dark room, he allowed a thin ray of sunlight to fall on a triangular glass prism. As soon as the white light hit the prism, it separated into the familiar colors of the rainbow. This discovery was not new, because humans had watched the rainbow since the beginning of time. But when Newton placed a second prism in the way of the spectrum, he found something new. The composite colors produced a white beam. Thus he concluded that white light can be produced by _____.

*composite 합성의 **prism 프리즘, 분광기(광선을 굴절·분산시킬 때 쓰는 광학 부품)

① combining the spectral colors
② separating the colors from the prism
③ strengthening the intensity of the light
④ generating compound similar to the rainbow
⑤ making a thin ray of sunlight much stronger

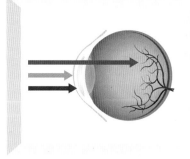

➕ 블루라이트(Blue Light) 차단 안경

왜 블루라이트를 차단해야 하는 걸까? 자연광이 프리즘을 통과하면, 우리가 알고 있는 무지개 색깔이 나온다. 그 때, 파란색이 굴절이 가장 심한데 그 이유는 고에너지 단파장이기 때문이다. 고에너지 단파장은 사람의 눈에 가장 많은 피로감을 유발한다. 이 파란색은 모니터에서 1.6배가 더 나온다. 그러므로 핸드폰, 컴퓨터 등의 화면을 바라볼 때 블루라이트를 차단시키는 안경을 쓰면 눈의 피로감을 줄여주는 효과가 있는 것이다.

*블루라이트(Blue Light): 380~500nm 파장을 지닌 파란색 계열의 가시광선

New Words

□ research	연구하다; 연구	□ fall	떨어지다	□ combine	결합하다
□ physical	물리적인	□ as soon as	~하자마자	□ spectral	스펙트럼의
□ characteristic	특징; 특유의	□ separate into	~로 분리하다	□ strengthen	강화하다
□ local	지역의; 주민	□ discovery	발견	□ intensity	강도, 세기, 강렬함
□ experiment	실험하다	□ the beginning of time	태초		
□ thin	가느다란	□ place	놓다[두다]	□ generate	발생시키다
□ ray	빛, 광선	□ conclude	결론을 내리다	□ compound	화합물, 혼합물

02

주어진 글 다음에 이어질 글의 순서로 가장 적절한 것은?

56% 고1 06월 모의고사 지문/문제 변형

> Currently, we cannot send humans to other planets.

(A) Despite these disadvantages, these explorations have no risk to human life and are less expensive than explorations including astronauts. The spacecraft carry tools that test the compositions and characteristics of planets. Thus, data and images can be sent back to Earth as radio signals.

(B) One obstacle is that such a trip would take years. A spacecraft would need to carry enough air, water, and other supplies needed for survival on the long journey. Another obstacle is the harsh environment on other planets, such as extreme heat and cold.

(C) Besides, some planets do not even have surfaces to land on. Because of these difficulties, most research missions in space are achieved through the use of spacecraft without astronauts.

*composition 구성 성분

① (A) – (C) – (B)　　② (B) – (A) – (C)　　③ (B) – (C) – (A)
④ (C) – (A) – (B)　　⑤ (C) – (B) – (A)

➕ 누리호(NURI) 2차 발사 성공
누리호는 우리 기술로 만든 한국형 발사체(Korea Space Launch Ve-hicle)로, 첫 발사는 2021년 10월 21일 이루어졌으며 당시 3단의 비행 절차 중 2차까지 성공했으나 마지막 3단계에서 실패했다. 하지만 2022년 6월 21일, 2차 발사에 성공함으로써 대한민국은 세계 일곱 번째 우주 강국 반열에 오르게 되었다. 또한 항공우주산업은 미래지향적 사업으로 경제적 파급효과을 높여준다.

New Words

□ currently	현재	□ extreme	극심한, 극도의	□ astronaut	우주비행사
□ obstacle	장애물, 어려움	□ besides	게다가	□ despite	~에도 불구하고
□ take	(시간이) 걸리다	□ surface	표면	□ disadvantage	단점, 불리함
□ carry	나르다	□ land on	~에 착륙하다	□ exploration	탐구, 탐험
□ supply	보급품[물자]	□ mission	임무	□ radio signal	무선 신호
□ harsh	혹독한, 가혹한	□ achieve	성취하다, 이루다		

03

다음 글의 밑줄 친 부분 중, 어법상 틀린 것은?

46% 고3 06월 모의고사 지문/문제 변형

The fruit ripening process produces some phenomena. These are the softening of the cell, sweetening, and the production of chemicals ① <u>involved</u> with color and flavor. The process is caused by the production of a plant hormone called ethylene. The problem is that after ripening, sometimes quite rapid deterioration and decay ② <u>occurring</u>, and the product becomes worthless. Tomatoes and other fruits are, therefore, usually picked and transported when unripe. In some countries, sellers spray ethylene on them before selling them to the consumer ③ <u>to stimulate</u> ripening. However, if fruit is picked before ripe, it tastes less ④ <u>delicious</u>. Biotechnologists therefore thought of a method to solve these problems. If they could slow down ripening by interfering with ethylene production, fruit could still be attached to the plant until it becomes ⑤ <u>ripe</u> and full of flavor. And it would still be in good condition when it arrived on the supermarket shelf.

*deterioration (품질의) 저하 **process 과정

➕ 올바른 과일 보관법

수확된 다음에도 식물의 숙성과 노화를 촉진시키는 호르몬인 에틸렌(ethylene)이 가스 형태로 배출이 되어서 다른 식물에 영향을 주는 채소와 과일이 있다. 대표적으로 사과, 토마토, 바나나, 복숭아, 망고이다. 반면에 브로콜리, 양상추, 당근, 양파, 시금치, 키위, 간, 배 등은 에틸렌 기스에 취약하여 사과, 토마토 등과 함께 두면 안 된다. 보관할 때, 이런 것들을 유의하면 빠르게 상하거나 무르는 것을 예방할 수 있고, 거꾸로 덜 익은 과일을 빠르게 익게 하고 싶다면 같이 보관하면 된다.

New Words

□ ripening	숙성	□ worthless	가치 없는	□ biotechnologist	생명공학자
□ phenomena	현상	□ transport	운송하다	□ think of	~을 생각하다[떠올리다]
□ softening	연화	□ unripe	덜 익은	□ slow down	지연시키다, 늦추다
□ chemical	화학 물질	□ spray	살포하다	□ interfere with	~을 방해하다
□ flavor	맛, 풍미	□ stimulate	촉진하다, 자극하다, 격려하다	□ be attached to	~에 붙어있다, ~에 애정[애착]을 가지다
□ decay	부패	□ ripe	익은, 숙성한	□ shelf	선반

정답과 해설
p.9

01 다음 주어진 단어를 활용하여 빈칸을 완성하시오.

| phenomena | carry | local | conclude | cling to |

(1) The blood vessels _____ blood to the heart.

(2) The _____ voluntary organization needs many volunteers.

(3) Sticky foods like jelly _____ the teeth, so be careful when eating them.

(4) After many experiences, I could _____ that life is made up of my choices.

(5) Global warming is responsible for many unusual climate _____ around the world.

02 다음 영영풀이에 해당하는 단어를 보기에서 골라 쓰시오.

보기
| hold | intensity | obstacle | supply | lightning |
| friction | compound | exploration | ripening | flavor |

(1) _____ : the distinct taste of a given food or drink

(2) _____ : the degree of strength that something has

(3) _____ : the action of examining an unfamiliar area

(4) _____ : the act of rubbing one thing against another

(5) _____ : to have or keep something in your hand or arms

(6) _____ : something that makes it difficult to do something

(7) _____ : a substance that consists of two or more elements

(8) _____ : the condition that something is becoming mature and ready to eat

(9) _____ : the essential things that are provided to a particular person or group

(10) _____ : the very bright flashes of light in the sky that happen during thunderstorms

UNIT 05 생명과학, 지구과학

주 제 소 개 신체와 지구 활동의 메커니즘(작동 원리와 구조)에 관련한 정보를 다룬다. 실생활에 밀접하게 연관된 생명과학, 지구과학에 대한 이야기를 통해 지식 전달과 함께 때로는 인간의 경각심을 불러일으키는 것을 목적으로 한다. 글의 주제, 함축적 의미 파악, 흐름에 무관한 문장 찾기 등의 수능 유형으로 주로 출제된다.

Q 다음 글의 주제로 가장 적절한 것은?

71% 고1 03월 모의고사 변형

❶Where do you think sand comes from? Do you know that there are various ways for sand to form? Some sand is formed in oceans from things like shells and rocks. But most sand is made up of tiny bits of rock that travelled all the way from the mountains! However, surprisingly, ❷the journey from the mountains to the beach can take a lot more time than you might think: thousands of years, in fact. Glaciers, wind, and flowing water help to move the rocky bits along. During the process the tiny travelers get smaller and smaller as they are moving. Sometimes when they have a lucky opportunity, a river may carry them all the way to the coast. There, they can spend the rest of their years on the beach as sand.

① things to cause the travel of water
② factors to determine the size of sand
③ how most sand on the beach is formed
④ many uses of sand in various industries
⑤ why sand is disappearing from the beach

New Words

□ various	다양한	□ rock	암석	□ get	~하게 되다
□ form	형성되다[하다]	□ all the way	내내, 힘을 다해	□ as	~하면서, 로서
□ rocks	암초	□ glacier	빙하	□ carry	나르다, 운반하다
□ be made up of	~로 구성되다	□ flowing	흐르는	□ all the way to	~까지 내내
□ tiny	작은	□ move ~ along	~을 이동시키다	□ the rest of	~의 나머지
□ bits of	조그마한, 약간의	□ process	과정		

● Reading Check

빈칸에 들어갈 알맞은 말을 지문에서 찾아 적어 보세요.

주제	The [1]_____ of sand formation
형성 과정	• Some sand is made from things like [2]_____ and [3]_____. • Most sand is formed by rock that comes down from the [4]_____. • During the process, rocky bits [5]_____ tinier and tinier. • Sometimes a river may carry the tiny bits all the way to the [6]_____. • After arriving at a beach, they remain there as sand for the [7]_____ of time.

● Analyzing Sentences

❶ **Where do you think** sand comes from?

⋯▸ 「Do you think? + Where does sand come from? (or Where sand comes from?)」이 합쳐진 문장이다. 의문문에서 동사가 think이고 목적어 자리에 간접의문문이 오는 경우, 의문사가 문장 맨 앞으로 나온다. 만약 동사가 think가 아니라 know일 경우 'Do you know where sand comes from?'으로 써야 한다.

❷ The journey from the mountains to the beach can **take a lot more** time **than** you might think

⋯▸ take는 '시간이 ~걸리다'라는 의미로 쓰였고, more ~ than ...은 비교급으로 '~보다 더 ...한'의 뜻이다. a lot은 비교급 more의 강조표현으로 '더욱, 훨씬'의 의미이다. a lot 대신 still, far, much, even을 쓸 수 있다.

Background Knowledge

모래 고갈 현상

모래는 인간이 물 다음으로 많이 쓰는 천연자원이다. 21세기 현재, 모래는 석유만큼의 가치가 있다. 휴대폰에 들어가는 실리콘칩은 미국 특정 지역에서만 채취되는 모래가 필요하다. 모래에서 추출한 규소, 즉 실리콘(Silicon)이 반도체의 주원료가 되기 때문이다. 사막의 모래는 모래 입자가 너무 작아 가공하기 어려워 사막이 있는 국가들도 모래를 수입하거나 바다에서 추출하는 아이러니한 상황이 발생한다. 모래 채취는 해안선 파괴, 지반침하, 생태계 파괴 등의 심각한 문제가 유발된다. 콘크리트 찌꺼기 재활용과 같은 방법으로 자연의 모래 채취를 줄여야 한다.

70% 고1 06월 모의고사 지문/문제 변형

01

밑줄 친 see how far you get이 다음 글에서 의미하는 바로 가장 적절한 것은?

The brain is just two percent of our body weight. But it consumes 20 percent of our energy. In newborns, the percentage is almost 65 percent. Because their growing brains make them tired, babies sleep all the time — and they have a lot of body fat, to use as an energy. Meanwhile, our muscles use even more of our energy than the brain, but it is because we have a lot of muscle. Actually, compared to others, the brain uses by far more energy than our other organs. But it is also extremely efficient. Our brains require only about four hundred calories of energy a day. That amount is about the same as we can get from a blueberry muffin. Try operating your computer for twenty-four hours on a muffin and <u>see how far you get</u>.

① Computers use much less energy.
② You'll see how efficient our brains are.
③ Compared to computers, our brains work less quickly.
④ You can see how similar the abilities of computers and brains are.
⑤ You'll be surprised to learn that the computer works even with muffins.

➕ 뇌의 가소성(Brain Plasticity)
뇌의 가소성이란, 뇌가 변화하는 성질인 유동성으로 뇌세포의 일부가 죽어도 재활 치료를 통해 다른 뇌세포에서 그 기능의 일부를 대신하는 성질을 가리킨다. 뇌세포는 학습, 훈련 등의 환경에 따라 끊임없이 성장하고 쇠퇴하는데, 뇌세포도 자극을 통해 변화가 지속적으로 일어날 수 있다. 실제로 한 군인이 전쟁후유증으로 우뇌가 손상이 되었는데 재활 훈련을 한 후 기능을 회복했다고 한다.

New Words

☐ consume	소비하다, 섭취하다	☐ compared to	~와 비교해서	☐ require	요구하다, 필요로 하다
☐ newborn	신생아	☐ by far	(비교급 강조) 훨씬, 더욱	☐ about	대략
☐ body fat	체지방	☐ extremely	매우, 극도로, 엄청	☐ amount	양, 총액
☐ meanwhile	한편	☐ efficient	효율적인	☐ operate	작동하다, 운용하다

02 다음 글에서 전체 흐름과 관계 없는 문장은?

Only in a week, the sun delivers more energy to our planet than humanity has used by burning of coal, oil, and natural gas through all of human history. And the sun will keep shining on our planet for billions of years. Our problem isn't that we're running out of energy. ① It's that we have been focused on the wrong source — we're using up the small, limited one. ② What we use today is the coal, natural gas, and oil. ③ It is all just solar energy from millions of years ago, and is a very tiny part preserved deep underground. ④ Humanity made some efforts to develop technologies using fossil fuels and achieved meaningful results. ⑤ We need to learn to efficiently and cheaply use the much more abundant source coming to our planet each day from the sun.

➕ 화석 연료가 환경에 미치는 영향

화석 연료(Fossil fuel)는 수백 만년 동안 묻혀있던 식물과 동물의 사체로 만들어진 천연자원이다. 현재 인간이 의존하고 있는 화석연료는 석탄, 석유, 천연가스이다. 화석 연료는 주로 탄소와 수소로 구성된 탄화수소의 화합물로 이루어져있다. 세계 발전의 원동력이자 동시에 지구를 병들게 하는 화석연료는 지구 온난화의 주범으로 연소 과정에서 온실 가스인 이산화탄소가 방출되어 지구의 평균 온도를 끝없이 높인다. 기후 위기는 미래의 이야기가 아니다.

New Words

□ deliver	전달하다	□ limited	제한된, 한계가 있는	□ fossil fuels	화석 연료
□ humanity	인류, 인간성	□ solar energy	태양 에너지	□ achieve	얻다, 성취하다, 달성하다
□ by -ing	~함으로써	□ million	백만, 100만	□ meaningful	의미 있는
□ billion	십억, 10억	□ preserve	보존하다	□ efficiently	효율적으로
□ run out of	고갈시키다	□ underground	지하의	□ cheaply	저비용으로, 저렴하게
□ focus on	~에 집중하다	□ develop	개발하다	□ abundant	풍부한
□ use up	다 써 버리다				

03

다음 빈칸에 들어갈 말로 가장 적절한 것은? [67%] 수능 변형

Oxygen is what is most important. Strangely, the stuff that gives us life _____. The essential life force exists in tiny cellular factories of energy, called mitochondria, that burn nearly all the oxygen we breathe in. But breathing has a price. The combustion of oxygen that keeps us alive and active sends out by-products called oxygen free radicals. They have Dr. Jekyll and Mr. Hyde characteristics. On the one hand, they help us survive. For example, when the body moves to fight off harmful germs, it generates free radicals to destroy the invaders very efficiently. On the other hand, free radicals move freely through the body, attack cells, destroy their proteins, damage their membranes and corrupt their genetic code. As a result, the cells become broken and sometimes give up and die. These aggressive radicals, built into life as both protectors and attacker, actually cause aging.

*combustion 연소 **oxygen free radical 활성 산소 **membrane (해부학) 얇은 막

① eventually kills it　　　　② rapidly disappears

③ actually is hard to earn　　④ is not activated by itself

⑤ also makes it stronger

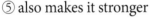

➕ **활성산소 줄이는 습관**

활성산소는 호흡을 통해 들어온 산소의 산화를 거쳐 발생한다. 이 활성산소가 세포를 공격하고 노화를 촉진하기도 한다. 뇌세포가 손상되면 치매가 유발되고 혈관을 공격하면 혈관질환이 생기는 것이다. 활성산소를 줄이기 위해서는 양반다리, 격렬한 운동 후 갑작스럽게 멈추는 것, 과식, 흡연 등을 피하려고 의식적으로 노력해야 한다.

New Words

□ strangely	기이하게도, 이상하게도	□ price	(치러야 할) 대가, 희생	□ damage	손상시키다
□ stuff	것, 물건, 물질	□ by-product	부산물, 부작용	□ membrane	막, 세포막
□ essential	궁극적인, 매우 중요한, 본질적인, 필수적인	□ fight off	물리치다	□ corrupt	변질시키다, 오염시키다
□ life force	생명력	□ generate	생산하다	□ genetic code	유전 암호
□ cellular	세포의	□ invader	침입자	□ aggressive	공격적인
□ breathe in	숨을 들이쉬다 (= inhale)	□ protein	단백질	□ aging	노화

Vocabulary Review

01 다음 주어진 단어를 활용하여 빈칸을 완성하시오.

| essential | operate | process | abundant | run out of |

(1) Some compromise is _____ when negotiating.

(2) All electronic equipment needs electrical power to _____.

(3) He went through the demanding _____ of becoming an expert.

(4) Ironically, _____ natural resources might worsen the economic growth of a country.

(5) _____ food and suffering from famine will be no longer a story only in history books

02 다음 영영풀이에 해당하는 단어를 보기에서 골라 쓰시오.

보기 price   solar energy   consume   by-product   require
      form   invader   deliver   glacier   preserve

(1) _____ : to use goods, resources, time, etc.

(2) _____ : radiant energy emitted by the sun

(3) _____ : to expect someone to do something

(4) _____ : to carry items to a particular destination

(5) _____ : the cost in order to get or do something

(6) _____ : to maintain something in its original state

(7) _____ : to cause something to have a particular shape

(8) _____ : something that happens as a result of something else

(9) _____ : someone or something that secretly breaks into a place

(10) _____ : a very large piece of ice that moves slowly over a wide area

주 제 소 개 여가생활과 관련이 있는 분야로, 비교적 쉽게 접근할 수 있는 편이다. 스포츠의 역사나 관련 인물 또는 다양한 취미와 관련된 글이 제시되며, 환경보호 문제와 지속 가능한 환경 관광(sustainable eco-tourism) 등에 관한 내용을 다룬다. 대의파악(글의 주제, 제목, 요지) 및 내용 파악 유형으로 주로 출제된다.

Q 다음 글의 주제로 가장 적절한 것은?

75% 고1 09월 모의고사 변형

Buying new electronic devices, clothes, or just random items can be a hobby in itself. If you want to save your money, try finding pleasure in creating things. ❶You can get the same kind of satisfaction from making things that you do from random shopping. If you draw something you're proud of or write something you enjoy, you've now got something new in your life that makes you happy. You might get a similar excitement by buying a new gadget, but it's also probably more temporary. Yes, making things can also cost money. ❷However, when you can't spend money, you can always learn more about your craft online or practice with what you already have. Though you end up spending money making things yourself, you're at least building a skill rather than a collection of stuff that's quickly losing its value.

*gadget 기기

① shopping for clothes as a hobby
② ways to purchase clothing wisely
③ negative effects of expensive hobbies
④ why creating things is better than shopping
⑤ misconceptions about gadget collecting as a hobby

New Words

☐ electronic	전자의	☐ satisfaction	만족	☐ end up -ing	결국 ~하게 되다
☐ device	기기, 장치	☐ proud	자랑스러운	☐ at least	적어도
☐ random	닥치는 대로의, 무작위의	☐ excitement	흥분(감)	☐ rather than	~라기 보다는
☐ item	물품, 품목	☐ temporary	일시적인	☐ collection	수집
☐ in itself	그 자체로	☐ cost	비용이 들다	☐ stuff	물건, (어떤) 것
☐ save	절약하다	☐ craft	기술, 공예	☐ value	가치

● **Reading Check**

빈칸에 들어갈 알맞은 말을 지문에서 찾아 적어 보세요.

주장	Try creative hobbies that involve making something.
근거 ①	• The excitement of purchasing is ¹_____. • You can get the same ²_____ as shopping provides. • ³_____ and ⁴_____ can make you happy.
근거 ②	• When it's impossible to ⁵_____ money, it is possible to ⁶_____ more or practice. • The value of items decreases, but the ⁷_____ you've built remain forever.

● **Analyzing Sentences**

❶ You can get the same kind of satisfaction from making things **that** you **do** from random shopping.

⋯▶ 목적격 관계대명사가 선행사 satisfaction을 수식하고 있으며 대동사 do는 문장의 동사 get을 대신하고 있다. 선행사(satisfaction)가 the same에 의해 한정되고 있으므로, 관계대명사 that을 유사관계대명사 as로 바꾸어 쓸 수도 있다.

❷ ~, you can always learn more about your craft online or practice with **what** you already have.

⋯▶ 전치사 with의 목적어 역할을 하는 명사절을 이끄는 관계대명사 what 뒤에는 목적어가 없는 불완전한 문장이 와야 한다.

Background Knowledge

다양한 취미 활동 Tree shaping

취미는 금전이 아닌 기쁨을 얻기 위해 하는 활동을 의미한다. 특이한 취미 중 하나인 Tree Shaping은 살아있는 나무를 이용하여 구조와 예술을 만들어 내는 활동이다. 우리나라에도 나무나 풀을 화분에 심어 작게 가꾸는 취미 활동인 분재(bonsai)와 같은 Tree Shaping 활동들이 있다. 대부분의 애호가들은 살아있는 가지 및 뿌리를 예술적 디자인이나 기능적 구조로 바꾸는 데 초점을 둔다.

01 다음 글의 제목으로 가장 적절한 것은?

90% 고1 11월 모의고사 변형

In the history of sports and in our 'winning is everything' culture, I have never seen anyone who ever won every game, or every event, or every championship they competed for. Roger Federer, the great tennis player in the twenty-first century, has won a record seventeen Grand Slam titles. Yet, he has competed in more than sixty Grand Slam events. Thus, perhaps the greatest tennis player ever failed more than two-thirds of the time. While we don't think of him as a failure, but as a champion, what is obvious here is that he failed a lot more than he succeeded on this measure, and that's generally true for anyone. Failure is followed by success. Thus, accept the fact that failure is part of the process and get on with it.

① A Goal with No Plan Is Just a Wish
② You Create Your Own Opportunities
③ Don't Compare Yourself with Others
④ Success Doesn't Come Without Failure
⑤ The Saddest Thing in Life Is Wasted Talent

➕ 로저 페더러(Roger Federer)
로저 페더러는 스위스의 프로 테니스 선수이다. 2004년부터 2008년까지 237주 연속 세계 랭킹 1위를 기록하여 역대 최장 연속 랭킹 1위 기록을 세웠다. 또한 그는 그랜드슬램 타이틀을 20개 보유하고 있으며, 4년 연속 로레우스 올해의 세계 스포츠인상(Laureus World Sports Awards)을 수상하였다.

New Words

□ culture	문화	□ rather	오히려
□ championship	선수권 대회	□ obvious	분명한
□ compete	경쟁하다, 참가하다	□ measure	척도, 조치; 측정하다
□ record	기록적인; 기록; 기록하다	□ generally	일반적으로
□ yet	하지만	□ follow	따라가다, 뒤따르다
□ failure	실패, 실패자		

□ process	과정
□ get on with	(계속) 해나가다, 잘 지내다
□ compare ~ with ...	~를 ...와 비교하다
□ wasted	낭비된
□ talent	재능

02

58% 고2 09월 모의고사 변형

다음 글의 내용을 한 문장으로 요약하고자 한다. 빈칸 (A), (B)에 들어갈 말로 가장 적절한 것은?

Some researchers gathered 129 hobbyists to see how the time spent on their hobbies shaped their work life. The team measured the seriousness of each participant's hobby, asking them to rate how much they agree with statements like "I regularly train for this activity," and evaluated the degree of similarity between the demands of their job and hobby. Then, participants recorded how many hours they had spent on their activity, and completed a scale measuring their belief in their ability to effectively do their job. The results showed that when spending more time than usual on their leisure activity, participants believed their ability increased. But this was only the case when they had a serious hobby dissimilar to their job. When their hobby was both serious and similar to their job, then spending more time on it actually decreased their self-efficacy.

*self-efficacy 자기효능감

↓

Research suggests that spending longer doing serious hobbies can improve

_____ (A) _____ at work if the hobbies and the job are ____ (B) ____ enough.

	(A)	(B)		(A)	(B)
①	dedication	similar	②	creativity	separate
③	productivity	connected	④	confidence	different
⑤	relationships	balanced			

➕ **신조어 「덕후」**

일본말 오타쿠를 우리 발음으로 바꿔 부른 오덕후의 줄임말로, 자신에게 특별한 의미를 가진 대상을 취미의 수준을 넘어 전문적인 수준에 이르는 사람을 일컫는다. 과거에는 부정적인 어감으로 흔히 사용되었으나, 지금은 특정 분야에 대한 전문가라는 긍정적인 의미로 발전하게 되었다.

New Words

☐ gather	모으다	☐ regularly	정기적으로	☐ scale	기준, 등급
☐ hobbyist	취미 활동가	☐ agree with	~에 동의하다	☐ measure	측정하다
☐ measure	측정하다	☐ evaluate	평가하다 (= rate)	☐ usual	평상시의, 보통의
☐ seriousness	진지함, 심각함	☐ similarity	유사성	☐ leisure	여가
☐ participant	참가자	☐ demand	요구 (사항)	☐ dissimilar	다른
☐ statement	발언	☐ complete	작성하다	☐ decrease	감소하다

03

다음 글의 주제로 가장 적절한 것은?

Tourism means much more than just vacationing. Tourism enables people from various places and cultures to come together, and then strangers and local communities learn about each other's differences and similarities. In addition, they can learn about new tastes and viewpoints, which may help hosts and tourists better understand each other. Another positive effect of tourism is that it helps a society's culture to survive — especially the culture's art forms. Many tourists tend to buy native artworks as souvenirs and attend local art performances, such as folk dances, which encourages local artists to preserve their traditional art forms. For example, Fijians have developed their palm mat and shell jewelry crafts into profitable tourist businesses. They also earn additional income by performing folk dances and fire walking.

① cultural benefits of tourism
② disappearance of traditional cultures
③ negative effects of cultural exchanges
④ various ways of creating tourism products
⑤ misunderstandings between hosts and tourists

TIME FOR TRAVEL

⊕ 관광의 정의와 사회 문화적 영향
관광은 주로 여가의 목적으로 다른 지방이나 나라의 풍경 등을 구경하고 즐기는 것을 말한다. 세계 관광 기구는 관광을 "여가, 사업 및 기타 다른 목적으로 한 해를 넘지 않는 기간에 일반적인 환경 밖의 장소에서 머물러 여행하는 것"이라고 정의한다. 관광은 관광 산업과 관광객으로 인한 수입뿐만 아니라 관련 서비스 산업의 고용 기회를 창출한다.

New Words

□ tourism	관광	□ especially	특히	□ preserve	보존하다
□ enable	가능하게 하다	□ native	토착의	□ palm	야자수
□ various	다양한	□ artwork	예술품, 미술품	□ craft	공예, 기술
□ in addition	게다가	□ souvenir	기념품	□ profitable	수익성이 있는
□ taste	취향, 기호	□ encourage	격려하다, 권장하다	□ additional	추가적인
□ viewpoint	관점				

Vocabulary Review

01 다음 주어진 단어를 활용하여 빈칸을 완성하시오.

| demand | dedication | encourage | measure | preserve |

(1) They must actively _____ audiences to share their experiences.

(2) We know about dinosaurs because their bones have been _____ as fossils.

(3) Unscheduled time sometimes helps you meet _____ and expectations of your business.

(4) This accomplishment is a result of the individual skill and _____ of our project manager.

(5) The _____ of motivation is the amount of time and effort which the individual will devote to the activity.

02 다음 영영풀이에 해당하는 단어를 보기에서 골라 쓰시오.

보기 | profitable | record | evaluate | culture | similarity |
| process | native | taste | craft | viewpoint |

(1) _____ : producing profit or financial gain

(2) _____ : a series of actions that produce something

(3) _____ : closeness in appearance to something else

(4) _____ : to judge the value of someone or something

(5) _____ : belonging to a particular place by birth; inborn

(6) _____ : a way of looking at or thinking about something

(7) _____ : a special skill, especially in relation to making objects

(8) _____ : a person's tendency to like or be interested in something

(9) _____ : being the best or most remarkable among other similar things

(10) _____ : a way of thinking, behaving, or working that exists in a place or organization

주제 소개 예술과 관련된 주제 영역으로, 특정 시대의 예술 경향이나 역사, 발달 과정, 특정 예술인에 관한 글에 이르기까지 폭넓은 분야의 글이 다양하게 출제 된다. 예술사나 영화의 발달과정을 다루는 경우 글의 순서, 흐름에 무관한 문장 찾기 등의 유형으로 출제되지만, 대부분의 글은 연대순으로 진행되는 편이다.

Q 다음 빈칸에 들어갈 말로 가장 적절한 것은? 64% 고1 11월 모의고사 변형

❶Music helps people to connect to one another not only through a common interest or hobby, but also through emotional connections to particular songs, communities, and artists. In searching for oneself, the importance of others is meaningful; as Agger, a sociology professor, states, "identities are mostly social products, formed in relation to others and the way they view us." And, a socio-musicologist Frith argues that popular music has such connections. ❷Thus, for music fans, the genres, artists, and songs in which people find meaning serve as potential "places", where one's identity can be positioned in relation to others: they act as chains that hold at least parts of one's identity in place. The connections made through shared musical passions provide a sense of safety and security in the notion that there are groups of similar people who can provide _____ .

① the feeling of a community
② the feedback for pop culture
③ the access to traditional songs
④ the foundation for social reform
⑤ the solution for copyright issues

New Words

□ through	~을 통해	□ identity	정체성	□ potential	잠재적인
□ interest	관심(사)	□ mostly	주로	□ passion	열정
□ emotional	정서적인	□ in relation to	~와 관련하여	□ in place	제자리에
□ particular	특정한	□ genre	장르	□ security	안전, 안심
□ state	말하다, 진술하다	□ serve as	~로서 역할을 하다 (= act as)	□ notion	개념

Reading Check

빈칸에 들어갈 알맞은 말을 지문에서 찾아 적어 보세요.

도입	Music helps people to [1]_____ to one another.
전개	• The presence of others plays an [2]_____ role in shaping one's [3]_____. 　– Agger: Identities are social products, shaped how others [4]_____ us. 　– Frith: [5]_____ _____ functions as a place where we establish our identity. 　　→ the role of the chain that holds one's identity in place
발전	The connection through [6]_____ _____ _____ makes us feel secure.

Analyzing Sentences

❶ Music helps people to connect to one another **not only** through a common interest or hobby, **but also** through emotional connections ~.

⋯➔ 상관접속사 not only ... but also ~ 병렬구조로 각각 「through + 명사」를 대등하게 연결하고 있다.

❷ Thus, ... and songs **in which** people find meaning, serve as potential "places", **where** one's identity can be positioned ~.

⋯➔ 주어 songs를 수식하는 「전치사 + 관계대명사절」이 완전한 문장을 이끌고 있으며, 계속적 용법의 관계부사 where절이 선행사 places를 보충 설명한다.

Background Knowledge

음악 사회학

음악은 사회의 요소들을 반영하고 있다. 음악의 사회적 기능을 분석한 것을 음악 사회학이라고 하는데, 아리랑처럼 민족의 정체성을 밝혀주는 노래가 바로 그 예이다. 또한 동일한 세대를 살았던 사람들이 그 당시의 유행했던 노래를 들을 때 느끼는 공감을 통해 음악이 사회 구성원을 하나로 묶는 역할도 한다는 것을 알 수 있다.

01 글의 흐름으로 보아, 주어진 문장이 들어가기에 가장 적절한 곳은?

61% 고1 11월 모의고사 변형

> The stage director must gain the audience's attention and direct their eyes to a particular spot or actor.

It's easy to achieve focus in a movie. What the director wants to tell the audiences is shown through the scene on the screen, so the audience cannot help watching what he wants them to. (①) Close-ups or slow shots are the techniques he uses to get the audiences' attention. (②) On stage, focus is much more difficult because the audience can freely look wherever they like. (③) This can be done through lighting, costumes, scenery, voice and movements. (④) Focus can be gained by simply putting a spotlight on one actor, by having one in distinct color, or by having one move while the others remain still. (⑤) All these techniques will effectively draw the audience's attention to the actor whom the director wants to be in focus.

➕ 조명, 연극을 혁신하다
어두운 실내, 무대 위에서 스포트라이트를 받으며 독백을 하는 배우의 모습은 우리에게 익숙하지만, 조명이 연극 무대 공간에 장치로 등장한 것은 오래된 일이 아니다. 전기가 발명되기 전 연극은 주로 낮 시간, 실외에서 공연되다보니 배우의 대사나 행동, 무대의 형태나 구성에 의존할 수밖에 없었다. 하지만 전기가 발명된 이후, 작품의 내용을 효과적으로 전달하기 위해 조명은 중요한 이야기 전달 장치가 되었다.

New Words

☐ gain	얻다	☐ scene	장면	☐ spotlight	스포트라이트
☐ audience	관객	☐ technique	기법	☐ distinct	별개의
☐ attention	관심	☐ lighting	조명	☐ remain	남아있다
☐ direct	~로 향하게 하다	☐ costumes	의상	☐ still	가만히 있는
☐ particular	특정한	☐ scenery	배경	☐ effectively	효과적으로
☐ director	감독	☐ movement	움직임	☐ draw	끌다

02

밑줄 친 got "colder"가 다음 글에서 의미하는 바로 가장 적절한 것은? `39%` 고2 09월 모의고사 변형

If creators knew exactly when they were making a masterpiece, their work would keep going only forward: they wouldn't put in more efforts if it felt successful. But in fact, they often go back to versions they used to regard as disappointing. In Beethoven's most well-known work, he abandoned the ending of the first movement because it felt too short, only to come back to it later. If Beethoven had been able to distinguish an extraordinary from an ordinary work, he would have accepted his symphony immediately as a hit. When painting his famous *Guernica*, Picasso produced 79 different drawings, many of which were based on his early sketches, not the later variations. If Picasso could judge his creations when producing them, he would get consistently "warmer" and use the later drawings. But in reality, it was just common that he got "colder."

*movement 악장

① moved away from the desired outcome
② lost his reputation due to public criticism
③ became unwilling to follow new art trends
④ appreciated others' artwork with less enthusiasm
⑤ imitated masters' styles rather than creating his own

➕ 피카소의 게르니카
1937년 스페인 내전 동안 독재자 프랑코를 돕는 독일군이 스페인 바스크 지방의 작은 도시에 저지른 폭격의 참상을 입체파 양식으로 그린 20세기를 대표하는 그림이다. 작품은 뉴욕 현대미술관에 보관되다가, 스페인의 독재가 종식된 지 6년 만인 1981년에 스페인으로 돌아갔다.

New Words

□ exactly	정확히	□ disappointing	실망스러운	□ drawing	그림
□ masterpiece	걸작	□ well-known	잘 알려진	□ be based on	~에 기반[근거]를 두다
□ forward	앞으로	□ abandon	버리다		
□ put in (an) effort	노력을 기울이다	□ distinguish	구별하다	□ variation	변형
□ used to 동사원형	~하곤 했다	□ extraordinary	비범한	□ judge	판단하다
□ regard as	~로 간주하다	□ immediately	즉시	□ consistently	일관되게
				□ common	흔한

03

주어진 글 다음에 이어질 글의 순서로 가장 적절한 것을 고르시오.　60% 수능 변형

> We can say that movies support the dominant culture and serve as a means for its reproduction over time.

(A) The bad guys are usually punished; the romantic couple almost always find true love despite difficulties. Usually, the image of the world we want is projected into the world of the movies. So, this ideal aspect of movies explains why we enjoy them so much.

(B) The simple answer to this is that movies do more than present two-hour ethics lessons on responsible behavior. They also tell stories that, in the end, we find satisfying.

(C) But one might ask why audiences would find such movies enjoyable if all they give is cultural guidelines for proper living. Most of us would probably become tired of such instructive movies as the cultural artwork common in autocratic societies, viewing them as tools for informing people of their intended purpose.

* autocratic 독재적인

① (A) – (C) – (B)　　② (B) – (A) – (C)　　③ (B) – (C) – (A)

④ (C) – (A) – (B)　　⑤ (C) – (B) – (A)

➕ 선전영화 (propaganda film)
주로 정치적인 주제를 다루는 영화로 관객들에게 특정한 관점을 갖도록 하려는 일종의 계몽 영화이다. 1차 세계대전 중 본격적으로 제작되기 시작했고, 히틀러의 《의지의 승리》가 대표적 예이다.

☐ support	지지하다	☐ despite	~에도 불구하고	☐ responsible	책임 있는
☐ dominant	지배적인	☐ project	투영[투사]하다	☐ guideline	지침
☐ means	수단	☐ ideal	이상적인	☐ proper	적절한
☐ reproduction	재생(산), 재현	☐ aspect	측면	☐ instructive	교훈적인
☐ punish	벌주다	☐ present	제공하다	☐ intended	의도된
☐ romantic	낭만적인	☐ ethics	윤리학	☐ purpose	목적

Vocabulary Review

01 다음 주어진 단어를 활용하여 빈칸을 완성하시오.

intend   ordinary   remain   disappoint   project

(1) He _____ hungry all day and even felt upset because of it.

(2) Use calendars for their _____ purpose to record significant dates.

(3) Most of millionaires don't try to look different from _____ people.

(4) He _____ the colors back into the prism, which resulted in pure white light.

(5) A loving touch after a _____ day at school will be welcomed as true parental love.

02 다음 영영풀이에 해당하는 단어를 보기에서 골라 쓰시오.

보기   still   distinguish   dominant   distinct   proper
abandon   variation   technique   inform   instructive

(1) _____ : without moving

(2) _____ : separated from something

(3) _____ : to give information to someone

(4) _____ : to stop doing or having something

(5) _____ : providing knowledge or information

(6) _____ : having power and influence over others

(7) _____ : right or suitable for some purpose or situation

(8) _____ : to recognize a difference between people or things

(9) _____ : a way of doing something by using special knowledge or skill

(10) _____ : something that is similar to another thing but also different in some way

사진, 공예, 건축

주 제 소 개 　주로 작가의 예술작품을 소개하거나 유명한 건물 또는 장소에 관해 다루는 분야로 수능에서는 내용 파악, 글의 순서, 문장 삽입, 글의 제목, 빈칸 완성 유형 순으로 많이 출제되는 경향이 있다. 사실관계를 확인하며 객관적으로 글을 파악해야 한다.

Q　　다음 글의 내용과 일치하지 <u>않는</u> 것은?　　　53% 고1 03월 모의고사 지문/문제 변형

　　An Englishman named William Thompson took the first underwater photographs. **❶**In 1856, he waterproofed a simple box camera, attached it to a pole, and lowered it beneath the waves off the coast of southern England. During the 10-minute exposure, the camera was slowly filled with seawater, but the picture survived. Underwater photography was born. **❷**Near the surface, where the water is clear and there is enough light, it is quite possible for an amateur photographer to take great shots with a cheap underwater camera. Most fish are naturally curious and will swim quite close to people if they are not frightened away. At greater depths, where it is dark and cold photography is the principal way of exploring a mysterious deep-sea world, 95 percent of which has never been seen before.

*exposure 노출

① William Thompson이라는 영국인이 최초로 수중 사진을 촬영했다.
② 그는 간단한 상자형 카메라를 방수 처리하고 막대에 부착했다.
③ 10분간의 시간 동안 카메라에 물이 차올라서 촬영에 실패했다.
④ 사진술은 신비로운 심해 세계를 탐험하는 주요한 방법이다.
⑤ 심해의 95%는 이전에 보인 적이 없다.

New Words

☐ underwater	수중의	☐ lower	내리다, 낮추다	☐ curious	호기심이 많은
☐ photograph	사진	☐ beneath the waves	바닷속으로, 해저에	☐ depth	깊이
☐ waterproof	방수 처리하다	☐ photography	사진술	☐ explore	탐험하다
☐ attach	부착하다	☐ surface	수면, 표면	☐ principal	주요한, 주된

Reading Check

빈칸에 들어갈 알맞은 말을 지문에서 찾아 적어 보세요.

도입	the first ¹_____ photographs were by William Thompson
전개	• He ²_____ a simple box camera. • The camera became full of seawater, but the picture ³_____. • Even a(n) ⁴_____ photographer can take great ⁵_____ near the surface. • Most fish will swim close to people if they are not ⁶_____ away.
발전	Photography is the principal way of ⁷_____ the mysterious deep-sea world.

Analyzing Sentences

❶ In 1856, he waterproofed a simple box camera, attached it to a pole, **and** lowered it beneath the waves off the coast of southern England

⋯→ and를 기준으로 동사인 waterproofed, attached와 lowered가 병렬구조로 연결되어 있다.

❷ Near the surface, **where** the water is clear and there is enough light, it is quite possible for an amateur photographer to take great shots with a cheap underwater camera.

⋯→ , where는 선행사(surface)와 콤마가 있는 계속적 용법으로 앞에서부터 해석하고 「접속사 + 부사」인 and there로 바꾸어 쓸 수 있다.

Background Knowledge

현존하는 가장 오래된 수중 사진

최초의 수중 사진은 1856년 영국의 윌리엄 톰슨(William Thompson)이 촬영했다고 알려졌지만 해당 사진이 아쉽게도 유실되어서, 1899년에 루이 부탕(Louis Boutan)이 촬영한 사진을 현존하는 가장 오래된 수중 사진으로 보고 있다. 그는 플래시 장치를 개발한 수중 카메라로 수심 50m에서 30분 동안 수중 촬영을 시도하였고 이로 인해 질소 마취(Nitrogen Narcosis)에 시달렸다고 한다. 최신식 장비를 갖춘 오늘날에도 수심 50m에서는 3분 이내로 잠수 시간을 제한하고 있다.

01 다음 글의 제목으로 가장 적절한 것은?

76% 고1 06월 모의고사 변형

Rarely do people consider the critical role of vertical transportation when they think about the development of cities. As a matter of fact, each day, more than 7 billion elevator movements are taking place in tall buildings all over the world. Efficient vertical transportation is able to expand our ability to build taller and taller skyscrapers. In addition, recent innovations in elevator design promise to reduce energy consumption significantly. Antony Wood, who is a professor of Architecture at the Illinois Institute of Technology, explains that advances in elevators over the past 20 years are probably the greatest advances that we have seen in tall buildings. For instance, elevators in the Jeddah Tower in Jeddah, Saudi Arabia, which is now under construction, will reach a record height of 660m.

① Elevators Bring Buildings Closer to the Sky
② The Higher You Climb, the Better the View
③ How to Construct an Elevator Cheap and Fast
④ The Functions of the Ancient and the Modern Cities
⑤ The Evolution of Architecture: Solutions for Overpopulation

➕ Jeddah Tower
Jeddah Tower(제다타워)는 사우디아라비아에서 건설 중인 초고층 빌딩으로 아랍어로는 부르즈 알 마물라카(왕국의 탑)라는 뜻이다. 두바이의 163층 고층 빌딩인 부르즈 할리파(Burj Khalifa)를 지은 미국 시카고의 건축가(Adrian Smith)에 의해 설계되었다. 제다타워는 지상 167층의 높이로 2024년 완공 시 세계에서 가장 높은 높이(1,007m)를 자랑할 것이다.

New Words

☐ critical	중요한	☐ efficient	효율적인	☐ architecture	건축
☐ role	역할	☐ expand	확장시키다	☐ advance	발전, 진보
☐ vertical	수직의	☐ skyscraper	고층 건물	☐ construction	건설
☐ transportation	이동수단, 운송	☐ innovation	혁신	☐ reach	도달하다
☐ development	발전	☐ consumption	소비	☐ height	높이

02

다음 글의 주제로 가장 적절한 것은?

68% 고1 03월 모의고사 변형

As you travel, you will often find yourself buying souvenirs as one of the ways to remember your trip. Before you pick out a souvenir to take home, give some thought to how it was made and where it came from. If animal products such as animal bone or skin were used to make it, just leave it on the shelf. It is a bad idea to pick your souvenirs directly from nature; sea shells are a lot more beautiful on the beach than they are on your desk. Instead, you can choose something which does not have a negative effect on the place that you visit, such as paintings or crafts produced by local artists. By doing so, you will be able to preserve the tourist destination and pass it on to future generations.

① how to get travel information
② the necessity to protect endangered wildlife
③ things to keep in mind when buying travel souvenirs
④ promotion of travel destinations through the sale of crafts
⑤ the need for diversification of designs when making souvenirs

➕ 네덜란드의 전통기념품 – 나막신(klompen)

네덜란드어로는 클롬펜, 영어로는 clog라고 부른다. 일본의 '게다'라고 불리는 나무 슬리퍼와는 다르게 네덜란드의 나막신은 발 전체를 감싸는 구두의 형태를 하고 있다. 나무로 두껍게 만들어졌으면서도 무겁지 않기 때문에 노동자들의 발을 보호하기에 적합했다. 바다보다 땅이 낮아 진흙 땅이 많았던 네덜란드의 환경에서 신기 좋은 실용적인 신발이기도 했다.

 New Words

□ souvenir	기념품	□ directly	직접적으로	□ effect	영향, 효과
□ pick out	골라내다	□ nature	자연, 본질	□ craft	공예(품), 기교
□ product	산물, 상품	□ sea shell	조개껍데기	□ produce	생산하다
□ bone	뼈	□ instead	그 대신에	□ local	지역의, 현지의
□ skin	가죽, 피부, 껍질	□ negative	부정적인	□ preserve	보존하다
□ shelf	선반				

53% 고3 09월 모의고사 변형

03

다음 글의 내용을 한 문장으로 요약하고자 한다. 빈칸 (A), (B)에 들어갈 말로 가장 적절한 것은?

Over the past few decades, architecture has limited its definition of itself. In the near future, the help of architecture towards actual change — in other words, change that challenges the dominance of commercial institutions, their aims, and values — will diminish. The present day seems to be a time of unique innovation and freedom of choice. However, the reality is that architectural styles and forms are often the attractive packaging and repackaging of the same proven, marketable concepts. 'Radical' designs by famous architects are accepted and gaining popularity. It shows that formal innovation has become an important commodity. However, behind radicalism, the conventions of existing building typologies and programs still rule and sell. What we need today are approaches to architecture that can free its potential to transform our ways of thinking and acting.

*commodity 상품 **typology 유형학

↓

Seemingly innovative, architecture has become _____(A)_____ in its own convention, so efforts should be made to _____(B)_____ its power to change us.

	(A)	(B)		(A)	(B)
①	fixed	⋯⋯ share	②	localized	⋯⋯ share
③	trapped	⋯⋯ activate	④	underestimated	⋯⋯ activate
⑤	standardized	⋯⋯ control			

➕ 건축유형학(Architectural Typology)

건축 유형학은 건축 양식과 관련된 형태나 특징 등에서 공통의 것을 하나의 틀에 묶고 그 틀에 속하는 것들을 분류하기 위한 건축 요소의 조합 가능성을 찾는 노력으로, 축적된 지식을 손쉽게 전달받고 동시대성을 반영하여 창조적인 재생산을 지속적으로 가능하게 해준다.

New Words

□ architecture	건축	□ institution	기관, 제도	□ popularity	인기
□ definition	정의	□ diminish	줄어들다	□ formal	형식적인
□ challenge	도전하다	□ attractive	매력적인	□ radicalism	급진주의
□ dominance	지배	□ marketable	시장성이 있는	□ convention	관습
□ commercial	상업	□ radical	급진적인	□ potential	잠재력

01 다음 주어진 단어를 활용하여 빈칸을 완성하시오.

| waterproof | principal | skyscraper | souvenir | architecture |

(1) Watchmakers _____ wristwatches.

(2) The _____ cities of America are New York and Los Angeles.

(3) Young backpackers try to buy _____ to remember their travel sites.

(4) Many countries are planning to build _____ in their respective cities as national landmarks.

(5) Since many houses are designed in various ways these days, I can feel the changes in modern _____.

02 다음 영영풀이에 해당하는 단어를 보기에서 골라 쓰시오.

보기   attach   photography   vertical   expand   concept
      instead   effect   craft   consumption   diminish

(1) _____ : as an alternative

(2) _____ : the use of resources or materials

(3) _____ : the action of one thing on another

(4) _____ : to increase in extent, amount, or degree

(5) _____ : a method or technique for taking pictures

(6) _____ : standing or pointing straight up and down

(7) _____ : to connect or fasten something to an object

(8) _____ : an art that requires special skill and technique

(9) _____ : general knowledge about some object or phenomenon

(10) _____ : to become smaller or less than the original in volume or quantity

교육, 학교, 진로

주 제 소 개   주로 교육이 지향하는 방향이나 학습에 영향을 끼치는 요소, 교육 방식의 문제점이나 개선 방안 등을 다루는 분야로 수능에서는 글의 요약, 내용 파악, 어법, 어휘 유형으로 가장 많이 출제되는 경향이 있지만 글의 주제, 제목, 그리고 빈칸 완성 유형으로도 출제되니 교육과 관련된 다양한 내용을 파악해야 한다.

Q 다음 글의 주제로 가장 적절한 것은?

71% 고1 09월 모의고사 변형

❶In the middle of a global economic crisis, many people lose their jobs, pushing the nation's unemployment rate higher than ever. But not all of those fired workers are sitting at home, browsing the want ads and waiting for a call from a job interview that they had. Thousands of people are heading back to school to equip themselves for a new career, which makes public colleges and universities among the few bright spots in a poor economy. Moreover, some universities are working overtime, due to the increased number of students, at a time when many workers are reducing their working hours or even losing their jobs. In reality, double-digit growth in student registrations at a few public universities has been reported in the States this year. ❷University registration managers commonly say that seeing enrollments rise in a failing economy is not unexpected.

① creating new jobs through globalization
② pursuing higher education among women
③ difficulties people face in an economic crisis
④ companies' efforts to overcome a poor economy
⑤ increasing college enrollment in economic depression

New Words

☐ economic	경제적인	☐ head back to	~로 되돌아가다	☐ growth	성장
☐ crisis	위기	☐ equip	준비[채비]를 갖추다	☐ registration	등록
☐ unemployment rate	실업률	☐ career	직업, 경력	☐ enrollment	등록, 등록자 수
☐ fired	해고된	☐ public college	공립 대학	☐ rise	증가
☐ browse	둘러보다	☐ double-digit	두 자릿수의	☐ unexpected	예상치 못한
☐ want ad	구인 광고				

Reading Check

빈칸에 들어갈 알맞은 말을 지문에서 찾아 적어 보세요.

도입	In the global economic ¹_____, people are losing their jobs and the ²_____ rate is increasing.
전개	• Not all of the ³_____ workers are searching for jobs. • Many are returning to school to prepare for a new ⁴_____.
발전	• Double-digit ⁵_____ in student enrollment has been reported in the U.S. this year. • A ⁶_____ in the enrollments during the economic was expected downturn.

Analyzing Sentences

❶ In the middle of a global economic crisis, many people lose their jobs, **pushing** the nation's unemployment rate higher than ever.

⋯ pushing ~ 는 연속동작을 나타내는 분사구문으로 and they push ~로 바꿔 사용할 수 있다.

❷ University registration managers commonly say **that** seeing enrollments rise in a failing economy is not unexpected.

⋯ that 이하는 say의 목적어 역할을 하는 명사절이며, 「지각동사(see) + 목적어 + 목적격 보어(동사원형/-ing)」의 5형식 문장으로 여기서는 목적격 보어로 동사원형(rise)을 사용하였다.

Background Knowledge

제3세대를 위한 대학(University of the Third Age)
프랑스, 영국 등 유럽에서 이루어지는 노인 교육 중 하나로 노인 여가 대학이라고도 말한다. 유럽에서 제3세대(Third Age)는 노인을 뜻하는 용어로 많이 사용된다. 인간의 수명이 길어짐에 따라 노인들도 은퇴 후 이전 자신의 직업과는 전혀 다른 분야에 대해 공부하기 위해 다양한 과목을 수강하거나 자율적으로 교육 프로그램에 참여하고 있다. 미국에서도 각 주마다 정책은 다르지만 노인을 위해서 대학교 등록비를 면제하거나 또는 적은 금액으로 저렴하게 등록할 수 있도록 하는 정책을 운영하고 있다.

81% 고1 03월 모의고사 지문/문제 변형

01

다음 글의 내용을 한 문장으로 요약하고자 한다. 빈칸 (A), (B)에 들어갈 말로 가장 적절한 것은?

Noise that takes place in the classroom has negative effects on communication patterns and the ability to pay attention. As a result, it is not surprising that constant exposure to noise is related to children's academic achievements, particularly in its negative effects on reading and learning to read. Some researchers found that, when preschool classrooms were modified in order to reduce noise levels, not only did the children speak to each other more often and in more complete sentences, but their performance on pre-reading tests went up a lot. Similar results have been shown by research with older children. On reading and math tests, elementary and high school students in noisy schools or classrooms regularly perform below those in quieter settings.

↓

When the noise level in the classroom was reduced, test scores _____(A)_____ , while students in the noisy classroom had _____(B)_____ academic performances.

(A)	(B)	(A)	(B)
① improved	⋯⋯ random	② dropped	⋯⋯ constant
③ dropped	⋯⋯ higher	④ improved	⋯⋯ lower
⑤ were maintained	⋯⋯ successful		

➕ 플린 효과(Flynn effect)
전 세계적으로 관측되는 세대의 진행에 따른 IQ 지수 증가 현상을 말한다. 1980년대 초반 심리학자 제임스 플린(James Flynn)은 미국의 신병 지원자들의 IQ가 10년마다 3점씩 올라간다는 사실을 발견했고, 14개국으로 확대 실시한 조사에서도 비슷한 결과를 얻었다.

□ effect	영향	□ achievement	성취	□ setting	환경
□ constant	지속적인	□ modify	변경하다, 수정하다	□ random	무작위의
□ exposure	노출	□ complete	완전한	□ drop	떨어지다
□ academic	학업적인	□ perform	성취하다, 실행하다	□ maintain	유지하다

02

다음 글의 요지로 가장 적절한 것은?

Rather than trying to punish students with a low grade or mark in the hope that it will encourage them to give greater effort in the future, teachers can better give students motivation by regarding their work as incomplete and then requiring additional effort. Teachers, who are at Beachwood Middle School in Beachwood, Ohio, record students' grades as *A*, *B*, *C*, or *I*(Incomplete). Students receiving an *I* grade are required to do additional work so that they may bring their performance up to an acceptable level. This policy is based on the belief that students perform at a failure level or submit failing work in large part because teachers accept it. The Beachwood teachers reason that if they do not accept substandard work anymore, students will not submit it. And with proper support, they believe students will continue to work until their performance is satisfactory.

① 학생에게 평가 결과를 공개하는 것은 학습 동기를 떨어뜨린다.
② 학생에게 추가 과제를 부여하는 것은 학업 부담을 가중시킨다.
③ 지속적인 보상은 학업성취도에 장기적으로 부정적인 영향을 준다.
④ 학생의 자기 주도적 학습 능력은 정서적으로 안정된 학습 환경에서 향상된다.
⑤ 학생의 과제가 일정 수준에 도달하도록 개선 기회를 주면 동기부여에 도움이 된다.

⊕ GPA(Grade Point Average)
흔히 학점이라고 불리는 GPA는 대학생들의 성적을 흔히 말하는데, 평균 평점이라고도 한다. 기본적으로 A, B, C, D F등급으로 나뉜다. 만점 기준은 보통 4.5점, 4.3점, 100점인 세 가지로 환산한다. 보통 A는 100점 만점 기준으로 90점 이상, B는 80점 이상, C는 70점 이상, D는 60점 이상을 의미하며 F등급은 60점 미만으로 낙제를 의미한다.

New Words

□ punish	벌하다	□ additional	추가적인	□ submit	제출하다
□ effort	노력	□ acceptable	수용 가능한	□ reason	추론하다
□ motivation	동기 부여	□ policy	방침, 정책	□ substandard	기준 이하의
□ incomplete	미완성의; 불완전 이수	□ submit	제출하다	□ proper	적절한
				□ satisfactory	만족스러운

03

다음 빈칸에 들어갈 말로 가장 적절한 것은?

57% 수능 지문/문제 변형

Working in isolation, teachers tend to see the world through _____. They do not understand that there might be someone somewhere in the same building or district who may be better in the classroom. They close their doors and move forward almost alone with the school calendar. In the absence of a process which allows them to benchmark those who do things better, teachers are left with their own perspective. I taught a variety of subjects in the social sciences, but I knew very little about how my peers teaching the same subjects were teaching. The idea of meeting regularly to compare notes, plan common assessments, and share what we did well never occurred to us. Rather, my peers and I spent a lot of time in the social studies office complaining about a lack of time and playing the blame game.

① their own eyes   ② the school reputation

③ the number of students   ④ other teachers' attention

⑤ the relationship with students

➕ 학교에서의 인공지능(AI) 교육

인공지능은 A.I.(Artificial Intelligence)라고도 부르며 인간이 가진 지적 능력을 컴퓨터를 통해 구현하는 기술을 말한다. AI와 교육 간의 연결점에는 세 가지 영역이 필요하다. ① AI을 통한 학습 (교실에서 AI 기반 도구 사용) ② AI 기술에 대해 배우기 ③ AI 사회에 대한 준비(AI가 인간의 삶에 미치는 잠재적 영향을 더 잘 이해할 수 있도록 지원) 등으로 프로젝트의 목표는 AI의 기술적 측면과 인간적 측면 모두를 교육 프로그램에 적절하게 적용시키는 것이다.

New Words

□ isolation	고립	□ peer	동료	□ the blame game	비난하고 책임을 전가하는 것
□ district	지역, 지구	□ common	공동의, 공통의	□ reputation	평판, 명성
□ absence	없음, 결여	□ assessment	평가	□ attention	관심, 흥미
□ perspective	시각, 관점	□ complain	불평하다	□ relationship	관계
□ a variety of	다양한				

01 다음 주어진 단어를 활용하여 빈칸을 완성하시오.

| browse | registration | complete | proper | perspective |

(1) I usually get inspiration from different _____ of life.

(2) People use search engines like Google to _____ internet sites.

(3) In order to communicate effectively, you should try to use _____ sentences.

(4) When there is a crisis, you always have to find the _____ way to solve the problem.

(5) An alien _____ card is required for those who want to stay over 90 days in Korea.

02 다음 영영풀이에 해당하는 단어를 보기에서 골라 쓰시오.

| 보기 | equip | growth | enrollment | perform | academic |
| | random | reason | satisfactory | isolation | assessment |

(1) _____ : related to education

(2) _____ : to judge on a logical basis

(3) _____ : fulfilling expectations or needs

(4) _____ : having unpredictable outcomes

(5) _____ : to carry out, accomplish, or fulfill

(6) _____ : evaluating the value or level of things

(7) _____ : the act of signing up for a membership

(8) _____ : an increase in size, number, or importance

(9) _____ : the state or condition of being separated from others

(10) _____ : to prepare something for a particular purpose or situation

언어, 문학

주 제 소 개 문학 작품 속 구체적인 장면을 다루기도 하지만, 특정 작가와 관련된 내용이나 문학에 관한 일반적인 정의, 작품이 독자에게 미치는 영향 등 문학의 사회적 기능과 역할에 관한 글이 자주 등장한다. 언어와 관련된 주제의 경우, 인간의 고유한 특징으로서의 언어에 관한 글이 자주 인용된다. 언어 간 특징이나 글쓰기, 음운학, 음성학 등 언어 이론에 관한 글도 간혹 출제된다.

Q 글의 흐름으로 보아, 주어진 문장이 들어가기에 가장 적절한 곳은? 35% 고1 03월 모의고사 변형

> By contrast, many modern stories have less definitive endings.

In the classical fairy tale the conflict is often completely resolved. Without exception, the hero and heroine live happily ever after. (①) Often the conflict in those stories is only partly resolved, or a new conflict appears, and makes the audience think further. (②) ❶This is particularly true of thriller and horror genres, where audiences are fascinated by the evolving conflicts. (③) Consider Henrik Ibsen's play, *A Doll's House*, where Nora, in the end, leaves her family and marriage. (④) Nora disappears out of the front door, and we are left with many unanswered questions such as "Where did Nora go?" and "What will happen to her?" (⑤) ❷An open ending is a powerful tool and allows us to think about what might happen next.

*definitive 명확한 **evolving 서서히 전개되는

New Words

☐ by contrast	대조적으로	☐ without	~없이	☐ particularly	특히
☐ modern	현대의	☐ exception	예외	☐ be true of	~에 해당하다
☐ classical	고전의, 고전적인	☐ hero	남자 주인공	☐ play	희곡, 연극
☐ fairy tale	동화	☐ heroin	여자 주인공	☐ in the end	결국
☐ conflict	갈등, 충돌	☐ partly	부분적으로	☐ disappear	사라지다
☐ resolve	해결하다	☐ audience	관객	☐ tool	도구

정답과 해설 P.19

Reading Check

빈칸에 들어갈 알맞은 말을 지문에서 찾아 적어 보세요.

주제	Contemporary stories have 1_____ clear endings. ↔ 2_____ stories have complete resolution of conflicts.
부연 ①	• incomplete conflict resolution • the emergence of new 3_____ • the evolving conflict in the thriller and horror genres • the example of Henrik Ibsen's 4_____ 'A Doll's House'

부연 ②	• Open ending as a powerful tool
	  – stimulating curiosity
	  – making us more 5_____ by the work

Analyzing Sentences

❶ This is particularly true of thriller and horror genres, **where** audiences are **fascinated** by the evolving conflicts.

⋯ , where의 선행사는 thriller and horror genres로 계속적 용법의 관계부사이다. fascinate는 '마음을 사로잡다'의 감정 동사로 주어(사람)가 감정을 느끼게 되는 수동의 의미일 때 과거분사 fascinated '매료된'으로 표현한다.

❷ An open ending is a powerful tool and allows us to think about **what** might happen next.

⋯ 관계대명사 what은 선행사를 포함하여 the thing which[that]으로 바꿔 쓸 수 있으며 '~하는 것'으로 해석된다. 관계대명사 what이 이끄는 절이 문장 안에서 전치사의 목적어 역할을 하고 있다.

Background Knowledge

열린 결말(Open ending)
창작자가 결말을 명확하게 서술하지 않고 독자나 시청자의 상상에 맡기는 결말로 ambiguous ending(모호한 결말)이라고도 불린다. 작품 속의 갈등이나 핵심적인 의문이 해결되지 않은 채 끝나기 때문에 독자들의 상상력을 자극하여, 문학적 즐거움을 즐길 수 있다는 장점이 있지만, 결말이 모호하여 독자에게 허무감을 준다는 비판도 있다.

01 밑줄 친 by reading a body language dictionary가 의미하는 바로 가장 적절한 것은?

29% 고1 06월 모의고사 변형

Genuine, effective body language is more than the sum of individual signals. When people communicate from this rote-memory such as in the dictionary approach, they can't see all the diverse aspects of social perception. Instead, they see a person with crossed arms and think, "Quiet, angry." They see a smile and think, "Happy." They use a firm handshake to show other people "who is boss." By reading a body language dictionary, trying to use body language is like trying to speak French by reading a French dictionary. Things tend to break down into an invalid mess. Your actions seem to be robotic; your body language signals are disconnected from one another. You end up confusing the very people you're trying to attract because your body language doesn't reflect the situation at hand.

*rote-memory 기계적 암기

① with a body language expert's help
② by comparing body language and French
③ without understanding the social aspects
④ in a way people learn their native language
⑤ by learning body language within social context

➕ 몸짓 언어, 제스처(Gesture)
비언어적 의사소통 중의 하나로 손이나 얼굴, 몸을 이용하여 말의 효과를 더하거나, 말로 의사를 전달할 수 없는 경우 사용하는 얼굴 표정이나 손동작 등을 말한다. 같은 제스처이지만 국가 혹은 지역마다 완전히 다른 뜻을 가질 수 있다. 예를 들어 우리나라에서 승리를 의미하는 손가락 표시가 그리스와 터키에서는 경멸 또는 모욕을 의미한다고 본다.

New Words

☐ genuine	진정한	☐ diverse	다양한	☐ mess	엉망(인 상황)
☐ sum	총합	☐ aspect	측면	☐ disconnected	단절된
☐ individual	개개의, 각각의	☐ perception	인식	☐ confuse	혼란스럽게 하다
☐ communicate	의사소통을 하다	☐ firm	굳은, 확고한	☐ reflect	반영하다
☐ dictionary	사전	☐ tend to	~하는 경향이 있다	☐ at hand	머지않아
☐ approach	접근법	☐ invalid	유효하지 않은	☐ context	맥락, 상황

02 다음 글의 빈칸에 들어갈 말로 가장 적절한 것은?

58% 고2 03월 모의고사 변형

Language is an ability, innate in us. We can know the ability only through studying the actual languages. Thus, one of the best reasons for studying languages is to find out about ourselves — what makes us human. And the best place to start such study is with our own language, the one that has nurtured our minds and formed our view of the world. Then what would be the good way to study a language? The best approach is the _____ one. In order to understand the nature of things, it is often helpful and sometimes essential to know how they came to be that way. If we are psychologists who want to understand a person's behavior, we must know something about that person's origins and development over time. The same is true of a language.

*nurture 양육하다, 기르다

① political   ② physical   ③ historical
④ economic   ⑤ psychological

➕ 언어의 기원

언어의 발생이 언제인지 알려주는 직접적 증거는 존재하지 않지만, 인간이 자연을 자신에게 맞게 변형하기 시작한 석기시대 이전부터 언어를 사용하였을 것이라고 추정한다. 어떤 사물에 대한 인식이 존재한다면, 그 대상을 가리키는 이름이 존재했을 것이라는 것이다. 집단의 규모가 커지면서 인간이 인식할 수 있는 범위도 늘어남에 따라 몇몇 사물에 대한 약속인 언어의 규모도 발전하고 진화되었을 것이라고 추정하고 있다.

New Words

□ ability	능력	□ view	관(점)	□ psychologist	심리학자
□ innate	타고난	□ approach	접근법	□ behavior	행동
□ find out	알아내다	□ nature	본질	□ origin	태생, 출신
□ actual	실제의	□ essential	필수적인	□ development	발달
□ form	형성하다	□ come to 동사원형	~하게 되다	□ be true of	~에 적용[해당]되다

03

다음 빈칸에 들어갈 말로 가장 적절한 것은?

72% 고3 06월 모의고사 변형

In an increasingly globalized world, literature in translation has an especially important role in understanding our multi-cultural world. Increasingly, writers, readers, and publishers are depending on literature as a bridge between cultures. Thus, this growing interest is driving a boom in translation. However, the tragedy here is that most translations are from English into other languages, not from another language, in this case Arabic, into English. Hence, the huge American market is seen as driving the _____. At any bookstore in the U.S., for example, people can rarely find books translated from Arabic other than Nobel Prize winner Naguib Mahfouz's Cairo Trilogy. Western readers also know little of Mahfouz's more experimental work, his political and religious allegories, or his historical dramas. The result is a kind of one-way mirror between America and the rest of the world.

*allegory 우화, 풍자

① equality   ② diversity   ③ interaction
④ imbalance   ⑤ uncertainty

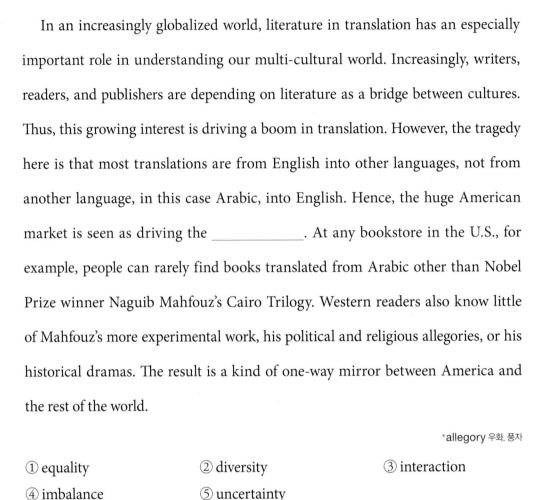

➕ 번역의 불평등

번역은 단지 하나의 언어로 된 작품을 다른 언어의 글로 옮기는 것이 아니다. 번역 작품으로 서로 다른 문화를 이해하고 서로의 문화를 존중하는 밑거름이 된다. 그러나 수평 관계처럼 보이는 번역에서도 강대국의 콘텐츠만이 다른 언어로 번역되는 경우가 대부분이다. 이런 문화적인 불균형은 다문화 사회를 살아가는 현대인들에게 문화 우월주의라는 편견을 야기할 수 있다.

New Words

□ increasingly	점점 더	□ publisher	출판인	□ huge	거대한
□ globalized	세계화된	□ depend on	~에 의존하다	□ rarely	좀처럼 ~않는
□ literature	문학	□ boom	호황	□ trilogy	3부작
□ translation	번역	□ tragedy	비극	□ experimental	실험적인
□ especially	특히	□ Arabic	아랍어	□ diversity	다양성
□ multi-cultural	다문화의	□ hence	따라서	□ imbalance	불균형

01 다음 주어진 단어를 활용하여 빈칸을 완성하시오.

| confuse | reflect | communicate | disconnected | approach |

(1) Too much health information can _____ people.

(2) Children are becoming _____ from the natural environment.

(3) This is a natural _____ to creation and is based on the aesthetics of feelings.

(4) The way we _____ influences our ability to build strong and healthy communities.

(5) Windows of hanok _____ the traditional view that forms should be created by relying on feelings.

02 다음 영영풀이에 해당하는 단어를 보기에서 골라 쓰시오.

보기   firm   innate   imbalance   diversity   perception
        invalid   nature   boom   tragedy   context

(1) _____ : not weak or uncertain

(2) _____ : having no force or effect

(3) _____ : a basic quality that something has

(4) _____ : the situation in which something happens

(5) _____ : awareness of something through the senses

(6) _____ : a very bad event that causes great sadness

(7) _____ : a rapid increase in growth or economic success

(8) _____ : existing from the time a person or animal is born

(9) _____ : the quality or state of having many different forms or types

(10) _____ : a condition in which different things do not occur in equal amounts

주 제 소 개   전 세계적으로 빠르게 변하고 있는 환경 속에서, 우리는 과거와 현재의 다양한 정보를 해석하고 활용한다. 정보를 주로 제공하는 대중매체(미디어)의 역할과 그것이 올바르게 나아갈 방향을 비판적인 시각으로 판단하도록 도움을 주는 내용이 자주 언급된다. 수능에서는 글의 제목, 주제, 빈칸 완성 등의 유형으로 주로 출제된다.

Q   **다음 글의 주제로 가장 적절한 것은?**   75% 고1 06월 모의고사 변형

If you've ever seen a tree stump, you probably noticed that it has a series of rings. These rings can tell us the age of the tree and the weather during each year of the tree's life. **①Trees are sensitive to local climate conditions, such as rain and temperature.** Therefore, they can give scientists some information about that area's climate in the past. For example, as a tree gets older, those tree rings usually grow wider in warm and wet years. They are thinner in years when it is cold and dry. **②If the tree has experienced stressful seasons, such as a drought, the tree might hardly grow at all during that time.** Very old trees, in particular, can offer clues about how the climate was long before measurements were recorded.

*stump 그루터기

① traditional ways to predict weather
② difficulty in measuring a tree's age
③ the use of old trees to find direction
④ how tree rings suggest the past climate
⑤ the importance of protecting local trees

New Words

□ notice	주목하다	□ thin	가는, 얇은	□ clue	단서
□ a series of	일련의	□ experience	경험하다	□ measurement	관측, 측정
□ sensitive	민감한	□ drought	가뭄	□ record	기록하다
□ local	지역의	□ hardly	거의 ~않다	□ suggest	알려주다, 제안하다
□ temperature	온도, 기온	□ during	~ 동안에	□ direction	방향
□ climate	기후	□ offer	제공하다	□ predict	예언하다

정답과 해설
P.21

Reading Check

빈칸에 들어갈 알맞은 말을 지문에서 찾아 적어 보세요.

주제문	¹_____ information about the past that a tree gives us.
나이테 정보	²_____ of a tree inform us of ~. • how ³_____ the tree is • what the ⁴_____ was like every year • the conditions the tree has ⁵_____

Analyzing Sentences

❶ Trees **are sensitive to** local climate conditions, **such as** rain and temperature.
⋯ are sensitive to ~는 '~에 민감하다'라는 의미이며, such as는 '~과 같은'의 뜻으로 뒤에 추가적인 정보가 온다.

❷ If the tree has experienced stressful seasons, such as a drought, the tree might **hardly grow** at all during that time.
⋯ 문장에서 hardly는 '거의 ~하지 않는'이라는 뜻의 빈도부사로, hardly grow는 '거의 성장하지 않다'는 의미로 쓰였다. 빈도부사는 be 동사 뒤, 일반 동사 앞에 쓴다.

Background Knowledge

내셔널 지오그래픽(National Geographic)
미국의 내셔널 지오그래픽 협회에서 발행하는 취재물로 세계 탐험, 동물, 우주 등의 다양한 주제를 다루는 것으로 유명하다. 1958년 세계 최장수 나무인 브리슬콘파인 (bristlecone pine) 또한 내셔널 지오그래픽을 통해 최초로 발표되었다. 브리슬콘파인은 미국 서쪽지역 해발 2,500m~3,600m에 걸쳐 분포하고 있으며, 세계에서 나이가 가장 많은 나무(약 4,767년)이다. 1958년도까지 알려지지 않다가 에드먼트 술만 (Edmund Schulman) 박사에 의해 발견되었다.

01 다음 빈칸에 들어갈 말로 가장 적절한 것은?

As the tenth anniversary of the 9/11 terrorist attacks approached, something interesting happened. 9/11-related media stories peaked as the anniversary date came close, and dropped off rapidly a few weeks later. Surveys conducted during those times asked citizens to choose two "especially important" events from the past seventy years. Two weeks before the media stories about the anniversary began, about 30 percent of respondents named 9/11. But as the anniversary became closer, and the media dealt with it more, many survey respondents started choosing 9/11 — to 65 percent. Two weeks later the reports decreased to about 30 percent. Clearly, the _____ of news coverage can make a big difference in the perceived significance of an issue when the observers are exposed to the media.

① accuracy   ② tone   ③ amount
④ source   ⑤ type

➕ 911 테러

2001년 9월 11일, 사우디아라비아의 오시미 빈 라덴과 이슬람 무장단체 알 카에다에 의한 비행기 충돌 테러로, 미국 뉴욕의 110층짜리 세계무역센터(WTC) 빌딩이 완전히 파괴되고, 국방부 청사(펜타곤)가 공격받은 사건이다. 사진은 이글 록(Eagle Rock) 보호 구역 안에 희생자들의 이름이 새겨진 화강암 벽으로 희생자들을 기리기 위해서 세워졌다.

New Words

☐ anniversary	추모일, 기념일	☐ conduct	실시하다	☐ perceived	인지된
☐ attack	공격	☐ citizen	시민	☐ significance	중요성
☐ approach	다가오다, 접근하다	☐ respondent	응답자	☐ observer	관찰자
☐ peak	최고조에 오르다	☐ deal with	다루다	☐ be exposed to	~에 노출되다
☐ rapidly	급격히, 빠르게	☐ decrease	감소하다	☐ accuracy	정확성
☐ survey	조사	☐ coverage	보도	☐ source	출처, 근원

02 다음 빈칸에 들어갈 말로 가장 적절한 것은?

48% 고1 06월 모의고사 변형

One real issue about the marketing industry today is how to ＿＿＿＿＿＿ in the age of the remote control and mobile devices. As the popularity of digital video recorders grows, consumers can mute, fast-forward, and skip over commercials instantly. Some advertisers are trying to adapt to these technologies by planting hidden coupons during their television commercials. Others are desperately trying to make their advertisements more interesting and entertaining to prevent viewers from skipping their ads. Still others are simply giving up on television advertising altogether. Some industry professionals predict that cable providers and advertisers will be forced to provide incentives to encourage consumers to watch their messages. These incentives may come in the form of coupons, or a discount in the cable bill if people watch the ads.

*mute 음소거하다

① guide people to be wise consumers
② reduce the cost of television advertising
③ keep a close eye on the quality of products
④ make it possible to deliver any goods any time
⑤ win the battle for broadcast advertising exposure

➕ PPL(Product Placement) 광고
영화나 드라마를 제작할 때, 특정 기업의 협찬과 지원을 약속받고 해당 기업의 상품이나 브랜드 이미지를 제작 과정에 끼워 넣는 광고 기법으로, 간접광고라고도 한다. 화면에서 무의식적으로 상품을 보게 되어 고객이 상품을 자연스럽게 인지할 수 있다는 장점이 있다.

New Words

☐ industry	산업	☐ adapt to	～에 적응하다	☐ provider	공급자
☐ remote control	리모컨	☐ hidden	숨겨진	☐ be forced to	어쩔 수 없이 ～하다
☐ mobile device	이동 통신 기기	☐ desperately	필사적으로	☐ incentive	유인책, 인센티브
☐ fast-forward	빨리 감다	☐ entertaining	재미있는, 유쾌한	☐ encourage	장려하다, 권장하다
☐ skip over	～을 건너뛰다	☐ prevent ... from -ing	...가 ～하지 못하게 하다	☐ cable bill	유선 방송 수신료
☐ commercial	(상업) 광고	☐ predict	예상하다, 예언하다	☐ reduce	줄이다, 감소시키다
☐ instantly	즉시, 즉각적으로				

03

다음 글에서 전체 흐름과 관계 <u>없는</u> 문장은? 87% 수능 변형

Media literacy has been thought to be especially important "to make the users know their rights when using SNS tools." It also helps them acquire or reinforce human rights values and develop the attitude necessary to respect other people's rights and freedoms. ① When it comes to peer-to-peer risks such as bullying, this last element is very important. ② In the offline world, children are taught this basic principle: 'do not do to others what you would not want others to do to you.' ③ Children's SNS activities should be encouraged when we help them build their knowledge. ④ This should apply to SNS, but it is much more difficult for children and young people to expect the results and serious impact of their actions in this environment. ⑤ Therefore, teaching SNS rules from a very early age is of importance.

*media literacy 미디어 정보 해독력(각종 미디어 정보를 주체성을 갖고 해독할 수 있는 능력)

➕ 인스타그램(Instagram)

케빈 시스트롬(Kevin Systrom)과 마이크 크리거(Mike Krieger)가 공동으로 설립한 소셜 네트워크 서비스(SNS)로 이미지를 공유하는 서비스를 주로 한다. 사진을 촬영한 뒤 자체 필터 등을 이용하여 이미지 편집이 가능하며, 다른 소셜 미디어로 공유할 수 있다. 영어, 한국어 등 25개의 언어를 지원하며, 약 20억여 명이 이용하고 있지만 현재 중국에서는 정치적 등의 이유로 사용할 수 없다.

New Words

☐ especially	특히, 특별히	☐ peer	또래, 동료	☐ principle	원리, 원칙
☐ acquire	얻다, 획득하다	☐ when it comes to	~에 관한 한	☐ apply to	~에 적용되다
☐ reinforce	강화하다	☐ risk	위험	☐ expect	예상하다
☐ human right	인권	☐ bullying	약자 괴롭히기	☐ serious	심각한, 중요한
☐ attitude	태도	☐ element	요소	☐ impact	영향, 충격

Vocabulary Review

01 다음 주어진 단어를 활용하여 빈칸을 완성하시오.

acquire   decrease   hardly   especially   prevent

(1) It helps customers _____ a lot more information.

(2) Child abuse reports have _____ by almost 10% since last year.

(3) Tornadoes occur frequently in the U.S., _____ in the summertime.

(4) I could _____ hear what he was saying because people were screaming so loud.

(5) Most companies _____ employees from sharing sensitive information with competitors.

02 다음 영영풀이에 해당하는 단어를 보기에서 골라 쓰시오.

보기   reduce   attitude   survey   industry   encourage
suggest   knowledge   offer   predict   source

(1) _____ : the fact of knowing about things

(2) _____ : to become smaller in size, amount, etc.

(3) _____ : to mention an idea, possible plan, or action

(4) _____ : the place something comes from or starts at

(5) _____ : to make someone more likely to do something

(6) _____ : a feeling or opinion about something or someone

(7) _____ : to propose or express one's willingness to do something

(8) _____ : to say that an event or action will happen in the future

(9) _____ : an examination of opinions made by asking people questions

(10) _____ : the companies and organizations involved in the process of producing goods

컴퓨터, 인터넷, 교통

주 제 소 개 현대생활에서 필수적인 역할을 하는 컴퓨터와 인터넷의 발달 과정과 장단점에 관해 설명하고, 인간이 어떻게 상호 교류해야 하는지에 관한 내용이 주로 나온다. 교통은 운송 수단에 관한 것은 물론, 과거에 나타난 교통의 발생과 발달이 현재에 미치는 영향에 관해 주요하게 다룬다.

Q 다음 빈칸에 들어갈 말로 가장 적절한 것은?　　　　　33% 고1 06월 모의고사 변형

We usually consider creativity uniquely human. For all of human history, we have been the most creative beings on Earth. Birds can make their nests, ants can make their hills, but no other species on Earth approaches the level of creativity we humans show. ①In fact, we have learned from creatures and ecosystems since we were born and have been inspired by nature to acquire a variety of survival systems. ②However, just in the last decade we have improved the ability to do amazing things with computers, such as developing 3D printers. With the artificial intelligence boom of the 2010s, computers can now recognize faces, translate languages, beat players at the world's most complicated board game, and so on. All of a sudden, we must face the possibility that our ability to be creative is not

_____.

① unrivaled　　　　② learned　　　　③ universal
④ ignored　　　　⑤ challenged

New Words

□ consider	여기다, 간주하다	□ inspire	영감을 주다	□ recognize	인식하다, 알아 보다
□ creativity	창의력, 창조성	□ decade	10년	□ translate	번역하다
□ species	종(種)	□ improve	향상시키다	□ complicated	복잡한
□ approach	접근하다, 다가가다	□ artificial	인공적인	□ face	직면하다; 얼굴
□ creature	생명체, 피조물	□ intelligence	지능, 지성	□ creative	창의적인
□ ecosystem	생태계	□ boom	급속한 발전, 붐		

Reading Check

빈칸에 들어갈 알맞은 말을 지문에서 찾아 적어 보세요.

비교 ①	**Humans' creativity** • is only what ¹_____ have • is thought to be the highest among all ²_____ • has been improved by the need for ³_____
비교 ②	**Computers** • have been developed over the last few ⁴_____ by humans • do amazing things with ⁵_____ intelligence • might approach or outdo the ability of humans' ⁶_____

Analyzing Sentences

❶ In fact, we **have learned** from creatures and ecosystems **since** we were born ~.
  ⋯› learn '배우다'의 현재완료시제인 have learned를 사용하여, 뒤에 나오는 부사절 접속사 since '~한 이래로'와 적절히 연결했다.

❷ However, just in the last decade we **have improved** the ability to do amazing things with computers ~.
  ⋯› 시간을 나타내는 부사구 in the last decades '지난 10년 만에'는 동사 improve '향상시키다'의 현재완료시제인 have improved와 적절히 사용되었다.

Background Knowledge

3D 프린팅 기술

3D는 3 Dimension 의 약자로 3D 프린팅이란 3차원 형태로 재료를 쌓아 조형하는 제조 기술을 말한다. 3D 프린터를 이용하여 주택과 필요한 건축물을 지으면 공사비와 공사기간을 획기적으로 줄일 수 있어서 21세기의 주택난과 집값 문제를 해결해 줄 혁신 기술로 주목받고 있지만, 기술과 장비를 갖추기 위해 초기 투자비용이 높고, 아직 법으로 정해지지 않거나 정확한 인증, 안전기준, 규정이 없다는 점이 해결해야 할 과제로 남아있다.

01

59% 고1 03월 모의고사 변형

밑줄 친 information blinded가 다음 글에서 의미하는 바로 가장 적절한 것은?

Technology seems to have advantages, but it may be difficult to control. We must balance so much information. To do this, we have to use only the right information and keep the decision-making process simple. The Internet has made too much free information available on any issue. So we keep searching for answers on the Internet. This makes us information blinded, like a deer in headlights which can't decide which way to head on the road. To be successful in anything from your personal life to a business deal today, we need to behave like a one-eyed person in the world of the blind. The one-eyed person understands the power of simple analysis and will be the successful decision maker when he uses his one eye of intuition.

*intuition 직관

① unwilling to accept others' ideas
② unable to access free information
③ willing to take risks in decision-making
④ indifferent to the lack of available information
⑤ unable to make decisions due to too much information

➕ **인터넷 통신의 역사**
인터넷은 1969년 아르파넷(ARPANET)에 의해 최초로 시작되었다. 처음에는 군사적인 목적이 주였지만 1970년대 개방적 네트워크로 전환되고, 1990년대에 월드 와이드 웹(World Wide Web)의 등장으로 폭발적 성장과 함께 상업화되어 현재에 이르고 있다.

New Words

□ advantage	이점	□ head	향하다, 가다	□ unwilling	꺼려하는
□ control	통제하다	□ personal	개인적인	□ accept	수용하다
□ balance	균형을 맞추다	□ deal	거래	□ access	접근하다
□ process	과정	□ one-eyed	한 눈으로 보는	□ take a risk	위험을 무릅쓰다
□ available	이용 가능한	□ blind	눈이 먼	□ indifferent	무관심한
□ search for	~을 찾다	□ analysis	분석	□ lack	부족, 결여

02 다음 빈칸에 들어갈 말로 가장 적절한 것은?

50% 고1 11월 모의고사 변형

There is nothing more fundamental to the human spirit than the need to be _____. It is the natural force that sparks our imaginations and opens pathways to life-changing opportunities. And it triggers our progress and personal freedom when we take a journey into unknown places. Public transportation has been vital to that progress and freedom for more than two centuries. The transportation industry has not simply carried travelers to another destination. It connects people, places, and most importantly, the possibilities that we can make our dreams come true. It provides access to what people need, what they love, and what they desire to become. Furthermore, it helps communities grow, creates jobs, strengthens the economy, expands social and commercial networks. It saves time and energy, and helps millions of people achieve a better life.

① secure
② mobile
③ exceptional
④ competitive
⑤ independent

➕ 여행(travel)의 어원

현대 시대와 달리 고대 시대의 여행은 무역이나 이민에 의해 이동하는 경우만을 의미했다. 여행을 뜻하는 travel은 고대 프랑스어 travail(일하다)에서 온 것으로 추정되며, travail(몸부림치다)도 프랑스어에서 유래되어 지금도 영어에서 사용된다. travel은 'tra(3개) + vel(꼬챙이)'에서 유래했다는 설도 있는데, '세 꼬챙이'란 발바닥을 찌르는 고문의 도구이다. 즉, 여행을 결코 즐겁지 않은 하나의 고통스런 과정으로 본 것이다.

New Words

□ fundamental	근본적인	□ progress	진보, 전진	□ desire	열망하다
□ spirit	정신	□ transportation	운송	□ strengthen	강화시키다
□ force	힘; 강요하다	□ vital	매우 중요한	□ expand	확장시키다
□ pathway	길, 오솔길	□ destination	목적지, 여행지	□ commercial	상업적인
□ opportunity	기회	□ connect	연결하다	□ achieve	성취하다
□ trigger	유발시키다	□ access	접근	□ independent	독립적인

03

다음 글의 요지로 가장 적절한 것은?

74% 고3 06월 모의고사 변형

Job-search products based on Internet services are being created on a regular basis. For the past few years, new Internet-based businesses have come online. They have helped people find internships, complete online classes suitable for individual employer job applications, or find volunteer work that will lead to full-time employment. Mastering job skills is essential to keep up with the rapidly evolving tools on the Internet world. But even in the age of Internet-based job searches, we can't ignore the most basic job search skill: self-knowledge. In the Internet age, the job search starts with identifying individual job skills and favorite workplace environment and interests. Richard Bolles' best-selling job search book in 1970 had the self-inventory of skills and workplace preferences as its basic theme. These self-inventory lists are what job searchers have to keep in mind even today.

*inventory 목록

① 구직 정보 검색 도구가 빠르게 발전하고 있다.
② 인터넷을 통한 직업 교육이 확산되는 추세이다.
③ 인터넷 관련 일자리 창출을 위한 기업의 투자가 시급하다.
④ 업무 효율을 높이려면 인터넷 작업 환경 개선이 필요하다.
⑤ 인터넷을 활용한 구직에서도 자신에 대한 이해가 중요하다.

➕ 미래의 환경과 직업
미래 사회에서 향후 유망하고 가치 있을 직업을 탐색하는 것은 청소년들에게 중요하다. 첨단 과학기술(사물 인터넷, 바이오 & 나노 기술), 저출산 고령화로 인한 치매 연구, 고령 인구 대상 케어 산업 발전, 워라벨(Work-life balance) 추구, 환경문제의 심화 등이 예상된다.

New Words

□ be based on	~에 근거[기초]하다	□ application	지원(서)	□ evolve	발전[진화]하다
□ on a regular basis	정기적으로	□ full-time	정규의	□ identify	확인하다
□ complete	끝내다, 완성하다	□ employment	고용, 취업	□ preference	선호
□ suitable	적합한, 알맞은	□ master	숙달하다	□ theme	주제, 테마
□ individual	개별적인, 개인의	□ rapidly	빠르게	□ keep in mind	명심하다

Vocabulary Review

01 다음 주어진 단어를 활용하여 빈칸을 완성하시오.

suitable	achieve	connect	search for	creative

(1) It helps millions of people _____ a better life.

(2) The artist knows how art can _____ people and communities.

(3) Throughout history, we have been the most _____ beings on Earth.

(4) I kept _____ answers on the Internet but couldn't find anything.

(5) Both of the online classes are _____ for kids over the age of seven.

02 다음 영영풀이에 해당하는 단어를 보기에서 골라 쓰시오.

보기

progress	expand	artificial	accept	process
identify	master	application	independent	inspire

(1) _____ : to agree to take something

(2) _____ : to learn how to do something well

(3) _____ : to recognize someone or something

(4) _____ : to increase in size, number, or importance

(5) _____ : an official request for something, usually in writing

(6) _____ : made by people, often as a copy of something natural

(7) _____ : movement to an improved or more developed state

(8) _____ : to make someone feel that they want to do something

(9) _____ : a series of actions that you take in order to achieve a result

(10) _____ : not influenced or controlled in any way by other people or events

주 제 소 개　인간의 심리와 행동을 이해하는데 도움을 주는 현상과 실험, 연구에 관한 내용을 다룬다. 사회 활동의 핵심은 인간과 인간의 관계에 있기 때문에 올바른 사회 활동을 위한 인간관계를 어떻게 형성해야 하고, 과거에는 타인과의 관계가 어떠했는지 등에 관한 내용이 주를 이룬다.

Q　다음 글에서 전체 흐름과 관계 없는 문장은?　66% 고1 11월 모의고사 변형

　　The Barnum Effect, is the phenomenon where people read or hear something very general but believe that it applies to them. ① This effect seems to be very personal on the surface, but it is true for many of us. ② ❶Human psychology allows us to believe things that we can identify with on a personal level and even look for information where it doesn't necessarily exist, filling in the blanks with our imagination for the rest. ③ For example, horoscopes offer data that seems to be personal but probably makes sense to most of people. ④ Reading daily horoscopes in the morning is beneficial as they provide predictions about the rest of the day. ⑤ ❷Since the people reading them want to believe the information so much, they search for meaning in their lives that make it true.

*horoscope 별자리 운세

New Words

☐ phenomenon	현상	☐ psychology	심리(학)	☐ offer	제공하다
☐ general	일반적인	☐ allow	~하게 하다, 허락하다	☐ personal	개인적인
☐ apply to	~에 적용되다			☐ probably	아마도
☐ effect	효과, 영향	☐ identify with	~와 동일시하다	☐ make sense	들어맞다, 이치에 맞다
☐ surface	표면	☐ exist	존재하다	☐ beneficial	유익한, 도움이 되는
☐ be true for	~과 관련이 있다, ~에 해당하다	☐ imagination	상상(력)	☐ prediction	예측, 예언
		☐ rest	나머지, 휴식		

Reading Check

빈칸에 들어갈 알맞은 말을 지문에서 찾아 적어 보세요.

정의	**The Barnum Effect** • It is a psychological ¹_____. • People believe that generic descriptions apply to themselves.
적용 단계	**The Steps of the Barnum Effect** 1. People read or hear something that is very ²_____. 2. They ³_____ with it on a personal level. 3. They look for it although it doesn't necessarily ⁴_____. 4. They fill in the blanks with their ⁵_____. 5. They believe it ⁶_____ _____ themselves.

Analyzing Sentences

❶ Human psychology **allows** us **to believe** things that we can identify with on a personal level **and** even look for information **where** it doesn't necessarily exist, ~.

⋯→ 「allow + 목적어 + 목적격 보어(to부정사)」는 5형식 문장으로, and를 기준으로 목적격 보어인 to believe와 (to) look이 병렬구조로 연결되어 있다. where는 '~하는 곳에서'라는 의미로 해석되어 장소를 나타내는 부사절 접속사로 판단하는 것이 문맥상 옳다.

❷ **Since** the people reading them want to believe the information so much, they search for meaning in their lives that make **it** true.

⋯→ Since는 문장의 흐름상 '~하기 때문에'라는 뜻의 부사절 접속사로 쓰였으며, it은 the information을 가리킨다.

Background Knowledge

타로 카드(Tarot Card)
심리학자인 칼 구스타브 융(Carl Gustav Jung)은 실제 심리 상담과 분석에 타로카드를 활용하기도 했다. 타로 카드는 서양은 물론 세계적으로 신비주의적 상징이나 점술, 운세를 알아보는 도구로 널리 쓰이며, '메이저 아르카나'로 불리는 카드 22장과 '마이너 아르카나'로 불리는 카드 56장을 합쳐 총 78장으로 구성된다.

42% 고1 09월 모의고사 변형

01

다음 글의 내용을 한 문장으로 요약하고자 한다. 빈칸 (A), (B)에 들어갈 말로 가장 적절한 것은?

Psychologist Laurence Steinberg of Temple University and his co-author, psychologist Margo Gardner, conducted a study. They divided 306 people into three different age groups: young adolescents, with an average age of 14; older adolescents, with an average age of 19; and adults, aged 24 and older. Subjects had to play a computerized driving game. The player must avoid crashing into a wall appearing suddenly on the roadway. The psychologists randomly made some participants play alone or with two same-age peers looking on. Older adolescents scored about 50 percent higher on an index of risky driving when their peers were in the room. The driving of early adolescents was about twice as reckless when other young teens were around. On the other hand, adults behaved in similar ways regardless of whether they were on their own or being watched by others.

*reckless 무모한

The (A) of peers makes adolescents, but not adults, more likely to (B) .

	(A)		(B)		(A)		(B)
①	presence	⋯⋯	take risks	②	presence	⋯⋯	behave cautiously
③	indifference	⋯⋯	perform poorly	④	absence	⋯⋯	enjoy adventures
⑤	absence	⋯⋯	act independently				

➕ 십대 청소년들의 우울증(depression)

청소년들이 십대로 접어들면서 생활의 많은 변화를 경험하기 때문에 발병하는 우울증을 인지하기 어렵거나 사소한 일로 넘어가기 쉽다. 십대 우울증의 특징은 '지속적인 기분저하와 슬픔,' '사소한 일에 예민한 반응,' '절망과 공허함', 사회적으로 고립되었다는 생각의 증가,' 등이 있다.

New Words

☐ psychologist	심리학자	☐ subject	피실험자, 주제	☐ index	지수, 지표
☐ co-author	공동 저자	☐ computerized	컴퓨터화된	☐ risky	위험한
☐ conduct	수행하다, 실시하다	☐ avoid	피하다	☐ peer	또래, 동료
☐ adolescent	청소년	☐ crash	충돌하다	☐ behave	행동하다
☐ average	평균의	☐ randomly	무작위로	☐ regardless of	~에 관계없이

02

다음 글의 주제로 가장 적절한 것은?

65% 고1 06월 모의고사 변형

Human beings are affected by a natural desire to form and maintain relationships among the people who they want to be with. From this point of view, they hope to make connections with others to fill this natural need. The need is mostly based on many emotions, actions, and decisions throughout our life. The need to become a member of a society is probably a product of human beings' evolutionary history as a social species. Human beings have long depended on the cooperation of others for the supply of food, protection from predators, and the acquisition of essential knowledge. If there had not been the formation and maintenance of social bonds, early human beings probably would not have dealt with or adapted to their physical environments. Thus, closeness and meaningful relationships among people has long been necessary for human survival.

① emotion as an essential factor in evolution
② difficulties in cooperating with other people
③ ways to keep close relationships with others
④ the need to build social bonds for human survival
⑤ the impact of human evolution on the environment

➕ **에릭슨(Erikson)의 심리사회적 발달 이론**
심리사회적 발달 이론은 인간에게 일생 동안 8개의 발달 단계가 있다고 본다. 유전적 기질을 바탕으로 사회적 환경과 상호작용하면서 한 단계씩 거쳐 가는데, 그 단계를 성공적으로 완수하면 정상적인 개인으로 발달할 수 있지만, 실패하면 정신적 결함을 갖고 살아갈 수 있다는 이론이다.

New Words

☐ affect	영향을 주다	☐ species	종(種)	☐ bond	유대, 결속
☐ desire	욕구, 욕망	☐ depend on	~에 의존하다	☐ deal with	~을 다루다
☐ form	형성하다	☐ cooperation	협력	☐ adapt to	~에 적응하다
☐ maintain	유지하다	☐ predator	포식자	☐ closeness	친밀함
☐ be based on	~에 기초[근거]하다	☐ acquisition	습득, 인수	☐ survival	생존
☐ evolutionary	진화의, 발전의	☐ essential	필수적인	☐ evolution	진화

03

다음 빈칸에 들어갈 말로 가장 적절한 것은?   65% 수능 변형

It is true that everyone has a story. Every person we meet has a story that can, in some way, inform and help us while we live our own lives. We have to accept this truth and begin to look at others as _____. So, we can open ourselves up to new possibilities in our lives. In reality, the people who are most different from us probably have the most to teach us. But it is common that we surround ourselves with people who are the same as we are and who hold the same views. If we only share the same values with those people, we will shrink as human beings rather than grow up into reasonable ones. We need to find some teachers so that we can judge wisely with them wherever we live every day.

① rivals competing against us
② reliable guidelines for conformity
③ attentive listeners of our life stories
④ members of the same interest group
⑤ potential sources of valuable information

➕ **케빈 베이컨(Kevin Bacon)의 6단계 법칙**
미국의 유명한 영화배우인 케빈 베이컨(Kevin Bacon)이 1994년 한 잡지와의 인터뷰에서 "할리우드 사람 모두와 직접적, 간접적으로 함께 일했다."고 말한 데서 비롯된 것으로 자신과 현재 관계가 없을지라도 6단계만 거치면 대부분의 사람과 연결된다는 이론이다.

New Words

☐ inform	정보를 제공하다	☐ common	흔한, 일반적인	☐ shrink	위축[수축]되다
☐ possibility	가능성	☐ surround	둘러싸다	☐ reasonable	이성적인
☐ in reality	실제로	☐ view	견해, 시각	☐ judge	판단을 내리다
☐ probably	아마, 아마도	☐ share	공유하다, 나누다	☐ reliable	믿을만한
☐ teach	가르쳐 주다	☐ value	가치	☐ attentive	주의 깊은

Vocabulary Review

01 다음 주어진 단어를 활용하여 빈칸을 완성하시오.

| imagination | be based on | adapt to | teach | randomly |

(1) Our decisions should _____ scientific knowledge.

(2) We have to fill in the blanks with our own _____.

(3) The most painful experiences in life have the most to _____ us.

(4) They might not have _____ the local environment and climate.

(5) The computer will _____ select five numbers between 1 and 100.

02 다음 영영풀이에 해당하는 단어를 보기에서 골라 쓰시오.

| 보기 | conduct | affect | survival | beneficial | possibility |
| predator | judge | effect | evolution | psychologist |

(1) _____ : helpful, useful, or good

(2) _____ : the result of a particular influence

(3) _____ : to form, give, or have as an opinion

(4) _____ : to have an influence on someone or something

(5) _____ : to organize and perform a particular activity

(6) _____ : someone who studies the mind and emotions

(7) _____ : an animal that hunts, kills, and eats other animals

(8) _____ : a chance that something may happen or be true

(9) _____ : the state of a person or organization continuing to live or exist

(10) _____ : the way in which living things change and develop over millions of years

정치, 경제

주 제 소 개 한 나라의 체제를 유지시켜 주는 정치적 환경이나 제도 등이 자주 언급되며, 지도자의 생애와 자질 등도 소개된다. 다양한 경제 현상을 현 상황과 비교해서 살펴보면서, 경제가 인간의 생활에 미치는 영향 등을 설명하는 내용이 주를 이룬다. 수능에서는 빈칸 완성, 글의 요지, 문장 삽입 등의 유형으로 주로 출제된다.

Q 글의 흐름으로 보아, 주어진 문장이 들어가기에 가장 적절한 곳은? 48% 고1 06월 모의고사 변형

> In contrast, Europe has never come close to political unification.

China's frequent times of unity and Europe's constant disunity both have a long history. The most productive areas of China we know now were politically joined for the first time in 221 B.C. (①) ❶They have produced a lot of food and resources for most of history since then. (②) Besides, China has had only a single writing system from the beginning, a single principal language for a long time, so it has maintained solid cultural unity for two thousand years. (③) It was divided into 500 states in A.D. 1500, which decreased to a minimum of 25 states in the 1980s, and has now increased again to over 40. (④) As a result, it still has 45 languages, and even greater cultural diversity. (⑤) ❷The current disagreements about the issue of unifying Europe are an example of Europe's disunity.

New Words

□ frequent	빈번한, 자주 있는	□ principal	주요한, 주된	□ state	국가, 주
□ unity	통합	□ maintain	유지하다	□ increase	증가하다
□ constant	끊임없는	□ solid	굳건한, 단단한	□ as a result	그 결과
□ disunity	분열	□ close	근접한, 가까운	□ diversity	다양성
□ productive	생산성이 높은, 생산적인	□ political	정치적인	□ current	최근의, 현재의
□ resource	자원	□ unification	통일	□ disagreement	의견 불일치
□ besides	게다가	□ decrease	감소하다		

정답과 해설 P.26

Reading Check

빈칸에 들어갈 알맞은 말을 지문에서 찾아 적어 보세요.

주제	the ¹_____ of China's unity and Europe's disunity

사례 ①	• China was ²_____ for the first time in 221 B.C.
	  – has produced lots of food and ³_____ since its unification
	  – has had one single ⁴_____ _____ for a very long time
	  – has maintained ⁵_____ cultural unity for 2,000 years

사례 ②	• Europe was ⁶_____ into 500 states in A.D. 1500.
	  – decreased to 25 states in the 1980s but now has ⁷_____ _____ 40 states
	  – has current ⁸_____ about the issue of unification

Analyzing Sentences

❶ They **have produced** a lot of food and resource for most of the time **since then**.
⋯⋯▸ since then은 '그때부터'라는 의미로 현재완료시제(have produced)와 함께 적절히 쓰였다.

❷ The current disagreements about the issue **of** unifying Europe **are** an example of Europe's disunity.
⋯⋯▸ 주어는 Europe이 아니라 disagreements(의견 불일치)이기 때문에 동사 are를 사용했다. the issue of unifying ~ 은 동격의 전치사 of 뒤에 동명사가 온 형태로 앞의 명사를 수식한다.

01

다음 빈칸에 들어갈 말로 가장 적절한 것은?

 42% 고1 11월 모의고사 변형

From an economic point, a short-lived event can become an innovative event because of a chance to sell goods and services to people, in particular to people from outside. The remarkable growth of art exhibitions, cultural festivals and sports competitions, for example, can be explained in this point. They are temporary activities that can attract large numbers of outsiders and bring in new sources of income. But the existence of an infrastructure, a reputation, a history of an activity for a particular area may have important effects on the economic success or failure of an event. In other words, selling events do not take place from nothing. They depend on an existing context which has been formed over a long time. The short-lived event, therefore, would _____.

*infrastructure 기반 시설

① build a new context with other short-lived events
② be performed in relation to this long-term context
③ take place free from this spatial and temporal limit
④ interact with well-known events from another locality
⑤ evolve itself from a local event to a global one in the end

➕ 만국 박람회
1851년 영국 런던의 하이드파크에서 세계 최초의 박람회가 열렸다. 정식명칭은 '만국 산업 제품 대박람회'로 당시 영국 인구의 3분의 1에 해당하는 600만 명 이상이 관람했다. 영국에서 내놓은 전시 품목이 7,381점, 다른 나라에서 온 전시물이 6,556점이었다. 세계 박람회는 국가적 경쟁 논리와 과시욕을 보여주기도 하지만 기술의 확산을 통해 산업 발전을 촉진시키는 역할도 한다.

New Words

□ economic	경제적인, 경제의	□ exhibition	전시회	□ income	수입
□ short-lived	단기간의	□ competition	경기, 경쟁	□ existence	존재
□ innovative	혁신적인	□ explain	설명하다	□ reputation	명성, 평판
□ in particular	특히, 특별히	□ temporary	일시적인, 임시의	□ existing	기존의
□ remarkable	놀랄만한, 훌륭한	□ attract	끌다, 끌어들이다	□ context	맥락, 상황

02 다음 글의 밑줄 친 부분 중, 문맥상 낱말의 쓰임이 적절하지 <u>않은</u> 것은?

69% 고1 03월 지문/문제 변형

How does a leader make people feel important? First, by listening to them. Let them know you respect their thinking, and let them ① <u>express</u> their opinions freely. A friend of mine once told me about the CEO of a large company, who told one of his managers, "I've already thought of everything you could think of. So, don't ever tell me what you ② <u>think</u> before I ask you to tell me. Do you understand what I mean?" Imagine the ③ <u>satisfaction</u> of self-esteem that manager must have felt. It must have discouraged him and negatively affected his ④ <u>performance</u>. On the other hand, when you make people feel a great sense of importance, they will feel on top of the world — and the level of energy will ⑤ <u>increase</u> rapidly.

➕ 리더십에 필수적인 역할을 하는 전두엽
전두엽은 대뇌 반구 앞부분에서 전체 표면적의 약 40%를 차지하며, 감정의 조절, 운동의 제어, 기억과 지적 사고력 등 일반적으로 우리가 뇌에 대해 생각하는 대부분의 기능을 담당한다. 전두엽에 이상이 생기면 창의적인 사고를 하지 못해 효율적으로 일을 처리하는데 어려움을 겪게 된다. 전두엽의 활성화 여부에 따라 사람의 리더십 성향을 예측할 수 있다는 연구결과도 있다.

New Words

☐ leader	지도자, 리더	☐ satisfaction	충족, 만족	☐ on top of the world	의기양양한
☐ respect	존중하다	☐ self-esteem	자존감, 자부심	☐ increase	증가하다
☐ express	표현하다	☐ discourage	낙담시키다	☐ level	수준, 정도
☐ opinion	의견, 견해	☐ negatively	부정적으로	☐ rapidly	빠르게
☐ manager	관리자	☐ affect	영향을 미치다	☐ loss	상실, 손실
☐ mean	의미하다, 뜻하다	☐ performance	성과, 수행	☐ must have p.p.	~했음에 틀림없다

03

다음 글의 요지로 가장 적절한 것은?   78% 수능 변형

When we look back, it might seem surprising that the desire to count sheep was the driving force for the advance of written language. The desire for written records in the past has always accompanied economic activity. It's because trades are meaningless if you can't clearly keep track of who owns what. So, early human writing was dominated by just dealing with a collection of bets, bills, and contracts. Before old writings, such as the bible, we had the writings of the profits. In fact, many civilizations never got to the stage of recording great literary works. Humans didn't leave them behind the history of culture, either. But what we have now from these ancient societies is a pile of receipts. Without the commercial enterprises that produced those records, we would not know where the cultures came from.

*dominate 주도하다, 지배하다

① 모든 문명이 위대한 작가를 배출한 것은 아니다.
② 종교의 역사는 상업의 역사보다 먼저 시작되었다.
③ 경제 발전의 정도가 문명의 발달 수준을 결정한다.
④ 고전 문학을 통해 당대의 경제 활동을 파악할 수 있다.
⑤ 고대 사회에서 경제 활동은 문자 기록의 원동력이었다.

➕ 우리나라 최초의 화폐
조선시대에 편찬된 『동국사략』과 『해동역사』에는 기원전 957년 기자조선 흥평왕 때 최초의 화폐인 자모전(子母錢)이 사용되었다고 기록되어 있다. 삼국시대에는 금속 화폐 대신 고구려는 직물을, 백제는 대외무역 시에는 귀금속을, 일반적으로는 쌀과 천을 교환 수단으로 사용했고, 신라는 베나 쌀과 같은 곡물이 화폐의 역할을 담당했다.

New Words

□ seem	~처럼 보이다	□ meaningless	의미 없는	□ civilization	문명
□ driving force	원동력, 추진력	□ keep tract of	~을 추적하다	□ literary	문학의
□ advance	진보, 전진	□ bet	내기(의 대상)	□ ancient	고대의
□ accompany	수반[동반]하다	□ contract	계약	□ receipt	영수증
□ trade	거래, 무역	□ profit	이익	□ enterprise	기업, 사업

01   다음 주어진 단어를 활용하여 빈칸을 완성하시오.

| economic | civilization | leader | unification | maintain |

(1) A great _____ makes people feel comfortable.

(2) Japan has _____ close relations with the Philippines.

(3) Greece is considered the birthplace of European _____ .

(4) The Great Depression was a(n) _____ crisis in the 1930s.

(5) The politician played an important role in the _____ of Germany.

02   다음 영영풀이에 해당하는 단어를 보기에서 골라 쓰시오.

보기   diversity   respect   advance   attract   profit
performance   temporary   opinion   receipt   increase

(1) _____ : to become larger in amount or size

(2) _____ : not lasting or needed for very long

(3) _____ : the forward movement of something

(4) _____ : to treat something or someone with kindness

(5) _____ : the act of doing something, such as your job

(6) _____ : a thought or belief about something or someone

(7) _____ : the fact that there are many different ideas or opinions

(8) _____ : money that is earned in trade or business after paying the costs

(9) _____ : something such as a piece of paper proving that money has been received

(10) _____ : to make people want to visit a place or find out more about something

주제 소개   주로 사람의 심리 또는 사회적 현상, 민주주의, 사회 문제에 관해 논의하는 분야로 수능에서는 글의 주제, 제목, 요지뿐만 아니라 함의 추론, 빈칸 완성 유형으로 많이 출제된다. 신문이나 뉴스 등에 자주 등장하는 다양한 사회 문제들에 관심을 가지고 정보를 파악할 필요가 있다.

Q   다음 글의 주제로 가장 적절한 것은?   79% 고1 09월 모의고사 변형

Social interactions, including friendships and romantic relationships, could easily turn sour if people told each other the truth all the time. ❶However, social relationships benefit from complimenting each other occasionally since people like to be liked and to be praised. On that point, social lies such as making deceptive but flattering comments ("I like your new haircut.") may benefit interactive relations. Social lies are told for psychological reasons and serve both self-interest and the interest of others. ❷They correspond to self-interest because liars may gain satisfaction when noticing that their lies make other people feel pleased, or because they realize that by telling such lies they avoid a clumsy situation or discussion. They serve the interest of others because hearing the truth all the time ("You look even older now than you did a few years ago.") could damage a person's confidence and self-esteem.

① ways to differentiate between truth and lies
② roles of self-esteem in building relationships
③ importance of praise in changing others' behaviors
④ balancing between self-interest and public interest
⑤ the influence of social lies on interpersonal relationships

---

New Words

□ interaction	상호작용	□ deceptive	속이는, 기만적인	□ correspond to	~에 해당하다
□ sour	틀어지는, 안 좋아지는	□ flattering	기분 좋게 만드는, 아첨하는	□ satisfaction	만족감
□ benefit	이로움을 얻다, 도움이 되다	□ comment	언급, 말	□ clumsy	어색한, 서투른
□ compliment	칭찬하다	□ psychological	심리적인	□ confidence	자신감
		□ serve	부합하다, 기여하다	□ self-esteem	자존감

Reading Check

빈칸에 들어갈 알맞은 말을 지문에서 찾아 적어 보세요.

도입	Social interactions may weaken if people always try to tell the ¹_____.
전개	• Social lies could ²_____ social relations. • Social lies serve both ³_____ and the interest of others.
발전	• Liars can feel ⁴_____ when their lies make others happy. • Liars can ⁵_____ a clumsy situation or discussion. • Truth could damage a person's confidence and ⁶_____.

Analyzing Sentences

❶ However, social relationships benefit from complimenting each other occasionally **since** people like **to be liked** and **to be praised**.

⋯▸ 접속사 since가 이끄는 부사절에 술어동사 like의 목적어 역할을 하는 to be liked와 to be praised가 and를 기준으로 병렬구조를 이루고 있다. 주어인 people이 동작의 대상이 되므로 to부정사의 수동태를 사용하였다.

❷ They correspond to self-interest **because** liars may gain satisfaction when **noticing that** their lies make other people feel pleased, or **because** they **realize that** by telling such lies they avoid a clumsy situation or discussion.

⋯▸ 접속사 because가 이끄는 이유의 부사절이며 그 안에 있는 that절은 noticing과 realize의 목적어 역할을 하는 명사절이다.

Background Knowledge

선의의 거짓말(White Lies) - 플라시보 효과
선의의 거짓말은 좋은 의도로 하는 거짓말로 타인에게 긍정적인 영향을 미칠 수 있는데, 대표적인 사례로 '플라시보 효과(placebo effect)'가 있다. 가짜 약을 효과가 있는 약이라고 환자에게 인식시키면 환자의 긍정적인 믿음으로 인해 병세가 호전되는 심리 현상을 말한다. 제2차 세계 대전 중 약이 부족할 때 사용하면서 알려졌다.

01 주어진 글 다음에 이어질 글의 순서로 가장 적절한 것을 고르시오. 71% 고1 03월 모의고사 변형

> We are always living with our neighbors. We like to give a hand to our neighbors when they have a difficult time.

(A) For example, suppose that five different people showed the proper way to tie a pair of shoes to a young child, it would not be helpful. The child might get so confused by the five different ways that he or she can't even do it in the end.

(B) As a matter of fact, there are often so many people who keep telling others what they should do, so no one really feels certain about how things should be done.

(C) But from time to time people get in each other's way, and they end up creating confusion by trying to give help and advice.

① (A) – (C) – (B) ② (B) – (A) – (C)
③ (B) – (C) – (A) ④ (C) – (A) – (B)
⑤ (C) – (B) – (A)

➕ **쓰레기통 모형**(garbage can model)
조직에서 이루어지는 의사결정 과정이 무작위적이며 체계적이지 않음을 강조하는 모델로 코헨 교수와 동료들에 의해 제안되었다. 조직은 '문제, 해결책, 선택기회, 참여자'라는 네 가지 요소가 뒤죽박죽 버려져있는 쓰레기통 같이 움직이다가 특정한 계기로 우연히 서로 연결되며 의사결정이 이루어진다고 보았다.

New Words

□ neighbor	이웃	□ a pair of	한 쌍[짝, 벌]의	□ get in one's way	방해하다
□ give a hand	돕다	□ confused	혼란스러운	□ from time to time	때때로
□ proper	적절한	□ in the end	결국, 마침내	□ confusion	혼란
□ tie	묶다, 매다	□ certain	확신하는, 확실한	□ advice	조언, 충고

02

다음 글에서 전체 흐름과 관계 <u>없는</u> 문장은?

71% 고1 03월 모의고사 변형

In countries such as Sweden, the Netherlands, and Kazakhstan, the press is owned by the public but operated by the government. Under this system of ownership, revenue to cover the operating expenses of newspapers, television stations, and radio stations is generated through public taxes. ① Due to this system, regulations and policies in these countries are designed to guarantee a diversity of sources of information. ② For example, Swedish law requires that at least two newspapers be published in every town. ③ One newspaper is generally liberal, while the second is mostly conservative. ④ Typically, the Swedish prefer watching television to reading newspapers. ⑤ In cases where one of the papers is unprofitable, Swedish law requires that the town taxes and donations from the city go to support the struggling paper.

➕ **옴부즈맨(Ombudsman) 제도**
1969년 스웨덴에서 도입한 제도로 스웨덴어로 '다른 사람의 대리인'이라는 뜻이다. 의회에서 각종 민원을 해결해주거나 부정한 활동을 감시하는 것 외에도 언론에 의해 개인의 사생활이 침해되지 않도록 보호하는 목적을 나타내는 등 다양한 의미로 쓰인다.

*스웨덴은 세계 최초로 1766년 언론의 자유를 법으로 규정하고 1916년 언론감시 기관인 언론위원회를 설립했다.

New Words

□ such as	~와 같은	□ expense	비용	□ unprofitable	이익을 못 내는
□ press	언론, 출판물	□ guarantee	보장하다	□ law	법, 법률
□ operate	운영하다	□ liberal	진보적인	□ donation	기부(금), 기증
□ government	정부	□ conservative	보수적인	□ support	지원하다; 지원
□ revenue	재원, 수입	□ in case	~한 경우에	□ struggling	고군분투하는

03

다음 글의 제목으로 가장 적절한 것은?

70% 고3 09월 모의고사 변형

The world has become a nation of laws and governance which has introduced a system of public administration and management in order to keep order. With this administrative management system, urban institutions of government have evolved to offer increasing levels of services to their citizens, provided through a taxation process and/or fee for services (e.g., police and fire, street maintenance, utilities, waste management, etc.). More often than not, this has replaced citizen participation. Money for services is not a replacement for citizen responsibility and public participation. Responsibility of the citizen is slowly supplanted by government, which is the substitute provider. As a result, the sense of community and associated responsibility of all citizens to be active participants is decreasing. Governmental substitution for citizen duty and involvement can have serious impacts.

*administration 행정 **supplant 대체하다

① A Sound Citizen Responsibility in a Sound Government
② Always Better than Nothing: The Roles of Modern Government
③ Decreased Citizen Involvement: A Cost of Governmental Services
④ Why Does Global Citizenship Matter in Contemporary Society?
⑤ How to Maximize Public Benefits of Urban-Based Society

➕ 시민참여(citizen participation)
정책 및 행정과정에 일반 시민이 참여해 정책결정 등에 영향을 미치는 활동을 말한다. 시민참여는 현대사회에서 참여 민주주의의 강조와 더불어 확대되고 있으며 구체적인 활동으로는 각종 자문위원회, 공청회, 청문회, 시민운동 참여, 국민감사청구나 행정소송 제기 등이 있다.

New Words

☐ governance	통치	☐ institution	기관	☐ responsibility	책임(감)
☐ public	공공의	☐ introduce	도입하다	☐ substitution	대체
☐ management	관리	☐ taxation	과세, 세제	☐ duty	의무
☐ order	질서	☐ more often than not	종종, 자주	☐ involvement	참여, 관여
☐ urban	도시의	☐ replace	대체하다	☐ impact	영향

Vocabulary Review

01 다음 주어진 단어를 활용하여 빈칸을 완성하시오.

clumsy   confusion   press   donation   introduce

(1) Even during the _____, my friend did not leave my side.

(2) We have developed the company by _____ the latest technology.

(3) A lot of communist countries control the _____, making it difficult for citizens to have a sincere voice.

(4) Even in the _____ situation of their first meeting, he treated her as if he had known her for a long time.

(5) A large number of celebrities have made a _____ to help people living in poverty.

02 다음 영영풀이에 해당하는 단어를 보기에서 골라 쓰시오.

보기   compliment   deceptive   advice   revenue   liberal
        unprofitable   management   urban   taxation   substitution

(1) _____ : lying

(2) _____ : related to a city or town

(3) _____ : not yielding benefit or financial gain

(4) _____ : pursuing social change and development

(5) _____ : to express a favorable opinion of something

(6) _____ : the act of swapping or replacing one thing for another

(7) _____ : the income, typically derived from an investment or business

(8) _____ : the activity of controlling the work a company does

(9) _____ : an opinion that someone gives you about what you should do

(10) _____ : the system in which a government sets a tax and makes it obligatory to pay it

UNIT 16 의학, 건강, 영양, 식품

주 제 소 개 운동이 신체에 끼치는 영향이나 영양소의 역할, 질병 등에 대해 다루는 분야로 수능에서는 글의 주제, 제목, 요지, 함의 추론, 그리고 빈칸 완성 문제로 가장 많이 출제되는 경향이 있다. 그 밖에 다양한 유형으로도 출제되니 의학과 관련된 상식과 관련 단어들을 학습하며 수능에 대비해야 한다.

Q 다음 글의 요지로 가장 적절한 것은? [74%] 고1 03월 모의고사 변형

A lot of experts advise people to "take the stairs instead of the elevator" or "walk or bike to work" for their health. These are good strategies: climbing stairs provides a good workout, and people walking or riding a bicycle for transportation most often meet their needs for physical activity. ❶Many people, however, face barriers in their environment which prevent such choices. ❷People would hardly choose to walk or bike on roadways which lack safe sidewalks or marked bicycle lanes, where vehicles speed by, or where the air is polluted. Few people would choose to walk up stairs in inconvenient or unsafe stairwells in modern buildings. By contrast, people who live in neighborhoods with safe biking and walking lanes, public parks, and freely available exercise facilities use them often. Their surroundings encourage physical activity.

*stairwell 계단통, 계단을 포함한 건물의 수직 공간

① 짧더라도 규칙적으로 운동하는 것이 건강에 좋다.
② 자신의 건강 상태를 고려하여 운동량을 계획해야 한다.
③ 운동을 위한 시간과 공간을 따로 정해 놓을 필요가 있다.
④ 일상에서의 운동 가능 여부는 주변 여건의 영향을 받는다.
⑤ 자연환경을 훼손시키면서까지 운동 시설을 만들어서는 안 된다.

New Words

□ expert	전문가	□ physical	신체적인	□ modern	현대(식)의
□ instead of	~ 대신에	□ barrier	장벽	□ facility	시설
□ strategy	전략	□ vehicle	차량	□ surroundings	(주변) 환경
□ workout	운동	□ pollute	오염시키다	□ encourage	장려하다, 격려하다
□ transportation	이동 수단	□ inconvenient	불편한		

Reading Check

빈칸에 들어갈 알맞은 말을 지문에서 찾아 적어 보세요.

도입	Specialists advise people to "take the stairs" or "walk or bike to work" for their ¹_____.
전개	• Many people run into ²_____ in their environment that ³_____ such workouts. • Few people will walk or cycle on roads where ⁴_____ drive quickly.
발전	• Local people who have safe and free access to sports ⁵_____ often use them. • The ⁶_____ encourage their physical activity.

Analyzing Sentences

❶ Many people, however, face barriers in their environment **which** prevent such choices.

⋯▸ which는 선행사 barriers를 수식하는 주격 관계대명사로 불완전한 문장인 관계절을 이끈다.

❷ People would hardly choose to walk or bike on roadways [**which** lack safe sidewalks or marked bicycle lanes], {**where** vehicles speed by}, or {**where** the air is polluted}.

⋯▸ [ ]는 주격 관계대명사 which가 이끄는 절이며 { }는 관계부사 where가 이끄는 절로 선행사 roadways를 수식한다.

Background Knowledge

로테르담의 재활용 공원(Recycled Park)
네덜란드에서 두 번째로 큰 도시인 로테르담(Rotterdam)의 재활용 공원은 쓰레기를 재활용하는 데 중점을 두고 네덜란드 정부와 재활용 섬 재단이 협력하여 만든 인공섬이다. 수동 쓰레기 트랩 시스템이 있어 바다로 흘러가기 전 물 속에 있는 플라스틱 쓰레기를 수거할 수 있으며, 수거된 플라스틱으로 만든 녹색 육각형 모양의 블록 아래에는 식물이 서식할 수 있어 지속 가능한 도시 개발의 상징이 되고 있다.

01

다음 글에서 전체 흐름과 관계 <u>없는</u> 문장은? 82% 고1 09월 모의고사 변형

　　We are all aware that oranges have white skins inside of the colored peel. That white skin is called the pith and we peel it off simply because it is completely tasteless. ① But surprisingly, it is the part of the orange that includes the most nutrients. ② The pith has the highest level of vitamin P as well as anti-cancer qualities. ③ It can be processed into animal feed — that is, food grown or developed for livestock and poultry — by removing water, using pressure and heat. ④ The thing which is more surprising is that you can find more vitamin C in the white pith than in the actual orange. ⑤ In addition, the white pith contains so much fiber that you can enjoy it when you eat oranges.

*poultry 가금류

➕ 속(Pith)
열매의 껍질을 벗겼을 때 보이는 흰 부분이다. 이 흰 부분은 비타민 C 가 풍부해 신체의 면역 체계를 강화하고, 콜라겐을 만들고, 철분의 흡수 를 돕고, 상처 치유와 피부 회복을 돕는다. 속을 모두 제거하면 섬유질의 30%가 사라지니 흰 부분과 함께 먹는 것을 권한다.

*콜라겐(Collagen): 단백질 성분 중 25~35%를 차지하며 주로 뼈와 피부에 있지 만 우리 몸 전체에 분포되어 있다.

New Words

☐ skin	(동물의) 껍질, 가죽	☐ nutrient	영양소	☐ remove	제거하다
☐ peel	(바나나 등) 껍질	☐ anti-cancer	항암의	☐ pressure	압력
☐ peel ~ off	~을 벗기다	☐ quality	특성, 질	☐ actual	실제의
☐ completely	완전히	☐ process	가공[처리]하다	☐ contain	포함하다
☐ tasteless	맛이 없는	☐ that is	즉, 다시 말해서	☐ fiber	섬유소

02

다음 글의 밑줄 친 부분 중, 어법상 틀린 것은?

63% 고1 04월 모의고사 변형

"You are what you eat." That phrase is often used to ① reflect the relationship between the foods you eat and your physical health. But do you have any idea what you are eating when you buy processed foods, canned foods, or packaged goods? Many of the manufactured products made today include so many chemicals and artificial ingredients ② which it is sometimes difficult to know exactly what is inside them. Fortunately, now there are food labels. Food labels are a good way ③ to find the information you need to be sure about the foods you eat. Labels on food are ④ like the table of contents found in books. The main purpose of food labels ⑤ is to inform you what is inside the food you are purchasing. Food labels are so common now that it is hard to imagine seeing packages without them.

*table of contents (책 등의) 목차

➕ 영양성분표(Nutrition Facts Label)의 역사
1990년 11월, the Nutrition Labeling and Education Act(영양 표시 및 교육법)이 법률로 서명되어 소비자가 더 나은 선택을 하고 식품 회사가 더 건강한 식품을 생산하도록 식품 표시에 대한 정보를 제공하도록 했다. 그 결과 열량, 탄수화물 및 당류, 단백질, 지방 및 포화지방, 트랜스지방, 콜레스테롤, 나트륨이 의무적으로 표기되고 있다.

New Words

☐ phrase	구절	☐ canned food	통조림 식품	☐ artificial	인공적인
☐ reflect	나타내다, 반영하다	☐ packaged	포장된	☐ ingredient	성분, 재료
☐ relationship	관계	☐ manufactured	제조된	☐ purpose	목적
☐ physical	신체의	☐ include	함유[포함]하다	☐ food label	식품 라벨[표]
☐ processed food	가공식품	☐ chemical	화학물질		

03

밑줄 친 <u>not surgeons</u>가 다음 글에서 의미하는 바로 가장 적절한 것은? [31%] 고3 03월 모의고사 변형

The first successful appendectomy was said to have been performed by a British army surgeon in 1735. However, it wasn't until the 1880s that the operation was described in medical journals and taught in medical schools. It was a welcome solution to an age-old disease and, by the turn of the century, it became so popular that many surgeons in Europe and America made a reasonable amount of money from it. Shortly before he died in 1902, Rudolf Virchow, a German physician who later became a politician, was asked, "Is it true that a human being can survive without an appendix?" Although he hadn't worked as a doctor for many years, Virchow stayed in touch with developments in the field. Because he was aware of the increasing popularity of the procedure, he wittily remarked: Human beings, yes, but <u>not surgeons</u>.

*appendectomy 충수 절제술 **appendix 충수, 맹장 ***procedure (의학) 수술, 절차

① The role of the appendix has been a mystery.
② Not all surgeons can perform an appendectomy.
③ Surgeons rely on appendectomies for their living.
④ Appendectomy have much room for improvement.
⑤ Surgeons are not willing to have their appendix removed.

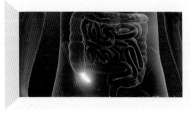

➕ **충수 절제술(Appendectomy)**
충수 절제술은 맹장 끝에 6~9cm 길이로 달린 충수 돌기(가느다란 관모양의 기관)에 염증이 발생한 것을 제거하는 수술이다. 충수는 맹장 아래에 위치하고 있으며, 소아에게는 B림프구의 성숙을 돕는 면역기관으로 역할을 하나 성인들에게는 특별한 기능이 없다.

New Words

☐ perform	시행[수행]하다	☐ solution	해결책	☐ popularity	인기
☐ army surgeon	군의관	☐ reasonable	(꽤) 괜찮은, 합리적인	☐ wittily	재치 있게
☐ operation	수술	☐ politician	정치인	☐ remark	발언하다
☐ medical	의학의	☐ stay in touch with	~에 관한 최신 정보를 알고 있다, ~와 접촉하다	☐ improvement	개선, 발전
☐ journal	학술지, 신문			☐ rely on	~에 의존하다

Vocabulary Review

01 다음 주어진 단어를 활용하여 빈칸을 완성하시오.

| expert | nutrient | pressure | artificial | remark |

(1) She set a timer and cooked under high _____ for four minutes.

(2) _____ intelligence robots can help people lead a more convenient life.

(3) _____ in each field always need to emphasize their expertise and experience.

(4) Yesterday, she _____ that students should learn about their own culture and history.

(5) The deficiencies of _____ in the body begin to develop in people after the age of 40.

02 다음 영영풀이에 해당하는 단어를 보기에서 골라 쓰시오.

보기	strategy	transportation	tasteless	remove	contain
	phrase	ingredient	purpose	operation	politician

(1) _____ : lack of taste

(2) _____ : an idea of a goal to be realized

(3) _____ : surgery performed on a patient

(4) _____ : to subtract from a place or location

(5) _____ : to include, accommodate, or have within

(6) _____ : a group of words that functions as a unit

(7) _____ : a person professionally involved in politics

(8) _____ : action plans designed to achieve long-term or overall goals

(9) _____ : part of a mixture, especially one of the substances present in food

(10) _____ : a system or means of conveying people or goods from place to place

MINI TEST

01

다음 글의 주제로 가장 적절한 것은?

64% 고1 09월 모의고사 변형

　　Animals as well as humans engage in play activities. In animals, play has long been seen as a way of learning and practicing skills and behaviors necessary for future survival. In children, too, play has critical functions during development. From its earliest beginnings in infancy, play is a way in which children learn about the world and their place in it. Children's play serves as a training ground for developing physical abilities — skills like walking, running, and jumping, which are necessary for everyday living. Play also permits children to try out and learn social behaviors and to obtain values and personality traits that will be important in adulthood. For instance, they learn how they should compete and cooperate with others, how they should lead and follow, how they should make decisions, and so on. Thus, children's play helps them acquire physical, social, and personal skills, serving as a kind of apprenticeship for later life.

*apprenticeship 수습기간, 도제

① the necessity of trying out creative ideas
② the roles of play in children's development
③ contrasts between human and animal play
④ the effects of children's physical abilities on play
⑤ children's needs at various developmental stages

02 다음 글의 제목으로 가장 적절한 것은?

60% 고1 06월 모의고사 변형

　　There are hidden influences on our behaviors. Near an honesty box, where people placed coffee fund contributions, researchers at Newcastle University in the UK alternately displayed images of eyes and of flowers. They displayed each image for a week at a time. During the weeks when eyes were displayed, bigger contributions were made than during the weeks in which flowers were displayed. Over the ten weeks of the study, contributions during the 'eyes weeks' were almost three times as high as those that were made during the 'flowers weeks.' It was suggested that 'the evolved psychology of cooperation is highly sensitive to delicate cues of being monitored,' and that the findings may have implications for how to provide effective nudges toward socially profitable outcomes.

*nudge 넌지시 권하기

① Is Honesty the Best Policy?
② Flowers Work Better than Eyes
③ Contributions Can Increase Self-Respect
④ The More Watched, The Less Cooperative
⑤ Eyes: A Secret Helper to Make Society Better

03

다음 글의 밑줄 친 부분 중, 어법상 틀린 것은? [54%] 고1 06월 모의고사 변형

For better or for worse, we grow up under a powerful influence from our parents and families. But a lot ① stronger, especially when we're young, are our friends. We from time to time choose friends as a way of expanding our sense of identity beyond our families. Therefore, the pressure to conform to the standards and expectations of friends and other social groups ② is likely to be intense. Judith Rich Harris, a developmental psychologist, ③ arguing that three main forces shape our development: personal temperament, our parents, and our peers. The influence of peers, she argues, is even stronger than that of parents. "The world ④ that children share with their peers," she says, "is what shapes their behavior and modifies the characteristics ⑤ with which they were born, and hence determines the type of people that they will be as they grow up."

*conform 부합하다 **temperament 기질

04

다음 글의 밑줄 친 부분 중, 문맥상 낱말의 쓰임이 적절하지 않은 것은? [70%] 고1 04월 모의고사 변형

We often dismiss small changes since they don't seem to ① matter very much in the moment. If you save a little money now, you have not been a millionaire yet. If you study Spanish for an hour tonight, you still haven't learned the language. We make a few changes, but it never seems that the results come ② quickly and so we slide back into our previous routines. Unfortunately, the slow pace of transformation also makes it ③ easy to break a bad habit. If you eat an unhealthy meal today, the scale doesn't move much. A single decision is easy to dismiss. But when we ④ repeat small errors, day after day, by replicating poor decisions again and again, our small choices compound into toxic results. Many missteps eventually lead to a ⑤ problem.

*replicate 복제하다

05 다음 빈칸에 들어갈 말로 가장 적절한 것은?

39% 고1 03월 모의고사 변형

It is hard to know the way to determine if one culture is better than another. What is the cultural ranking of rock, jazz, and classical music? In terms of public opinion polls about whether cultural changes are for the better or for the worse, looking forward would lead to one answer and looking backward would lead to a very different answer. Our children would be horrified if they heard they had to go back to the culture of their grandparents. Our parents would be frightened if they heard they had to take part in the culture of their grandchildren. Humans are likely to _____. After a certain age, anxieties occur when sudden cultural changes come. Our culture is part of our identity and our standing, and we don't like to think that our identity and our standing are ephemeral.

*ephemeral 수명이 짧은

① seek cooperation between generations
② be forgetful of what they experienced
③ adjust quickly to their new environment
④ make efforts to remember what their ancestors did
⑤ like what they have grown up in and gotten used to

06 주어진 글 다음에 이어질 글의 순서로 가장 적절한 것은?

69% 고1 04월 모의고사 변형

> Ideas about how much disclosure is appropriate vary among cultures.

(A) On the other hand, Japanese are inclined to do little disclosing about themselves to others except to the few people whom they are very close with. Generally speaking, Asians do not reach out to strangers.

(B) Those who are born in the United States tend to be high disclosers and even show a willingness to expose information about themselves to strangers. This may explain why Americans seem particularly easy to meet and are good at cocktail party conversation.

(C) However, they really show great care for each other, because they regard harmony as essential to relationship improvement. They work hard in order to prevent those that they view as outsiders from getting information they believe to be unfavorable.

*disclosure (정보의) 공개

① (A) – (C) – (B)　　② (B) – (A) – (C)　　③ (B) – (C) – (A)
④ (C) – (A) – (B)　　⑤ (C) – (B) – (A)

07

글의 흐름으로 보아, 주어진 문장이 들어가기에 가장 적절한 곳은? 53% 고1 11월 모의고사 변형

> But as soon as he picks up a book, he immediately enters a novel world.

The pleasure of reading has always been regarded as one of the charms of a cultured life. (①) This is easy to understand when we compare the difference between the life of a man who does no reading and that of a man who does. (②) The man who does not have the habit of reading is locked up in his immediate world, in terms of time and space. (③) His life falls into a stationary routine, and from this cocooning lifestyle there is no escape. (④) If it is a good book, he is instantly put in touch with one of the best talkers of the world. (⑤) This talker guides and carries him into various countries or different times.

*stationary 정지한, 변하지 않는

08

다음 글에서 전체 흐름과 관계 없는 문장은? 68% 고1 11월 모의고사 변형

Globalization has been responsible for a global brain drain, which refers to the situation in which countries are deprived of their most intelligent workers. ① A report by the Arab League in 2009 revealed that roughly 100,000 scientists, doctors, and engineers were leaving countries in the Middle East and North Africa every year, most of whom never returned. ② Another study suggested that a large number of the doctors in developing countries were working abroad, including 41% from Jamaica and 30% from Ghana. ③ Many doctors have tried to find the main causes of a rare brain disease. ④ The brain drain has even made some wealthy countries worry. ⑤ The government of New Zealand, for instance, carried out a program in 2006 to try to persuade its professionals living abroad to get back home.

*brain drain 두뇌유출

01

42% 고2 06월 모의고사 변형

밑줄 친 constantly wearing masks가 다음 글에서 의미하는 바로 가장 적절한 것은?

Over the centuries many writers and thinkers, looking at humans from an outside angle, have noted the theatrical characteristics of social life. The most famous expression of this comes from Shakespeare. "All the world's a stage, / And all the men and women just players; / They enter and leave the stage, / And for a whole life, one man plays many roles." If actors traditionally wore masks, writers such as Shakespeare are showing us that all of us are <u>constantly wearing masks</u>. Some people are better actors than others. Evil types such as Iago in the play Othello are able to hide their unfriendly intentions behind a friendly smile. Others, who often become leaders, are able to act more confidently. People with excellent acting skills can better pass through our complex social environments and get ahead.

*theatrical 연극의, 연극적인

① protecting our faces from harmful external forces
② performing on stage to show off our acting skills
③ feeling confident by beating others in competitions
④ doing completely the opposite of what others expect
⑤ adapting our behavior to the social context given

02

We all have a sense of courtesy in our hearts. All you have to do is to nurture and strengthen it. It sounds like a burden but it's simply like riding a bike. Once you learn how to ride a bike, it sticks with you because the ability is innate. If you never get on the bike, however, you will never make use of that inborn ability. Latinos are often said to be friendly people. When people come back from visiting Mexico or Latin America, they always mention the hospitality they experienced. I think it's more than friendliness. Latinos are considerate by nature and by custom. This is something we must continue to pass on to our children and everyone we meet. In this way, we can ensure that we do not lose our precious natural abilities.

*hospitality 환대, 친절한 접대

① the outcome of reckless behaviors
② the significance of cultivating courtesy
③ the influence of good manners on the mind
④ the necessity of teaching cultural differences
⑤ the importance of being friendly to foreigners

03

다음 글의 제목으로 가장 적절한 것은?

62% 고1 03월 모의고사 변형

Generally speaking, it is not likely that consumers are comfortable with taking high risks. As a result, they are usually inclined to use a lot of strategies to lessen hazard. By conducting online research, reading news articles, engaging in comparative shopping, talking to friends or consulting an expert, consumers can gather as much extra information as possible. Consumers also buy the same brand that they did the last time to reduce uncertainty. This is because they feel certain that the product must be at least as satisfactory as their last purchase. In addition, some consumers may apply a simple decision rule that leads to a safer choice. For example, someone might purchase the most expensive product or a strongly advertised brand, believing that this brand has higher quality than other brands.

① Lower Prices, Higher Sales
② Too Much Information Causes Stress
③ Advertisement: Noise for TV Viewers
④ Risk Taking: A Source of Bigger Profits
⑤ Safe Purchases: What Consumers Pursue Eagerly

04

다음 글의 밑줄 친 부분 중, 어법상 틀린 것은?

51% 고1 09월 모의고사 변형

In perceiving changes, we tend to see the latest ① ones as the most innovative. This is often not the case. When it comes to the technology, recent advances in telecommunications technologies are not more revolutionary than ② what happened in the late nineteenth century. Moreover, in terms of the resulting economic and social changes, the Internet revolution has been as ③ meaningless as the washing machine and other household appliances. These things, by highly diminishing the work needed for household chores, ④ allowing women to take part in the labor market and actually got rid of occupations like domestic work. When we look into the past, we should not "put the telescope backward", overlooking the old and overestimating the new. This leads us ⑤ to make all sorts of mistaken decisions about national economic policy, corporate policies, and our own careers.

05

다음 글의 밑줄 친 부분 중, 문맥상 낱말의 쓰임이 적절하지 <u>않은</u> 것은? ⟨54%⟩ 고1 11월 모의고사 변형

Recent research suggests that evolving humans' relationship with dogs changed the structure of both species' brains. One of the various ① <u>physical</u> changes caused by domestication is a reduction in the size of the brain: 16 percent for horses, 34 percent for pigs, and 10 to 30 percent for dogs. This is because they no longer needed various brain functions to ② <u>survive</u> when humans took care of them. Animals which were raised by humans did not need many of the skills ③ <u>required</u> by their wild ancestors. They ④ <u>lost</u> the parts of the brain related to those capacities. A similar process occurred for humans, who were probably domesticated by wolves about 10,000 years ago, when the role of dogs was firmly established in most human societies. The human brain also ⑤ <u>expanded</u> during this time.

*domestication 사육

06

다음 빈칸에 들어갈 말로 가장 적절한 것은?

67% 고1 09월 모의고사 변형

It is sadly true that we have biases when we look at the outside world. Every human being is affected by unconscious biases that lead us to make incorrect assumptions. We may think that all other people may be dangerous to us. However, bias is a(n) _____. If you're an early human, perhaps Homo Erectus, walking around the jungles, you may see an animal approaching. You have to make very fast assumptions about whether that animal is safe or not as soon as you observe its appearance and behavior. This applies to other humans. You make sudden decisions about threats in order to have plenty of time to flee, if necessary. This could be one root of our tendency to label others based on their looks and their clothes.

*flee 달아나다

① necessary survival skill
② origin of imagination
③ undesirable mental capacity
④ barrier to relationships
⑤ challenge to moral judgment

07

주어진 글 다음에 이어질 글의 순서로 가장 적절한 것은?

47% 고1 11월 모의고사 변형

> We make decisions according to what we *think* we know. It wasn't long ago that most people believed the world was flat.

(A) But the fact that the earth is round made people think differently from how they did in the past. When this was discovered, societies began to travel across the planet. Trade routes were established; spices were traded.

(B) This belief affected people's behavior. During this period, there was very little exploration. People feared that if they traveled too far they might fall off the edge of the earth. So for the most part they stayed put.

(C) New ideas, like mathematics, were shared between societies which led to all kinds of innovations and advancements. The correction of a simple false assumption therefore moved the entire human race forward.

① (A) – (C) – (B)　　② (B) – (A) – (C)　　③ (B) – (C) – (A)

④ (C) – (A) – (B)　　⑤ (C) – (B) – (A)

08

글의 흐름으로 보아, 주어진 문장이 들어가기에 가장 적절한 곳은?

47% 고1 11월 모의고사 변형

> But recently, agriculture has lost its local character in many places, and has become a part of the global economy.

Earlier agricultural systems were evolved along with technologies, beliefs, myths and traditions as part of one social system. (①) Generally, people planted a variety of crops in different areas, in the hope of living with a stable food supply. (②) These systems could only be maintained at low population levels, and were pretty successful. (③) This has led to increased pressure on agricultural land for growing popular crops and export goods. (④) More land is being changed from local food production to "cash crops" for export and exchange; each crop is raised in much greater quantities than before. (⑤) Thus, more and more land is created for export agriculture, instead of using land for subsistence crops.

*subsistence crop 자급자족용 작물

01

다음 글의 주제로 가장 적절한 것은?

As we need to make an effort with most things that are necessary, compassion takes practice. We have to work at getting into the habit of standing with others who are in trouble. Sometimes offering help is a simple matter that does not put us into trouble. We can remember to say a kind word to someone who is down, or spend an occasional Saturday morning volunteering because it is our favorite thing to do. At other times, helping involves a real sacrifice. "A bone to the dog is not charity," said Jack London. "Charity is the bone shared with the dog, when you are just as hungry as the dog." If we practice taking the many small opportunities to help others, we'll be ready to act when there are times requiring real, hard sacrifice.

① the benefits of living with others in harmony
② the effects of practice in speaking kindly
③ the importance of practice to help others
④ the means for helping people in trouble
⑤ the difficulties in forming new habits

02 다음 글의 제목으로 가장 적절한 것은?

77% 고1 09월 모의고사 변형

The loss of many traditional jobs in everything from art to healthcare will partly be offset by the creation of new human jobs. Doctors who focus on diagnosing known diseases and giving familiar treatments will probably be replaced by AI doctors. But because of that, there will be much more money available to pay human doctors and lab assistants who do amazing research and develop new medicines or surgical systems. AI might help create new human jobs in another way. Instead of humans who compete with AI, they could focus on servicing and using AI. For example, the replacement of human pilots by drones has led to the loss of some jobs. But it has created many new opportunities in maintenance, remote control, data analysis, and cyber security.

*offset 상쇄하다

① Watch Out! AI Can Read Your Mind
② Is AI Really a Threat to Your Job?
③ Future Jobs: Less Work, More Gains
④ Ongoing Challenges for AI Development
⑤ What Makes Robots Smarter?

03

다음 글의 밑줄 친 부분 중, 어법상 틀린 것은? 54% 고1 11월 모의고사 변형

We can't use non-verbal communication instead of verbal communication. Rather, the former should function as a supplement, ① underline{serving} to improve the richness of the content that the message contains. Non-verbal communication can be useful in situations ② underline{where} speaking may be impossible or improper. Imagine that you are in an uncomfortable position while talking to an individual. Through non-verbal communication, you can send a message to him or her that you need some time off from the conversation ③ to feel comfortable again. Another advantage is ④ what it offers you the opportunity to express emotions and attitudes properly. Without the aid of non-verbal communication, you cannot adequately express several aspects of your nature and personality. For this reason non-verbal communication does not substitute verbal communication but rather ⑤ complements it.

*supplement 보충

04

다음 글의 밑줄 친 부분 중, 문맥상 낱말의 쓰임이 적절하지 않은 것은? 47% 고1 09월 모의고사 변형

People naturally tend to look for causes of events and to form explanations and stories. That is one reason storytelling is such a ① persuasive tool. Stories remind us of our experiences and provide examples of new cases. From our experiences and others' stories, we are likely to form ② generalizations about the way people behave and how things work. We connect causes to events, and as long as these cause and effect ③ pairings make sense, we understand future events through them. Yet these causal attributions are often incorrect. Sometimes they point to the ④ wrong causes, and some results are not caused by a single cause, but by a complex chain of events; if any one of the events would not have occurred, the result would have been ⑤ similar. But even when there is no single causal act, people continue to connect one causal behavior with one result.

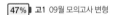

*attribution 귀착

05

다음 빈칸에 들어갈 말로 가장 적절한 것은?

41% 고1 03월 모의고사 변형

What do you think advertising and map-making have in common? Without doubt, the best answer is that they share a need to communicate a limited version of the truth. An advertisement must create an image that is appealing to consumers and a map must present an image that is clear to travelers, but neither can meet its goal by ＿＿＿＿＿＿. When it promotes a favorable comparison with similar products, differentiates a product from its competitors or improves a company image, an ad only talks about limited information to customers by highlighting or maximizing positive aspects, thus hiding or minimizing negative aspects of the company or service they advertise. Likewise, the map must remove details that would confuse or distract the person using it.

① reducing the amount of information
② telling or showing everything
③ listening to people's voices
④ relying on visual images only
⑤ making itself available to everyone

06 주어진 글 다음에 이어질 글의 순서로 가장 적절한 것은?

> Ethical and moral systems are different for every culture. Cultural relativism states all of these systems are equally valid and valuable.

(A) Here, we find a logical inconsistency in cultural relativism. If one accepts the idea that there is no right or wrong, there is no way to make judgments in the first place. To deal with this inconsistency, cultural relativism creates "tolerance."

(B) What is interesting is that cultural relativism says that no true standards of good and evil actually exist. Therefore, judging whether something is right or wrong depends on individual societies' beliefs, and affects any moral or ethical opinions.

(C) However, tolerance goes with intolerance, which means that tolerance must contain some kind of ultimate good. Thus, tolerance also goes against the very notion of cultural relativism, and this logical inconsistency makes cultural relativism impossible.

*inconsistency 모순 **tolerance 관용

① (A) – (C) – (B)   ② (B) – (A) – (C)   ③ (B) – (C) – (A)
④ (C) – (A) – (B)   ⑤ (C) – (B) – (A)

07

글의 흐름으로 보아, 주어진 문장이 들어가기에 가장 적절한 곳은? [39%] 고1 09월 모의고사 변형

> Sometimes when they do occur, it is the possessor who tries to make someone leave the circle.

By handing one chimpanzee in captivity a large amount of food, such as a watermelon or leafy branch, and then observing what follows, we can find reciprocity. (①) The owner will be center stage, surrounded by a group of others around him or her, and soon some new groups will form around those who obtained a fairly large share, until all the food has been distributed. (②) Beggars may complain and cry, but aggressive conflicts are rare. (③) She will hit them over their head with her branch or bark at them in a high-pitched voice until they leave her alone. (④) Whatever their rank is, possessors control the food flow. (⑤) Once chimpanzees enter reciprocity mode, their social rank is no longer important.

*reciprocity 호혜주의, 상호의 이익

정답과 해설 P.41

42% 고1 03월 모의고사 변형

08

다음 글의 내용을 한 문장으로 요약하고자 한다. 빈칸 (A), (B)에 들어갈 말로 가장 적절한 것은?

In one experiment, subjects watched a person solve 30 multiple-choice problems. In all cases, the person solved 15 of the problems correctly. One group of subjects saw the person solve more problems correctly in the first half and another group saw the person solve more problems correctly in the second half. The former group that saw the person do better on the first half rated the person as more intelligent and recalled that he had solved more problems correctly. The difference is that one group formed the opinion that the person was intelligent on the initial set of data, while the other group formed the opposite opinion. Once this opinion is formed, when opposing evidence is presented, it can be overlooked by attributing later performance to some other cause such as chance or problem difficulty.

* subject 실험 대상자

↓

> People tend to form an opinion based on ___(A)___ data, and when evidence against the opinion is presented, it is likely to be ___(B)___ .

	(A)		(B)
①	more	……	accepted
②	limited	……	tested
③	earlier	……	ignored
④	exact	……	inferior
⑤	easier	……	superior

수능 영어를 향한 가벼운 발걸음

맨 처음
수능 영어
주제별 독해

Workbook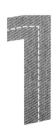

다락원

A 우리말은 영어로, 영어는 우리말로 쓰시오.

1 flight _____

2 administration _____

3 professor _____

4 환경의 _____

5 화학 공학 _____

6 우주 비행사 _____

B 괄호 안의 주어진 단어를 바르게 배열하시오.

1 She was (at, Dartmouth College, Environmental Studies, a professor, of).

→ _____

_____

2 Jemison moved to Chicago with her family (was, years, she, when, old, three).

→ _____

_____

C 다음 빈칸에 들어갈 알맞은 단어를 적으시오.

1 그녀는 1977년에 Stanford 대학을 졸업하였다.

She _____ _____ Stanford University in 1977.

2 Mae C. Jemison은 최초의 흑인 여성 우주 비행사가 되었다.

Mae C. Jemison became the _____ _____

_____ _____.

D 다음 괄호 안의 주어진 단어를 활용하여 문장을 완성하시오.

1 그녀는 과학 임무 전문가로 우주 왕복선 Endeavor호를 타고 날았다. (fly, on, as) 12단어

→ _____

_____

2 Jemison은 1981년에 Cornell 의과 대학에서 그녀의 의학 학위를 받았다. (receive, from, Medical School) 11단어

→ _____

_____

A 우리말은 영어로, 영어는 우리말로 쓰시오.

1 board _____

2 several _____

3 brief case _____

4 안심시키다 _____

5 잃어버린, 행방불명된 _____

6 (기차의) 차량, 기차칸 _____

B 괄호 안의 주어진 단어를 바르게 배열하시오.

1 (I, What, know, don't) is where I'm going.

→ _____

2 The conductor kindly said, "(who, you, are, know, I), Dr. Einstein."

→ _____

C 다음 빈칸에 들어갈 알맞은 단어를 적으시오.

1 차장이 차표에 구멍을 뚫기 위해 와서 말했다. "표를 보여주세요."

The conductor _____ _____ _____ the tickets and said, "Ticket, please."

2 그 차장은 Einstein이 계속해서 자신의 좌석 아래를 찾고 있는 것을 보았다.

The conductor _____ Einstein _____

_____ _____ under his seat.

D 다음 괄호 안의 주어진 단어를 활용하여 문장을 완성하시오.

1 그는 재빨리 돌아가 그 백발의 신사를 안심시켰다. (hurry back) 8단어

→ _____

_____

2 Einstein은 그 표를 찾기 위해 자신의 조끼 주머니를 뒤졌지만, 그것을 찾지 못했다. (search, find) 13단어

→ _____

_____

| 주제별 연습 02 |

A 우리말은 영어로, 영어는 우리말로 쓰시오.

1 pain _____

2 reject _____

3 attend _____

4 출판 _____

5 자신감 _____

6 알아보다, 인정하다 _____

B 괄호 안의 주어진 단어를 바르게 배열하시오.

1 His father was in jail (not, for, his, paying, debts).
→ _____

2 His work (has, read, widely, been) and is still popular.
→ _____

C 다음 빈칸에 들어갈 알맞은 단어를 적으시오.

1 하지만 모든 것이 그에게 불리한 듯 보였다.
But everything _____ _____ _____ _____ him.

2 그는 자신감이 거의 없어서 밤에 몰래 자신의 글을 편집자들에게 보냈다.
He had _____ _____ confidence _____ he _____ his writings secretly at night _____ editors.

D 다음 괄호 안의 주어진 단어를 활용하여 문장을 완성하시오.

1 자신의 작품의 출판으로부터 그가 받은 그 칭찬은 그의 인생을 바꾸었다. (praise, that, his work) 14단어
→ _____
_____

2 Charles Dickens라는 이름의 한 젊은이는 작가가 되고자 하는 강한 열망을 가지고 있었다. (name, desire) 14단어
→ _____
_____

| 주제별 연습 03 |

A 우리말은 영어로, 영어는 우리말로 쓰시오.

1 empire _____

2 imitate _____

3 turn ~ into ... _____

4 무서운 _____

5 번성하다 _____

6 정권을 잡다 _____

B 괄호 안의 주어진 단어를 바르게 배열하시오.

1 The moves (monkeys, animals, and even ducks, such as, imitate).
→ _____

2 The king (train, his, bokator, made, army, in), turning it into a frightening fighting force.
→ _____

C 다음 빈칸에 들어갈 알맞은 단어를 적으시오.

1 그것의 오랜 전통에도 불구하고, bokator는 사라졌다.
_____ _____ _____ _____, bokator disappeard.

2 Khmer Rouge가 1975년에 정권을 잡고 다음 4년에 걸쳐 대부분의 사범들을 처형했다.
The Khmer Rouge _____ _____ in 1975 and executed _____ _____ the masters over the next four years.

D 다음 괄호 안의 주어진 단어를 활용하여 문장을 완성하시오.

1 사자들이 마을 사람들과 그들의 물소를 공격하며 시골을 돌아다녔다. (roam, attack, buffalo) 9단어
→ _____
_____

2 농부들은 그 포식자에 맞서 자신들을 방어하기 위하여 무술을 개발했다. (a martial art, defend) 11단어
→ _____
_____

| Q |

A 우리말은 영어로, 영어는 우리말로 쓰시오.

1 religion _____

2 thinker _____

3 search for _____

4 과정 _____

5 합리적으로 _____

6 만족스러운 _____

A 우리말은 영어로, 영어는 우리말로 쓰시오.

1 ruin _____

2 ideal _____

3 purify _____

4 행동하다 _____

5 우월한 _____

6 협력하는 _____

B 괄호 안의 주어진 단어를 바르게 배열하시오.

1 Thales (regarded, is, the, first, philosopher, as, generally).

→ _____

2 It included some (that, considered, be, satisfactory, explanations, could).

→ _____

B 괄호 안의 주어진 단어를 바르게 배열하시오.

1 He argues (that, for, say, unlikely, it, someone, is, to) that you can't eat it.

→ _____

2 The experience would be ruined if (a, such, in, way, behave, were, people, to).

→ _____

C 다음 빈칸에 들어갈 알맞은 단어를 적으시오.

1 그는 이성을 사용하여 우주의 본성을 조사했다.

He used reason to _____ _____ the nature of the universe.

2 그는 자신의 답변뿐만 아니라 합리적으로 생각하는 과정을 추종자들에게 전달했다.

He _____ _____ to his followers _____ _____ his answers _____ _____ the process of thinking rationally.

C 다음 빈칸에 들어갈 알맞은 단어를 적으시오.

1 그들 각자가 능력에 따라 그들의 역할을 한다.

Each of them plays their role _____ _____ _____ their abilities.

2 각각의 사람이 자신의 이익을 위해 다른 사람을 이용하려 했다.

Each person tried to _____ _____ _____ others for their benefit.

D 다음 괄호 안이 주어진 단어를 활용하여 문장을 완성하시오.

1 이러한 변화는 철학의 시작으로 이어졌다.
(shift, lead, philosophy) 8단어

→ _____

_____

2 가장 기초적 의문들에 대한 대답들은 종교에서 발견되었다.
(to, the most basic) 11단어

→ _____

_____

D 다음 괄호 안의 주어진 단어를 활용하여 문장을 완성하시오.

1 공동체 의식은 모든 참가자들을 더 행복하게 만든다.
(A, spirit, make) 8단어

→ _____

_____

2 캠핑 여행은 순식간에 재앙과 불행으로 끝날 것이다.
(quickly, would, end, in) 10단어

→ _____

_____

| 주제별 연습 02 |

A 우리말은 영어로, 영어는 우리말로 쓰시오.

1 extend _____

2 quality _____

3 respond _____

4 싸움, 투쟁 _____

5 감각 _____

6 치료 _____

B 괄호 안의 주어진 단어를 바르게 배열하시오.

1 He had the difficult (task, treating, of, chronic-pain, patients).

→ _____

2 You teach people to treat pain (helping, more, it, them, of, by, become, aware).

→ _____

C 다음 빈칸에 들어갈 알맞은 단어를 적으시오.

1 왜냐하면 그러한 명상은 그 원리에 기반을 두고 있기 때문이다.

Because such meditation _____ _____ _____ the principle.

2 핵심은 사람들이 통증과의 싸움에 동반되는 끊임없는 불안을 놓을 수 있도록 도와주는 것이다.

The key is to help people _____ the continual anxiety that _____ _____ _____ their fighting of pain.

D 다음 괄호 안의 주어진 단어를 활용하여 문장을 완성하시오.

1 그는 서양 세계에 그 시스템을 처음 소개한 사람이다. (the first, introduce, Western) 11단어

→ _____
_____

2 우리가 불쾌한 생각들을 무시하려고 하면, 우리는 결국 그것들의 강도를 증가시킬 뿐이다. (try, ignore, intensity) 14단어

→ _____
_____

| 주제별 연습 03 |

A 우리말은 영어로, 영어는 우리말로 쓰시오.

1 guilt _____

2 existence _____

3 notion _____

4 기능 _____

5 가정하다 _____

6 승인하다 _____

B 괄호 안의 주어진 단어를 바르게 배열하시오.

1 Religion has a social function (reflect, that, their, on, makes, behaviors, people, own).

→ _____

2 Religion offers guidelines for (believe, it, who, behavior, acceptable, to, those, in).

→ _____

C 다음 빈칸에 들어갈 알맞은 단어를 적으시오.

1 종교는 사회 통제의 역할을 하는데, 그것은 오로지 법에 의존하지 않는다.

Religion _____ _____ _____ in social control, which does not rely solely on law.

2 미지의 것을 설명하고 이해할 수 있게 함으로써, 종교는 개인들의 두려움을 감소시킨다.

_____ _____ the unknown and _____ it understandable, religion reduces the fears of individuals.

D 다음 괄호 안의 주어진 단어를 활용하여 문장을 완성하시오.

1 종교는 사람들을 통제하는 데 도움을 준다. (keep, under control) 6단어

→ _____
_____

2 이것은 옳고 그름의 개념들을 통해 이루어진다. (do, through, right, wrong) 9단어

→ _____
_____

| Q | ································· | 주제별 연습 01 |

A 우리말은 영어로, 영어는 우리말로 쓰시오.

1 discover   _____

2 date back   _____

3 observation   _____

4 풍미; 맛을 내다   _____

5 역사적인   _____

6 고산지   _____

B 괄호 안의 주어진 단어를 바르게 배열하시오.

1 The abbot became (to, a cup of coffee, make, the first person).

→ _____

2 Effects and the great taste of coffee (the monastery, to, beyond, everyone, became, known).

→ _____

C 다음 빈칸에 들어갈 알맞은 단어를 적으시오.

1 Kaldi의 이야기는 사실이라기보다 꾸며낸 이야기일지도 모른다.

The story of Kaldi might be _____ fable _____ fact.

2 실제 시기와 상관없이, 염소지기가 그의 염소들이 밤에 깨어있는 것을 봤다고 한다.

_____ _____ the actual date, the goatherd is said _____ _____ _____ his goats awake at night.

D 다음 괄호 안의 주어진 단어를 활용하여 문장을 완성하시오.

1 어디서 커피가 유래했는지는 분명하지 않다.
(It, clear, where, originate) 7단어

→ _____

_____

2 수세기 동안 사람들은 커피를 마셔왔다.
(Humans, drink, centuries) 7단어

→ _____

_____

A 우리말은 영어로, 영어는 우리말로 쓰시오.

1 host   _____

2 rocky   _____

3 author   _____

4 의무   _____

5 위반   _____

6 호의, 친절   _____

B 괄호 안의 주어진 단어를 바르게 배열하시오.

1 It was your duty (give, relax, to, him, a place, to).

→ _____

2 These were (abuse, by, to, staying, his favor, not) too long.

→ _____

C 다음 빈칸에 들어갈 알맞은 단어를 적으시오.

1 이것은 사람들이 관계를 중요하게 생각하도록 만들었다.

It _____ people _____ the relationship _____ _____ important.

2 우리는 먹기만 하려고 식탁에 앉는 것이 아니라 함께 먹으려고 식탁에 앉는다.

We do _____ sit at a table only _____ eat, _____ _____ eat together.

D 나음 쌀호 안의 주어진 단어를 활용하여 문장을 완성하시오.

1 식사를 하는 것은 인간을 짐승들과 구별하였다.
(Dining, distinguish, men) 5단어

→ _____

_____

2 지형은 그리스를 작게 유지함으로써 사람들에게 영향을 미쳤다. (affect, by, keep, small) 7단어

→ _____

_____

| 주제별 연습 02 |

A 우리말은 영어로, 영어는 우리말로 쓰시오.

1 status   _____

2 wealthy   _____

3 political   _____

4 발음   _____

5 혁명   _____

6 식민지화하다 _____

B 괄호 안의 주어진 단어를 바르게 배열하시오.

1 A lot of people (learn, wanted, speak, to, fashionably, to).

  → _____

2 (wanted, they, to, What, show) was their elevated social status.

  → _____

C 다음 빈칸에 들어갈 알맞은 단어를 적으시오.

1 왜 현대 미국의 악센트는 영국의 악센트와 비슷하게 들리지 않는가?

  Why doesn't the modern American accent _____ _____ _____ a British accent?

2 그들은 자신들과 평민들을 구분하기 위하여 새로운 말하는 방식을 만들어냈다.

  They made new ways of speaking to _____ _____ _____ common people.

D 다음 괄호 안의 주어진 단어를 활용하여 문장을 완성하시오.

1 왜 그들은 현재 서로 다른 것일까? (different, each other, today) 8단어

  → _____
  _____

2 영국인들과 미국에 정착한 식민지 개척자들은 발음이 똑같았다. (British people, settle, in, sound) 12단어

  → _____
  _____

| 주제별 연습 03 |

A 우리말은 영어로, 영어는 우리말로 쓰시오.

1 origin   _____

2 cause   _____

3 conclude   _____

4 멸종   _____

5 등장   _____

6 특정한   _____

B 괄호 안의 주어진 단어를 바르게 배열하시오.

1 Some environments can cause (than, more, fossils, and following discovery, others).

  → _____

2 Some are (existed, before, have, first appear, to, likely, they) in the fossil record.

  → _____

C 다음 빈칸에 들어갈 알맞은 단어를 적으시오.

1 인류 화석 증거가 없을 수 있다.

  _____ can _____ _____ hominin fossil evidence.

2 속담에서 말하듯이, '증거의 부재가 부재의 증거는 아니다.'

  As the saying goes, '_____ of _____ is not _____ of _____.'

D 다음 괄호 안의 주어진 단어를 활용하여 문장을 완성하시오.

1 화석 형성에 더 적합한 조건들이 있다. (conditions, suitable, fossil formation) 10단어

  → _____
  _____

2 어떤 종은 그것의 화석 기록의 발견 이후에도 살아남았을 가능성이 있다. (species, likely, have, even after, the, fossil record) 15단어

  → _____
  _____

A 우리말은 영어로, 영어는 우리말로 쓰시오.

1 friction　＿＿＿＿＿＿＿＿＿＿＿

2 electricity　＿＿＿＿＿＿＿＿＿＿＿

3 generate　＿＿＿＿＿＿＿＿＿＿＿

4 문지르다　＿＿＿＿＿＿＿＿＿＿＿

5 뇌우　＿＿＿＿＿＿＿＿＿＿＿

6 대기, 분위기　＿＿＿＿＿＿＿＿＿＿＿

B 괄호 안의 주어진 단어를 바르게 배열하시오.

1 Let's (how, do, to, it, find, out).
→ ＿＿＿＿＿＿＿＿＿＿＿＿＿＿＿＿＿

2 The lightning that (see, during, a storm, we) is caused by a large flow of electricity.
→ ＿＿＿＿＿＿＿＿＿＿＿＿＿＿＿＿＿

C 다음 빈칸에 들어갈 알맞은 단어를 적으시오.

1 이 전기를 띤 펜으로, 당신은 종이를 집을 수 있다.
＿＿＿＿＿ this ＿＿＿＿＿＿ pen, you can ＿＿＿＿＿
＿＿＿＿＿ paper.

2 그 펜을 휴지 조각이나 분필 가루에 가까이 들어라.
＿＿＿＿＿＿ the pen ＿＿＿＿＿＿ ＿＿＿＿＿ small pieces of tissue paper or chalk dust.

D 다음 괄호 안이 주어진 단어를 활용히여 문장을 완성하시오.

1 당신은 분필가루가 그 펜에 달라붙는 것을 볼 수 있다.
(see, chalk dust, cling) 9단어
→ ＿＿＿＿＿＿＿＿＿＿＿＿＿＿＿＿＿

＿＿＿＿＿＿＿＿＿＿＿＿＿＿＿＿＿＿＿

2 당신은 정전기라고 불리는 전기의 한 형태를 만든 것이다.
(have, create, a form of electricity, call) 10단어
→ ＿＿＿＿＿＿＿＿＿＿＿＿＿＿＿＿＿

＿＿＿＿＿＿＿＿＿＿＿＿＿＿＿＿＿＿＿

A 우리말은 영어로, 영어는 우리말로 쓰시오.

1 physical　＿＿＿＿＿＿＿＿＿＿＿

2 combine　＿＿＿＿＿＿＿＿＿＿＿

3 research　＿＿＿＿＿＿＿＿＿＿＿

4 놓다[두다]　＿＿＿＿＿＿＿＿＿＿＿

5 결론을 내리다　＿＿＿＿＿＿＿＿＿＿＿

6 화합물, 혼합물　＿＿＿＿＿＿＿＿＿＿＿

B 괄호 안의 주어진 단어를 바르게 배열하시오.

1 He (a thin ray, on, to, fall, allowed, of sunlight) a triangular glass prism.
→ ＿＿＿＿＿＿＿＿＿＿＿＿＿＿＿＿＿

2 He concluded that (by, can, combining, produced, be, white light) the spectral colors.
→ ＿＿＿＿＿＿＿＿＿＿＿＿＿＿＿＿＿

C 다음 빈칸에 들어갈 알맞은 단어를 적으시오.

1 그는 그것들을 가지고 실험을 시작했다.
He began to ＿＿＿＿＿＿＿＿ ＿＿＿＿＿ them.

2 그 백색광이 프리즘에 부딪치자마자, 그것은 무지개로 분리되었다.
＿＿＿＿＿ ＿＿＿＿＿＿ ＿＿＿＿＿ the white light hit the prism, it ＿＿＿＿＿＿＿＿ ＿＿＿＿＿ the rainbow.

D 다음 괄호 안의 주어진 단어를 활용하여 문장을 완성하시오.

1 사람들은 태초부터 무지개를 관찰해왔다.
(Humans, watch, the beginning of time) 10단어
→ ＿＿＿＿＿＿＿＿＿＿＿＿＿＿＿＿＿

＿＿＿＿＿＿＿＿＿＿＿＿＿＿＿＿＿＿＿

2 Newton은 두 번째 프리즘을 그 스펙트럼의 경로에 놓았다.
(place, a second prism, the way) 11단어
→ ＿＿＿＿＿＿＿＿＿＿＿＿＿＿＿＿＿

＿＿＿＿＿＿＿＿＿＿＿＿＿＿＿＿＿＿＿

A 우리말은 영어로, 영어는 우리말로 쓰시오.

1 harsh   _____

2 besides   _____

3 surface   _____

4 ~에 착륙하다   _____

5 보급품[물자]   _____

6 탐구, 탐험   _____

B 괄호 안의 주어진 단어를 바르게 배열하시오.

1 Some planets (not, surfaces, to, land, have, do, on).

→ _____

2 A spacecraft would need (to, for, survival, carry, essential supplies, needed).

→ _____

C 다음 빈칸에 들어갈 알맞은 단어를 적으시오.

1 한 가지 장애물은 그러한 여행이 몇 년이 걸릴 거라는 것이다.

One obstacle is that _____ _____ trip would _____ years.

2 이러한 단점들에도 불구하고, 탐사는 인간의 생명에 위험을 주지 않는다.

_____ these disadvantages, the exploration have _____ _____ _____ human life.

D 다음 괄호 안의 주어진 단어를 활용하여 문장을 완성하시오.

1 데이터와 이미지들은 무선으로서 지구로 전송될 수 있다. (Data, send back, radio signals) 12단어

→ _____

_____

2 대부분의 연구 임무들은 우주비행사가 없는 우주선의 사용을 통해 이루어진다. (research missions, achieve, the use) 12단어

→ _____

_____

A 우리말은 영어로, 영어는 우리말로 쓰시오.

1 transport   _____

2 phenomena   _____

3 chemical   _____

4 부패   _____

5 익은, 숙성한   _____

6 가치 없는   _____

B 괄호 안의 주어진 단어를 바르게 배열하시오.

1 Biotechnologists (solve, thought, to, of, method, a) these problems.

→ _____

2 They could (ripening, with, slow, by, down, interfering) ethylene production

→ _____

C 다음 빈칸에 들어갈 알맞은 단어를 적으시오.

1 과일은 익어서 맛이 가득 찰 때까지 식물에 붙어 있을 수 있다.

Fruit could still _____ _____ _____ the plant until it becomes ripe and full of flavor.

2 이것은 색상과 맛에 관련이 있는 화학 물질의 생산이다.

This is the production of chemicals _____ _____ color and flavor.

D 다음 괄호 안의 주어진 단어를 활용하여 문장을 완성하시오.

1 판매자들은 숙성을 활성화하기 위해 소비자에게 판매하기 전 에틸렌을 살포한다. (Sellers, ethylene, before sale, stimulate) 11단어

→ _____

_____

2 그 과정은 에틸렌이라 불리는 식물 호르몬의 생산에 의해 야기된다. (the production, a plant hormone, call) 13단어

→ _____

_____

| Q | 주제별 연습 01 |

A 우리말은 영어로, 영어는 우리말로 쓰시오.

1 carry _____

2 various _____

3 the rest _____

4 기회 _____

5 과정 _____

6 형성되다[하다] _____

B 괄호 안의 주어진 단어를 바르게 배열하시오.

1 There are (for, to, sand, form, various ways).
   → _____

2 The tiny travelers (and, they, smaller, as, smaller, are, get, moving).
   → _____

C 다음 빈칸에 들어갈 알맞은 단어를 적으시오.

1 산에서 바다로 오기까지의 여정은 많은 시간이 걸릴 수 있다.
   The journey _____ the mountains _____ the beach can _____ much time.

2 대부분의 모래는 멀리 산맥에서 온 암석의 작은 조각들로 구성된다.
   Most sand _____ _____ _____ _____ tiny bits of rock that travelled from the mountains.

D 다음 괄호 안의 주어진 단어를 활용하여 문장을 완성하시오.

1 당신은 모래가 어디서 온다고 생각하는가?
   (think, come from) 7단어
   → _____
   _____

2 빙하, 바람 그리고 흐르는 물은 암석 조각들이 이동하는 것을 도와준다. (Glaciers, flowing, the rocky bits) 11단어
   → _____

A 우리말은 영어로, 영어는 우리말로 쓰시오.

1 newborn _____

2 consume _____

3 meanwhile _____

4 효율적인 _____

5 기관, 장기 _____

6 작동하다, 운용하다 _____

B 괄호 안의 주어진 단어를 바르게 배열하시오.

1 They have (body fat, to, as, use, a lot of, an energy).
   → _____

2 (make, their growing brains, babies, As, tired), they sleep all the time.
   → _____

C 다음 빈칸에 들어갈 알맞은 단어를 적으시오.

1 그 양은 우리가 블루베리 머핀에서 얻는 것과 거의 같다.
   That amount is about _____ _____ _____ we can get from a blueberry muffin.

2 다른 것들과 비교해서, 뇌는 다른 기관보다 훨씬 많은 에너지를 사용한다.
   _____ _____ others, the brain uses _____ _____ more energy _____ other organs.

D 다음 괄호 안의 주어진 단어를 활용하여 문장을 완성하시오.

1 우리의 근육들은 뇌보다 더 많은 우리의 에너지를 사용한다.
   (use, even, of our energy) 11단어
   → _____

2 머핀으로 당신의 컴퓨터 작동을 시도해보고 당신이 얼마나 갈 수 있는지 보라. (on a muffin, and see, far, get) 13단어
   → _____

| 주제별 연습 02 | | 주제별 연습 03 |

A 우리말은 영어로, 영어는 우리말로 쓰시오.

1 limited   _____

2 use up   _____

3 humanity   _____

4 태양 에너지   _____

5 성취하다   _____

6 풍부한   _____

B 괄호 안의 주어진 단어를 바르게 배열하시오.

1 The sun will (shining, on, for, keep, billions, of, our planet, years).

→ _____

2 The sun delivers (has, than, more energy, humanity, used, to our planet).

→ _____

C 다음 빈칸에 들어갈 알맞은 단어를 적으시오.

1 우리는 잘못된 원천에 집중하고 있다.

We have _____ _____ _____ the wrong source.

2 우리의 문제는 우리가 에너지를 고갈시키고 있다는 것이 아니다.

Our problem is not that we are _____ _____ _____ energy.

D 다음 괄호 안의 주어진 단어를 활용하여 문장을 완성하시오.

1 그것은 지하 깊이 보존되어 있는 극히 작은 일부이다.
(a very tiny part, preserve, underground) 9단어

→ _____

_____

2 인류는 기술들을 개발하기 위한 노력을 했고, 의미 있는 결과들을 얻었다. (make efforts, develop, achieve) 10단어

→ _____

_____

A 우리말은 영어로, 영어는 우리말로 쓰시오.

1 corrupt   _____

2 genetic   _____

3 fight off   _____

4 노화   _____

5 연소   _____

6 막, 세포막   _____

B 괄호 안의 주어진 단어를 바르게 배열하시오.

1 The stuff (us, and gives, most important, is, that, life) eventually kills us.

→ _____

2 Tiny cellular factories of energy (we, the oxygen, breathe, burn, nearly all, in).

→ _____

C 다음 빈칸에 들어갈 알맞은 단어를 적으시오.

1 결과적으로, 그 세포들은 망가지게 되어 때로는 포기하고 죽어버린다.

_____ _____ _____, the cells become _____ and sometimes _____ _____ and die.

2 우리를 살아있게 하는 산소는 활성 산소라고 불리는 부산물을 내보낸다.

The oxygen that keeps us _____ sends _____ by-products _____ oxygen free radicals.

D 다음 괄호 안의 주어진 단어를 활용하여 문장을 완성하시오.

1 그것은 침입자들을 파괴하기 위해 활성 산소를 생산한다.
(generate, free radicals, the invaders) 8단어

→ _____

_____

2 보호자와 공격자 둘 다로서 이런 공격적인 활성 산소들은 노화를 유발한다. (these aggressive radicals, both protectors and attacker, cause) 14단어

→ _____

_____

| Q | ·

A 우리말은 영어로, 영어는 우리말로 쓰시오.

1 craft   _____

2 stuff   _____

3 at least   _____

4 만족   _____

5 일시적인   _____

6 닥치는 대로의, 무작위의   _____

B 괄호 안의 주어진 단어를 바르게 배열하시오.

1 You draw (proud, you're, of, something) or write something you enjoy.

  → _____

2 You can always practice (you, already, what, with, have).

  → _____

C 다음 빈칸에 들어갈 알맞은 단어를 적으시오.

1 새로운 전자 기기를 사는 것이 그 자체로 취미가 될 수 있다.
Buying new electronic devices can be a
_____ _____ _____.

2 비록 당신 자신이 물건을 만드는데 결국 돈을 쓰게 될지라도, 당신은 적어도 기술을 쌓고 있는 것이다.
Though you _____ _____ _____ money making things _____, you're at least building a skill.

D 다음 괄호 안의 주어진 단어를 활용하여 문장을 완성하시오.

1 당신은 당신을 행복하게 만드는 새로운 무언가를 가지게 되었다. (have, get, that) 9단어

  → _____

  _____

2 새로운 기기를 구입함으로써 당신은 비슷한 흥분감을 얻을지도 모른다. (might, gadget) 11단어

  → _____

  _____

| 주제별 연습 01 | ·

A 우리말은 영어로, 영어는 우리말로 쓰시오.

1 culture   _____

2 measure   _____

3 get on with   _____

4 분명한   _____

5 일반적으로   _____

6 기록적인; 기록; 기록하다 _____

B 괄호 안의 주어진 단어를 바르게 배열하시오.

1 I have never seen anyone who ever won (competed, game, every, for, they).

  → _____

2 (that, is, What, is, obvious, here) he failed a lot more than he succeeded.

  → _____

C 다음 빈칸에 들어갈 알맞은 단어를 적으시오.

1 그는 60회가 넘는 그랜드 슬램 대회에 출전했다.
He has _____ _____ more than sixty Grand Slam events.

2 우리는 그를 실패자가 아니라 챔피언으로 생각한다.
We don't _____ _____ him _____ a failure, _____ _____ a champion.

D 다음 괄호 안의 주어진 단어를 활용하여 문장을 완성하시오.

1 실패 뒤에는 성공이 따른다. (follow, by) 5단어

  → _____

  _____

2 실패가 과정의 일부라는 사실을 받아들여라.
(that, part of, the process) 10단어

  → _____

  _____

| 주제별 연습 02 |

A 우리말은 영어로, 영어는 우리말로 쓰시오.

1 usual _____

2 evaluate _____

3 seriousness _____

4 정기적으로 _____

5 요구 (사항) _____

6 유사성 _____

B 괄호 안의 주어진 단어를 바르게 배열하시오.

1 They completed a scale measuring (their, in, to, their belief, ability) effectively do their job.

→ _____

2 Researchers gathered them to see (the time, how, on, their, spent, hobbies) shaped their work life.

→ _____

C 다음 빈칸에 들어갈 알맞은 단어를 적으시오.

1 참가자들은 얼마나 많은 시간을 그들의 활동에 보냈는지를 기록했다.

Participants recorded _____ _____ hours they _____ _____ _____ their activity.

2 이것은 그들이 자신들의 직업과 유사하지 않은 진지한 취미를 가졌을 경우에만 그러했다.

This was only the case when they had a serious hobby _____ _____ their job.

D 다음 괄호 안의 주어진 단어를 활용하여 문장을 완성하시오.

1 그 팀은 그들이 그 진술에 얼마나 많이 동의하는지 평가하도록 요청했다. (ask, rate, statements) 13단어

→ _____

_____

2 그것에 더 많은 시간을 쓰는 것은 실제로 그들의 자기 효능감을 감소시켰다. (Spending, self-efficacy) 9단어

→ _____

_____

| 주제별 연습 03 |

A 우리말은 영어로, 영어는 우리말로 쓰시오.

1 taste _____

2 various _____

3 viewpoint _____

4 특히 _____

5 기념품 _____

6 보존하다 _____

B 괄호 안의 주어진 단어를 바르게 배열하시오.

1 They may help hosts (and, tourists, each, other, better understand).

→ _____

2 It encourages (traditional, local artists, art forms, to, their, preserve).

→ _____

C 다음 빈칸에 들어갈 알맞은 단어를 적으시오.

1 그들은 또한 민속춤과 불 속 걷기 공연을 함으로써 추가적인 소득을 얻는다.

They also earn _____ income _____ _____ folk dances and fire walking.

2 피지인들은 그들의 조개껍질 보석 공예들을 수익성 있는 관광 사업으로 발전시켰다.

Fijians have _____ their shell jewelry crafts _____ profitable tourist businesses.

D 다음 괄호 안의 주어진 단어를 활용하여 문장을 완성하시오.

1 관광은 단지 휴가보다 훨씬 더 많은 것을 의미한다. (much, vacationing) 7단어

→ _____

2 많은 관광객들은 토착 예술품을 기념품으로 구입하는 경향이 있다. (buy, artworks, souvenirs) 9단어

→ _____

A 우리말은 영어로, 영어는 우리말로 쓰시오.

1 notion _____

2 interest _____

3 particular _____

4 말하다, 진술하다 _____

5 장르 _____

6 잠재적인 _____

B 괄호 안의 주어진 단어를 바르게 배열하시오.

1 The songs (find, people, which, meaning, in) serve as potential "places."

→ _____

2 People can connect to one another (interest, not only, a, common, through), but also through emotional connections.

→ _____

C 다음 빈칸에 들어갈 알맞은 단어를 적으시오.

1 그것들은 적어도 사람들의 정체성의 부분들을 제자리에 묶어두는 사슬로서 역할을 한다.

They act as chains that _____ at least parts of one's identity _____ _____.

2 정체성은 사회적 산물이며, 다른 사람들과 그들이 우리를 보는 방식과 관련하여 형성된다.

Identities are social products, formed _____ _____ _____ others and the way they view us.

D 다음 괄호 안의 주어진 단어를 활용하여 문장을 완성하시오.

1 자기 자신을 찾을 때, 다른 사람의 중요성은 의미가 있다. (searching, oneself, others) 10단어

→ _____

_____

2 공유된 음악적 열정을 통해 만들어진 관련성은 안전감을 제공한다. (connections, passions, a sense of) 12단어

→ _____

A 우리말은 영어로, 영어는 우리말로 쓰시오.

1 draw _____

2 gain _____

3 distinct _____

4 가만히 있는, 정지한 _____

5 의상 _____

6 기법 _____

B 괄호 안의 주어진 단어를 바르게 배열하시오.

1 Focus can be (simply, on, by, gained, putting, a spotlight, one actor).

→ _____

2 (the director, the audiences, tell, wants, What, to) is shown through the scene on the screen.

→ _____

C 다음 빈칸에 들어갈 알맞은 단어를 적으시오.

1 관객은 감독이 그들에게 (보여주기를) 원하는 것을 지켜볼 수밖에 없다.

The audience _____ _____ _____ what the director wants them _____.

2 관객은 그들이 원하는 어디든 자유롭게 볼 수 있기 때문에 집중이 훨씬 더 어렵다.

Focus is much more difficult because the audience can freely look _____ _____ _____.

D 다음 괄호 안의 주어진 단어를 활용하여 문장을 완성하시오.

1 슬로우 샷은 관객들의 관심을 얻기 위해 그가 사용하는 기법이다. (Slow shots) 12단어

→ _____

_____

2 이 모든 기법들은 그 배우에게로 관객의 관심을 효과적으로 끌 것이다. (All, draw, the audience's) 12단어

→ _____

_____

A 우리말은 영어로, 영어는 우리말로 쓰시오.

1 well-known   _____

2 forward   _____

3 variation   _____

4 걸작   _____

5 즉시   _____

6 일관되게   _____

B 괄호 안의 주어진 단어를 바르게 배열하시오.

1 He abandoned the ending of the first movement, (only, come, it, to, back, later, to).

→ _____

2 Picasso produced 79 different drawings, (were, his, of which, based, on, sketches, early, many).

→ _____

C 다음 빈칸에 들어갈 알맞은 단어를 적으시오.

1 그가 그것들을 제작할 때 자신의 작품을 판단할 수 있었다면 그는 나중에 그린 그림을 사용했을 것이다.

If he could judge his creations _____ _____ them, he would use the later drawings.

2 Beethoven이 비범한 작품을 평범한 작품과 구별할 수 있었다면 그는 그것을 받아들였을 것이다.

If Beethoven had been able to _____ an extraordinary _____ an ordinary work, he would have accepted it.

D 다음 괄호 안의 주어진 단어를 활용하여 문장을 완성하시오.

1 그것이 성공적이라고 느끼면 그들은 더 많은 노력을 기울이지 않을 것이다. (They, put, efforts) 10단어

→ _____

_____

2 그들은 종종 이전에 실망스럽다고 여겼던 버전으로 돌아간다. (versions, used to, as) 12단어

→ _____

_____

A 우리말은 영어로, 영어는 우리말로 쓰시오.

1 aspect   _____

2 guideline   _____

3 intended   _____

4 재생(산), 재현   _____

5 벌주다   _____

6 지배적인   _____

B 괄호 안의 주어진 단어를 바르게 배열하시오.

1 They also tell stories (satisfying, we, find, that).

→ _____

2 One might ask (audiences, such movies, find, why, would, enjoyable).

→ _____

C 다음 빈칸에 들어갈 알맞은 단어를 적으시오.

1 우리 중 대부분은 아마도 그러한 교훈적인 영화에 질렸을 것이다.

Most of us would probably become _____ _____ such _____ movies.

2 영화는 지배적인 문화를 지지하고 그것의 재생산을 위한 수단으로 역할을 한다.

Movies support the dominant culture and serve _____ _____ _____ for its reproduction.

D 다음 괄호 안의 주어진 단어를 활용하여 문장을 완성하시오.

1 우리가 원하는 이미지는 영화의 세계에 투영된다. (The image, project, into) 12단어

→ _____

_____

2 영화는 책임 있는 행동에 대한 2시간의 윤리 수업을 제공하는 것 그 이상이다. (do, present, two-hour, lessons) 11단어

→ _____

_____

A 우리말은 영어로, 영어는 우리말로 쓰시오.

1 lower _____

2 attach _____

3 beneath the waves _____

4 주요한, 주된 _____

5 수면, 표면 _____

6 방수 처리하다 _____

B 괄호 안의 주어진 단어를 바르게 배열하시오.

1 He waterproofed a simple box camera, and (it, to, a pole, attached).

→ _____

2 At greater depth, photography is the principal way of (deep-sea, mysterious, exploring, world, a).

→ _____

C 다음 빈칸에 들어갈 알맞은 단어를 적으시오.

1 카메라는 바닷물로 천천히 채워졌지만 그 사진은 살아남았다.

The camera _____ slowly _____ _____ seawater, but the picture survived.

2 대부분의 물고기는 천성적으로 호기심이 많아서 사람들과 아주 가까이에서 헤엄칠 것이다.

Most fish are naturally _____ and will swim _____ _____ to people.

D 다음 괄호 안의 주어진 단어를 활용하여 문장을 완성하시오.

1 아마추어 사진작가가 멋진 사진들을 찍는 것이 꽤 가능하다. (It, quite, for, photographer, shots) 12단어

→ _____

_____

2 William Thompson이라는 영국인이 최초의 수중 사진들을 촬영했다. (Englishman, named, take, underwater) 10단어

→ _____

_____

A 우리말은 영어로, 영어는 우리말로 쓰시오.

1 reach _____

2 efficient _____

3 critical _____

4 건설 _____

5 건축(학) _____

6 발전 _____

B 괄호 안의 주어진 단어를 바르게 배열하시오.

1 (the, critical, do, Rarely, role, consider, people) of vertical transportation.

→ _____

2 Elevators in the Jeddah Tower, (is, now, construction, which, under), will reach a record height of 660m.

→ _____

C 다음 빈칸에 들어갈 알맞은 단어를 적으시오.

1 70억 회 이상의 엘리베이터 이동들이 높은 빌딩들에서 발생하고 있다.

_____ _____ 7 billion elevator movements are _____ _____ in tall buildings.

2 수직 운송은 점점 더 높은 고층 건물들을 건설하는 우리의 능력을 확장할 수 있다.

Vertical _____ is able to expand our ability to build _____ _____ _____ skyscrapers.

D 다음 괄호 안의 주어진 단어를 활용하여 문장을 완성하시오.

1 엘리베이터 디자인에서의 최근 혁신들은 에너지 소비를 줄일 가능성이 있다. (promise, consumption) 10단어

→ _____

_____

2 엘리베이터에서의 발전은 아마도 높은 건물들에서의 가장 큰 발전이다. (Advances, the greatest) 15단어

→ _____

_____

| 주제별 연습 02 |

A 우리말은 영어로, 영어는 우리말로 쓰시오.

1 shelf   _____

2 sea shell   _____

3 directly   _____

4 그 대신에   _____

5 공예(品), 기교   _____

6 지역의, 현지의   _____

B 괄호 안의 주어진 단어를 바르게 배열하시오.

1 If animal products (it, used, make, were, to), just leave it on the shelf.

→ _____

2 You will find yourself buying souvenirs (remember, one of, to, the ways, as, your, trip).

→ _____

C 다음 빈칸에 들어갈 알맞은 단어를 적으시오.

1 당신이 기념품을 고르기 전에 그것이 어떻게 만들어졌는지 조금 생각해 봐라.

Before you pick out a _____, give some thought to _____ it was made.

2 그렇게 함으로써, 당신은 그 관광지를 후손들에게 물려줄 수 있을 것이다.

By doing so, you will be able _____ the tourist destination _____ _____ future generations.

D 다음 괄호 안의 주어진 단어를 활용하여 문장을 완성하시오.

1 자연에서 직접 당신의 기념품을 집어 오는 것은 좋지 않은 생각이다. (It, bad, pick, souvenirs) 11단어

→ _____

_____

2 당신은 그 장소에 부정적인 영향을 미치지 않는 어떤 것을 선택할 수 있다. (choose, which, have, effect, on) 13단어

→ _____

_____

| 주제별 연습 03 |

A 우리말은 영어로, 영어는 우리말로 쓰시오.

1 institution   _____

2 dominance   _____

3 commercial   _____

4 관습   _____

5 잠재력   _____

6 줄어들다   _____

B 괄호 안의 주어진 단어를 바르게 배열하시오.

1 What we need are (to, that, its potential, architecture, can, free, approaches).

→ _____

2 The present day seems (be, to, unique, a time of, innovation).

→ _____

C 다음 빈칸에 들어갈 알맞은 단어를 적으시오.

1 그것은 형식적인 혁신이 중요한 상품이 되었다는 것을 보여 준다.

It shows that _____ _____ has become an important commodity.

2 건축 형태는 시장성이 있는 동일한 개념의 매력적인 포장이라는 것이다.

Architectural forms are the _____ packaging of the same _____ concepts.

D 다음 괄호 안의 주어진 단어를 활용하여 문장을 완성하시오.

1 건축은 그 자체로 그것의 정의를 제한해 왔다. (limited, definition, of itself) 7단어

→ _____

_____

2 유명 건축가들에 의한 급진적인 디자인들이 수용되고 인기를 얻고 있다. (Radical, architect, accept, gain) 10단어

→ _____

_____

A 우리말은 영어로, 영어는 우리말로 쓰시오.

1 fired _____

2 browse _____

3 head back to _____

4 직업, 경력 _____

5 위기 _____

6 경제적인 _____

B 괄호 안의 주어진 단어를 바르게 배열하시오.

1 (fired, of, Not, workers, those, all) are sitting at home, browsing the want ads.

→ _____

2 Thousands of people are heading back to school (for, themselves, career, to, a new, equip).

→ _____

C 다음 빈칸에 들어갈 알맞은 단어를 적으시오.

1 많은 사람들이 그 어느 때보다 더 국가의 실업률이 높아졌다.
Many people push the nation's _____ rate _____ _____ _____.

2 일부 대학들은 증가된 학생 수 때문에 초과 근무를 하고 있다.
Some universities are working _____, due to the _____ number of students.

D 다음 괄호 안의 주어진 단어를 활용하여 문장을 완성하시오.

1 몇몇 공립 대학들에서 학생 등록의 두 자릿수 성장이 보고되었다. (Double-digit, in, registrations, at) 13단어

→ _____
_____

2 경제 침체기에 등록자 수가 증가하는 것을 보는 것이 예상치 못한 일은 아니다. (Seeing, enrollments, in, failing, not) 10단어

→ _____
_____

A 우리말은 영어로, 영어는 우리말로 쓰시오.

1 setting _____

2 perform _____

3 complete _____

4 무작위의 _____

5 떨어지다 _____

6 유지하다 _____

B 괄호 안의 주어진 단어를 바르게 배열하시오.

1 (the, children, only, speak, did, Not) more often, but their performance went up a lot.

→ _____

2 Elementary school students in noisy schools perform (quieter, below, settings, in, those).

→ _____

C 다음 빈칸에 들어갈 알맞은 단어를 적으시오.

1 비슷한 결과들이 나이가 더 많은 아이들과의 연구에 의해 보여 졌다.
Similar results _____ _____ _____ by research with _____ children.

2 소음에 대한 지속적인 노출은 아이들의 학업 성취들과 관계가 있다.
Constant exposure to noise _____ _____ _____ children's _____ achievements.

D 다음 괄호 안의 주어진 단어를 활용하여 문장을 완성하시오.

1 소음 수준을 줄이기 위해 유치원 교실들이 변경되었다. (Preschool, modify, in order to, levels) 10단어

→ _____
_____

2 교실 안에서 발생하는 소음은 의사소통 패턴들에 부정적인 영향들을 미친다. (that, take place, effects) 13단어

→ _____
_____

A 우리말은 영어로, 영어는 우리말로 쓰시오.

1 punish _____

2 motivation _____

3 incomplete _____

4 적절한 _____

5 수용 가능한 _____

6 추론하다 _____

B 괄호 안의 주어진 단어를 바르게 배열하시오.

1 Students will continue to work (satisfactory, their, until, is, performance).

→ _____

2 Teachers can better give students motivation (as, their work, by, incomplete, regarding).

→ _____

C 다음 빈칸에 들어갈 알맞은 단어를 적으시오.

1 이런 방침은 학생들이 낙제 수준으로 수행한다는 믿음에 근거한다.

This policy _____ _____ _____ the belief that students _____ at a failure level.

2 학생들은 자신들의 과제 수행을 끌어올리기 위해 추가적인 과제를 하도록 요구받는다.

Students are _____ to do _____ work _____ _____ they may bring their performance up.

D 다음 괄호 안의 주어진 단어를 활용하여 문장을 완성하시오.

1 그것은 학생들이 미래에 더 많은 노력을 기울이도록 장려할 것이다. (encourage, give, greater, effort) 11단어

→ _____
_____

2 교사들이 기준 이하의 과제를 받아들이지 않는다면, 학생들은 그것을 제출하지 않을 것이다. (If, substandard work, won't) 10단어

→ _____
_____

A 우리말은 영어로, 영어는 우리말로 쓰시오.

1 district _____

2 common _____

3 isolation _____

4 평가 _____

5 불평하다 _____

6 평판, 명성 _____

B 괄호 안의 주어진 단어를 바르게 배열하시오.

1 I taught (in, subjects, a, the, social, of, variety, sciences).

→ _____

2 I spent a lot of (time, about, a lack of, time, complaining).

→ _____

C 다음 빈칸에 들어갈 알맞은 단어를 적으시오.

1 그 과정이 없는 상태에서, 교사들은 그들 자신만의 시각으로 남겨진다.

In the _____ of the process, teachers are left with their own _____.

2 나는 같은 과목들을 가르치는 나의 동료들이 어떻게 가르치는지 거의 알지 못했다.

I knew _____ about _____ my peers teaching the _____ subjects were teaching.

D 다음 괄호 안의 주어진 단어를 활용하여 문장을 완성하시오.

1 메모를 비교하기 위해 정기적으로 만난다는 생각이 우리에게는 전혀 떠오르지 않았다. (The idea, regularly, notes, occur to) 12단어

→ _____
_____

2 고립해서 일을 할 때 교사들은 그들 자신의 시선을 통해서 세상을 보는 경향이 있다. (Working, tend to, through, eyes) 13단어

→ _____
_____

A 우리말은 영어로, 영어는 우리말로 쓰시오.

1 conflict _____

2 resolve _____

3 by contrast _____

4 현대의 _____

5 고전의, 고전적인 _____

6 희곡, 연극 _____

B 괄호 안의 주어진 단어를 바르게 배열하시오.

1 Audiences are (fascinated, evolving, the, by, conflicts).

→ _____

2 An open ending allows us (think, to, might, happen, next, what, about).

→ _____

C 다음 빈칸에 들어갈 알맞은 단어를 적으시오.

1 예외 없이 남자 주인공과 여자 주인공은 그 이후로 영원히 행복하게 산다.

_____ _____, the hero and heroine live happily ever after.

2 이것은 특히 스릴러와 공포물 장르에 해당한다.

This _____ particularly _____ _____ thriller and horror genres.

D 다음 괄호 안의 주어진 단어를 활용하여 문장을 완성하시오.

1 새로운 갈등은 관객을 더 생각하게 만든다.
(A, conflict, the audience, further) 8단어

→ _____

_____

2 Nora는 사라지고, 우리는 답변되지 않은 많은 질문들과 남겨진다. (disappear, with, unanswered) 10단어

→ _____

A 우리말은 영어로, 영어는 우리말로 쓰시오.

1 diverse _____

2 perception _____

3 approach _____

4 굳은, 확고한 _____

5 측면 _____

6 의사소통을 하다 _____

B 괄호 안의 주어진 단어를 바르게 배열하시오.

1 Your body language signals (disconnected, from, are, another, one).

→ _____

2 Trying to use body language is like (a French dictionary, reading, by, to speak French, trying).

→ _____

C 다음 빈칸에 들어갈 알맞은 단어를 적으시오.

1 상황이 유효하지 않은 엉망인 상황으로 분리되는 경향이 있다.

Things _____ _____ break down into an invalid _____.

2 결국 당신은 당신이 마음을 끌려고 하는 바로 그 사람들을 혼란스럽게 만든다.

You _____ _____ _____ the very people you're trying to attract.

D 다음 괄호 안의 주어진 단어를 활용하여 문장을 완성하시오.

1 당신의 몸짓 언어는 머지않아 그 상황을 반영하지 않는다.
(doesn't, at hand) 9단어

→ _____

_____

2 효과적인 몸짓 언어는 개별 전달 신호의 총합 이상이다. (the sum, signals) 11단어

→ _____

_____

워크북 정답 다운로드
www.darakwon.co.kr

A 우리말은 영어로, 영어는 우리말로 쓰시오.

1 origin _____

2 behavior _____

3 essential _____

4 본질 _____

5 발달 _____

6 형성하다 _____

B 괄호 안의 주어진 단어를 바르게 배열하시오.

1 One of the reasons is to find out about ourselves — (us, what, human, makes).

→ _____

2 It is essential to know (to, came, that, way, how, they, be).

→ _____

C 다음 빈칸에 들어갈 알맞은 단어를 적으시오.

1 언어는 우리에게 타고난 능력이다.
Language is an ability, _____ _____ us.

2 언어에 대해서도 똑같이 적용된다.
The same _____ _____ _____ a language.

D 다음 괄호 안의 주어진 단어를 활용하여 문장을 완성하시오.

1 언어를 연구하는 좋은 방법은 무엇일까?
(would, the good way, study) 10단어

→ _____

_____

2 우리는 실제 언어 연구를 통해서만 그 능력을 알 수 있다.
(only, study, the, actual) 11단어

→ _____

_____

A 우리말은 영어로, 영어는 우리말로 쓰시오.

1 hence _____

2 tragedy _____

3 globalized _____

4 호환 _____

5 아랍어 _____

6 실험적인 _____

B 괄호 안의 주어진 단어를 바르게 배열하시오.

1 The huge American market (driving, seen, the, is, imbalance, as).

→ _____

2 People can (find, rarely, from, Arabic, translated, books).

→ _____

C 다음 빈칸에 들어갈 알맞은 단어를 적으시오.

1 서양의 독자들은 그의 역사 드라마에 대해 거의 알지 못한다.
Western readers know _____ _____ his historical dramas.

2 출판인들은 문화 간 다리 역할로서 문학에 의존하고 있다.
Publishers are _____ _____ literature as a bridge _____ cultures.

D 다음 괄호 안의 주어진 단어를 활용하여 문장을 완성하시오.

1 대부분의 번역은 영어에서 다른 언어들로 된다.
(translation, from, into) 8단어

→ _____

_____

2 문학은 우리의 다문화 세계를 이해하는데 특히 중요한 역할을 한다. (especially, role, multi-cultural) 11단어

→ _____

_____

| Q | | 주제별 연습 01 |

A **우리말은 영어로, 영어는 우리말로 쓰시오.**

1 temperature _____

2 experience _____

3 drought _____

4 ~ 동안에 _____

5 관측, 측정 _____

6 예언하다 _____

B **괄호 안의 주어진 단어를 바르게 배열하시오.**

1 The tree (time, at all, grow, might, hardly, that, during).

→ _____

2 They can give scientists some information (climate, about, area's, in, that, the past).

→ _____

C **다음 빈칸에 들어갈 알맞은 단어를 적으시오.**

1 나무는 비와 온도 같은, 지역의 기후 조건들에 민감하다.

Trees are _____ ____ local climate _____, such as rain and temperature.

2 그 나이테는 온화하고 습한 해에는 보통 (폭이) 더 넓어진다.

Those tree rings usually grow _____ in _____ and _____ years.

D **다음 괄호 안의 주어진 단어를 활용하여 문장을 완성하시오.**

1 당신은 아마도 그것이 일련의 나이테들을 갖고 있다는 것을 주목했을 것이다. (probably, notice, that) 10단어

→ _____
_____

2 매우 나이가 많은 나무들은 기후가 어떠했는지에 대한 단서들을 제공해 줄 수 있다. (offer, how, the climate) 11단어

→ _____

A **우리말은 영어로, 영어는 우리말로 쓰시오.**

1 rapidly _____

2 survey _____

3 conduct _____

4 보도 _____

5 ~에 노출되다 _____

6 정확성 _____

B **괄호 안의 주어진 단어를 바르게 배열하시오.**

1 Surveys (choose, citizens, asked, to) two "especially important" events.

→ _____

2 Two weeks later (decreased, percent, to, about, 30, the reports).

→ _____

C **다음 빈칸에 들어갈 알맞은 단어를 적으시오.**

1 그 공격의 10주년 추모일이 다가오면서, 흥미로운 어떤 일이 발생했다.

As the tenth _____ of the attacks _____, something _____ happened.

2 뉴스 보도의 양은 사안의 인지된 중요성에 있어 큰 차이를 만들 수 있다.

The amount of news _____ can make a big _____ in the perceived _____ of an issue.

D **다음 괄호 안의 주어진 단어를 활용하여 문장을 완성하시오.**

1 9/11 관련 언론 이야기들은 그 추모일이 가까워오자 최고조에 올랐다. (9/11-related, peak, as, close) 10단어

→ _____
_____

2 언론이 그것을 더 많이 다루자, 많은 조사 응답자들이 9/11을 선택하기 시작했다. (As, many, start, choose) 13단어

→ _____
_____

A 우리말은 영어로, 영어는 우리말로 쓰시오.

1 industry　　　_____

2 mobile device　　_____

3 commercial　　_____

4 필사적으로　　_____

5 유인책, 인센티브　_____

6 줄이다, 감소시키다　_____

B 괄호 안의 주어진 단어를 바르게 배열하시오.

1 Cable providers and advertisers (be, provide, will, to, incentives, forced).

→ _____

2 Others are desperately (their advertisements, interesting, make, more, trying, to).

→ _____

C 다음 빈칸에 들어갈 알맞은 단어를 적으시오.

1 소비자들은 광고를 즉시 음소거하거나, 빨리 감거나, 건너뛸 수 있다.

_____ can mute, fast-forward, and _____ over commercials _____.

2 그럼에도 여전히 다른 사람들은 단순히 TV 광고를 완전히 포기해 버릴 것이다.

_____ others are simply _____ _____ _____ television advertising altogether.

D 다음 괄호 안의 주어진 단어를 활용하여 문장을 완성하시오.

1 이러한 유인책들은 쿠폰들의 형태로 나올지도 모른다. (may, in the form) 9단어

→ _____

_____

2 어떤 광고주들은 숨겨진 쿠폰들을 심어 놓음으로써 이러한 기술에 적응하려고 노력하고 있다. (Some, adapt, technologies, plant) 13단어

→ _____

_____

A 우리말은 영어로, 영어는 우리말로 쓰시오.

1 attitude　　　_____

2 peer　　　_____

3 bullying　　_____

4 요소　　　_____

5 영향, 충격　_____

6 심각한, 중요한　_____

B 괄호 안의 주어진 단어를 바르게 배열하시오.

1 Media literacy (been, has, thought, to, be) especially important.

→ _____

2 When it comes to peer-to-peer risks, (last, important, very, element, this, is).

→ _____

C 다음 빈칸에 들어갈 알맞은 단어를 적으시오.

1 오프라인 세계에서, 아이들은 이런 기본적인 원리를 배운다.

In the offline world, children _____ _____ this basic _____.

2 아이들과 젊은 사람들이 그 결과들을 예상하는 것은 훨씬 더 어렵다.

_____ is much _____ _____ for children and young people _____ _____ the results.

D 다음 괄호 안의 주어진 단어를 활용하여 문장을 완성하시오.

1 그것은 또한 그들이 인권의 가치들을 얻거나 강화하도록 도와준다. (acquire, reinforce, rights) 10단어

→ _____

_____

2 그러므로, 아주 이른 나이에 SNS의 규칙들을 가르치는 것은 중요하다. (Therefore, early, importance) 12단어

→ _____

_____

| Q | 주제별 연습 01 |

A 우리말은 영어로, 영어는 우리말로 쓰시오.

1 consider _____

2 species _____

3 intelligence _____

4 번역하다 _____

5 복잡한 _____

6 생태계 _____

B 괄호 안의 주어진 단어를 바르게 배열하시오.

1 We (consider, uniquely human, usually, creativity).

→ _____

2 We have been inspired by nature (acquire, to, survival, a variety of, systems).

→ _____

C 다음 빈칸에 들어갈 알맞은 단어를 적으시오.

1 지구상의 어떤 다른 종도 우리 인간이 보여주는 창의력 수준에 접근하지 못한다.

_____ _____ species on Earth approaches the level of _____ we humans show.

2 우리는 창의적인 능력이 경쟁할 상대가 없지 않게 되어버린 가능성에 직면했음에 틀림없다.

We must _____ the possibility _____ our ability to be _____ is not unrivaled.

D 다음 괄호 안의 주어진 단어를 활용하여 문장을 완성하시오.

1 우리는 지구상에서 가장 창의적인 존재들이었다. (have, beings, Earth) 9단어

→ _____

_____

2 우리는 컴퓨터들로 놀라운 것들을 하는 능력을 향상시켰다. (the ability, amazing) 11단어

→ _____

A 우리말은 영어로, 영어는 우리말로 쓰시오.

1 balance _____

2 process _____

3 analysis _____

4 꺼려하는 _____

5 무관심한 _____

6 부족, 결여 _____

B 괄호 안의 주어진 단어를 바르게 배열하시오.

1 We have to use the right information (decision-making, the, simple, process, and keep).

→ _____

2 The one-eyed person will (successful, he, be, the, uses, decision maker, when) his one eye.

→ _____

C 다음 빈칸에 들어갈 알맞은 단어를 적으시오.

1 기술은 이점을 가진 것처럼 보이지만, 그것은 통제하기 어려울지도 모른다.

Technology seems to have _____, but it may be difficult to _____.

2 이것은 전조등 불빛 속에 있는 사슴처럼, 우리를 정보에 눈멀도록 만든다.

This _____ us information _____, like a(n) _____ in headlights.

D 다음 괄호 안의 주어진 단어를 활용하여 문장을 완성하시오.

1 인터넷은 어떤 사안에 관해서라도 이용 가능한 너무도 많은 무료 정보를 만들어왔다. (The Internet, much, issue) 12단어

→ _____

_____

2 우리는 눈먼 사람들의 세계에서 한 눈으로 보는 사람처럼 행동할 필요가 있다. (one-eyed, behave, the, blind) 14단어

→ _____

_____

A 우리말은 영어로, 영어는 우리말로 쓰시오.

1 fundamental _____

2 opportunity _____

3 access _____

4 확장시키다 _____

5 목적지, 여행지 _____

6 상업적인 _____

B 괄호 안의 주어진 단어를 바르게 배열하시오.

1 There is (more, nothing, the human spirit, fundamental, to) than the need.

→ _____

2 It provides access to (and what, desire to become, what, people, they, need).

→ _____

C 다음 빈칸에 들어갈 알맞은 단어를 적으시오.

1 대중교통은 그 진보와 자유에 매우 중요했다.

Public transportation _____ _____ vital to that _____ and freedom.

2 그것은 시간과 에너지를 절약하고, 수백만 명의 사람들이 더 좋은 삶을 성취하도록 도와준다.

It _____ time and energy, and _____ millions of people _____ a better life.

D 다음 괄호 안의 주어진 단어를 활용하여 문장을 완성하시오.

1 그것은 우리의 상상력들을 자극하는 자연스런 힘이다. (force, that, spark) 9단어

→ _____

2 그 운송 산업은 단순히 다른 목적지로 여행객들을 나르지는 않았다. (industry, simply, carry, another) 11단어

→ _____

A 우리말은 영어로, 영어는 우리말로 쓰시오.

1 complete _____

2 individual _____

3 employment _____

4 지원(서) _____

5 선호 _____

6 주제, 테마 _____

B 괄호 안의 주어진 단어를 바르게 배열하시오.

1 For the past few years, (have come online, businesses, Internet-based, new).

→ _____

2 In the age of Internet-based job searches, (can't, basic, the, we, ignore, skill, most).

→ _____

C 다음 빈칸에 들어갈 알맞은 단어를 적으시오.

1 인터넷 서비스에 근거한 구직 상품은 정기적으로 만들어지고 있다.

Job-search products _____ _____ Internet services are _____ created on a(n) _____ basis.

2 구직은 개인적인 직업 기술과 선호하는 직장 분위기를 확인하는 것으로부터 시작한다.

The job search starts with _____ individual job skills and _____ workplace _____.

D 다음 괄호 안의 주어진 단어를 활용하여 문장을 완성하시오.

1 직업 기술들을 숙달하는 것은 발전하는 도구들을 따라 잡는 데 있어서 필수적이다. (keep up with, evolving) 12단어

→ _____

2 이러한 자신의 목록들은 구직을 하려는 사람들이 명심해야 할 것들이다. (self-inventory, searchers) 14단어

→ _____

A 우리말은 영어로, 영어는 우리말로 쓰시오.

1 phenomenon _____

2 exist _____

3 rest _____

4 제공하다 _____

5 유익한, 도움이 되는 _____

6 예측, 예언 _____

A 우리말은 영어로, 영어는 우리말로 쓰시오.

1 psychologist _____

2 conduct _____

3 randomly _____

4 행동하다 _____

5 ~에 관계없이 _____

6 평균의 _____

B 괄호 안의 주어진 단어를 바르게 배열하시오.

1 We even look for information (necessarily exist, doesn't, where, it).
→ _____

2 The people (to believe, want, the information, much, so)
→ _____

B 괄호 안의 주어진 단어를 바르게 배열하시오.

1 The player (appearing, a wall, must, crashing, avoid, into) suddenly on the roadway.
→ _____

2 Adults behaved in similar ways (own, were on, of whether, they, their, regardless).
→ _____

C 다음 빈칸에 들어갈 알맞은 단어를 적으시오.

1 사람들은 매우 일반적인 것을 읽거나 듣지만 그것이 그들에게 적용된다고 믿는다.

People read or hear something very _____ but believe that it _____ _____ them.

2 인간의 심리는 우리가 개인적 수준에서 동일시할 수 있는 것을 믿도록 허락한다.

Human _____ allows us to believe things that we can _____ _____.

C 다음 빈칸에 들어갈 알맞은 단어를 적으시오.

1 피실험자들은 컴퓨터화된 운전 게임을 해야 했다.

Subjects _____ _____ play a(n) _____ driving game.

2 나이가 더 많은 청소년들은 위험 운전 지수에서 약 50퍼센트 더 높은 점수를 기록했다.

_____ adolescents scored about 50 percent _____ on a(n) _____ of risky driving.

D 다음 괄호 안의 주어진 단어를 활용하여 문장을 완성하시오.

1 이 효과는 표면적으로는 매우 개인적인 것처럼 보인다. (effect, seem, surface, personal) 10단어
→ _____
_____

2 그들은 그것을 사실로 만드는 그들의 삶들 속에서 의미를 찾는다. (search, in, that, true) 11단어
→ _____

D 다음 괄호 안의 주어진 단어를 활용하여 문장을 완성하시오.

1 그들은 306명의 사람들을 세 개의 다른 연령 집단들로 나누었다. (divide, groups) 9단어
→ _____
_____

2 초기 청소년들의 운전은 대략 두 배 정도 무모했다. (early, about, reckless) 10단어
→ _____
_____

| 주제별 연습 02 |

A 우리말은 영어로, 영어는 우리말로 쓰시오.

1 affect _____

2 maintain _____

3 evolutionary _____

4 포식자 _____

5 필수적인, 근본적인 _____

6 형성하다 _____

B 괄호 안의 주어진 단어를 바르게 배열하시오.

1 Human beings (affected, are, by, a natural desire, form, to, and maintain) relationships.

→ _____

2 The need to become a member of a society (a product of, human, evolutionary history, beings', is).

→ _____

C 다음 빈칸에 들어갈 알맞은 단어를 적으시오.

1 인간은 다른 사람들의 협력에 오랫동안 의존해 왔다.

Human beings have long _____ _____ the _____ of others.

2 초기 인간들은 아마도 그들의 물리적 환경을 다루지 못했을 것이다.

_____ human beings probably would not _____ _____ _____ their physical environments.

D 다음 괄호 안의 주어진 단어를 활용하여 문장을 완성하시오.

1 사람들 사이에서의 친밀함은 인간의 생존에 오랫동안 필수적이었다. (Closeness, among, necessary) 10단어

→ _____

2 그들은 이런 자연스러운 욕구를 채우기 위해 다른 사람들과 관계들을 만들기를 희망한다. (hope, connections, need) 12단어

→ _____

| 주제별 연습 03 |

A 우리말은 영어로, 영어는 우리말로 쓰시오.

1 inform _____

2 in reality _____

3 common _____

4 공유하다, 나누다 _____

5 믿을만한 _____

6 주의 깊은 _____

B 괄호 안의 주어진 단어를 바르게 배열하시오.

1 Every person has (and help, can, a story, inform, that, us).

→ _____

2 We surround ourselves with (the same, are, we, people, who, as, are).

→ _____

C 다음 빈칸에 들어갈 알맞은 단어를 적으시오.

1 우리가 이 사실을 받아들이고 다른 사람들을 보기 시작해야 한다.

We have to _____ this truth and begin _____ _____ _____ others.

2 우리는 그들과 현명하게 판단을 내릴 수 있도록 몇몇 선생님을 찾을 필요가 있다.

We _____ to find some teachers _____ _____ we can _____ wisely with them.

D 다음 괄호 안의 주어진 단어를 활용하여 문장을 완성하시오.

1 우리는 우리 삶에 있는 새로운 가능성들에 우리 자신을 열어놓을 수 있다. (up, possibilities, lives) 11단어

→ _____

2 우리는 이성적인 사람들로 성장하기보다 오히려 인간으로서 위축될 것이다. (human beings, grow up, ones) 13단어

→ _____

UNIT 14 정치, 경제

A 우리말은 영어로, 영어는 우리말로 쓰시오.

1 productive　　＿＿＿＿＿＿＿＿＿＿＿

2 besides　　＿＿＿＿＿＿＿＿＿＿＿

3 principal　　＿＿＿＿＿＿＿＿＿＿＿

4 굳건한, 단단한　　＿＿＿＿＿＿＿＿＿＿＿

5 정치적인　　＿＿＿＿＿＿＿＿＿＿＿

6 다양성　　＿＿＿＿＿＿＿＿＿＿＿

B 괄호 안의 주어진 단어를 바르게 배열하시오.

1 The most productive areas of China (politically joined, in, were) 221 B.C.

　→ ＿＿＿＿＿＿＿＿＿＿＿＿＿＿＿＿＿＿

2 It (maintained, cultural unity, solid, has) for two thousand years.

　→ ＿＿＿＿＿＿＿＿＿＿＿＿＿＿＿＿＿＿

C 다음 빈칸에 들어갈 알맞은 단어를 적으시오.

1 중국의 빈번한 통합과 유럽의 끊임없는 분열은 양쪽 모두 오랜 역사를 갖고 있다.

　China's ＿＿＿＿＿ times of unity and Europe's ＿＿＿＿＿ disunity ＿＿＿＿ have a long history.

2 유럽을 통합하는 사안에 관한 최근 의견 불일치가 하나의 사례이다.

　The ＿＿＿＿＿ disagreements about the issue of ＿＿＿＿＿ Europe are an ＿＿＿＿＿.

D 다음 괄호 안의 주어진 단어를 활용하여 문장을 완성하시오.

1 중국은 처음부터 단 하나의 문자 체계를 가지고 있었다.
(have, only, single, writing, beginning) 11단어

　→ ＿＿＿＿＿＿＿＿＿＿＿＿＿＿＿＿＿＿

　＿＿＿＿＿＿＿＿＿＿＿＿＿＿＿＿＿＿

2 그 결과, 그것은 여전히 45개의 언어와, 훨씬 더 큰 문화적 다양성을 가지고 있다. (still, even greater, diversity) 13단어

　→ ＿＿＿＿＿＿＿＿＿＿＿＿＿＿＿＿＿＿

　＿＿＿＿＿＿＿＿＿＿＿＿＿＿＿＿＿＿

A 우리말은 영어로, 영어는 우리말로 쓰시오.

1 economic　　＿＿＿＿＿＿＿＿＿＿＿

2 competition　　＿＿＿＿＿＿＿＿＿＿＿

3 attract　　＿＿＿＿＿＿＿＿＿＿＿

4 명성, 평판　　＿＿＿＿＿＿＿＿＿＿＿

5 맥락, 상황　　＿＿＿＿＿＿＿＿＿＿＿

6 존재　　＿＿＿＿＿＿＿＿＿＿＿

B 괄호 안의 주어진 단어를 바르게 배열하시오.

1 They (can, that, are, activities, attract, temporary) large numbers of outsiders.

　→ ＿＿＿＿＿＿＿＿＿＿＿＿＿＿＿＿＿＿

2 A history of an activity for (effects, important, have, may, a particular area).

　→ ＿＿＿＿＿＿＿＿＿＿＿＿＿＿＿＿＿＿

C 다음 빈칸에 들어갈 알맞은 단어를 적으시오.

1 예술 전시회의 놀랄만한 성장은 이러한 관점에서 설명될 수 있다.

　The ＿＿＿＿＿ growth of art exhibitions can ＿＿＿ ＿＿＿＿＿ in this point.

2 그것들은 오랜 시간 동안 형성되어 왔던 기존의 맥락[상황]에 의존한다.

　They ＿＿＿＿＿ ＿＿＿ an existing context which ＿＿＿ ＿＿＿ ＿＿＿＿ over a long time.

D 다음 괄호 안의 주어진 단어를 활용하여 문장을 완성하시오.

1 어느 단기간 행사는 혁신적인 행사가 될 수 있다.
(short-lived, innovative) 8단어

　→ ＿＿＿＿＿＿＿＿＿＿＿＿＿＿＿＿＿＿

　＿＿＿＿＿＿＿＿＿＿＿＿＿＿＿＿＿＿

2 다시 말해서, 판매 행사들은 아무것도 없이 일어나지 않는다.
(words, selling events, take, from) 11단어

　→ ＿＿＿＿＿＿＿＿＿＿＿＿＿＿＿＿＿＿

　＿＿＿＿＿＿＿＿＿＿＿＿＿＿＿＿＿＿

A 우리말은 영어로, 영어는 우리말로 쓰시오.

1 leader _____

2 express _____

3 opinion _____

4 의미하다, 뜻하다 _____

5 증가하다 _____

6 상실, 손실 _____

B 괄호 안의 주어진 단어를 바르게 배열하시오.

1 A friend of mine (about the CEO, me, a, of, company, once told, large).

→ _____

2 When you (feel, make, a, people, of, great sense, importance), they feel on top of the world.

→ _____

C 다음 빈칸에 들어갈 알맞은 단어를 적으시오.

1 난 당신이 생각할 수 있는 모든 것에 대해 이미 생각을 한 적이 있어요.

I've _____ thought of everything you could _____ _____.

2 그것은 틀림없이 그를 낙담시켰고 그의 성과에 부정적인 영향을 미쳤을 것이다.

It _____ _____ _____ him and negatively _____ his performance.

D 다음 괄호 안의 주어진 단어를 활용하여 문장을 완성하시오.

1 그들에게 당신이 그들의 생각을 존중한다고 알게 하라. (let, thinking) 7단어

→ _____

_____

2 관리자가 틀림없이 느꼈을 자존감의 상실을 상상해 보라. (self-esteem, that, must) 10단어

→ _____

_____

A 우리말은 영어로, 영어는 우리말로 쓰시오.

1 seem _____

2 accompany _____

3 bet _____

4 계약 _____

5 문학의 _____

6 기업, 사업 _____

B 괄호 안의 주어진 단어를 바르게 배열하시오.

1 Humans (leave, culture, didn't, of, them, behind, the history), either.

→ _____

2 The desire for written records (economic, always, accompanied, has, activity).

→ _____

C 다음 빈칸에 들어갈 알맞은 단어를 적으시오.

1 성경과 같은 오래된 기록들 이전에, 우리는 이익에 대한 기록을 가지고 있었다.

_____ old writings, such as the _____, we had the writings of the _____.

2 양을 세려고 하는 욕구가 문자 언어의 진보에 대한 원동력이었다.

The desire to count sheep was the _____ _____ for the _____ of written language.

D 다음 괄호 안의 주어진 단어를 활용하여 문장을 완성하시오.

1 거래들은 당신이 누가 무엇을 소유하고 있는지 명확하게 추적할 수 없다면 무의미하다. (Trades, clearly, track, own) 13단어

→ _____

_____

2 우리가 이런 고대 사회들로부터 현재 가지고 있는 것은 영수증 더미이다. (now, ancient, a pile) 13단어

→ _____

_____

··

A 우리말은 영어로, 영어는 우리말로 쓰시오.

1 benefit   _____

2 flattering   _____

3 compliment   _____

4 언급, 말   _____

5 심리적인   _____

6 속이는, 기만적인   _____

B 괄호 안의 주어진 단어를 바르게 배열하시오.

1 Social relationships (from, each other, benefit, since, complimenting) people like to be liked.

→ _____

2 They serve the interest of others (the truth, hearing, because, all the time) could damage a person's self-esteem.

→ _____

C 다음 빈칸에 들어갈 알맞은 단어를 적으시오.

1 항상 사람들이 서로 진실을 말한다면 사회적 상호작용들은 쉽게 틀어질 수 있다.

Social _____ could easily _____ _____ if people told each other the truth all the time.

2 거짓말쟁이들은 거짓말이 다른 사람들을 기쁘게 해준다고 인식할 때 만족감을 얻을지도 모른다.

Liars may gain _____ when _____ that their lies make other people _____ pleased.

D 다음 괄호 안의 주어진 단어를 활용하여 문장을 완성하시오.

1 너는 몇 년 전보다 지금 훨씬 더 나이 들어 보인다. (even, than, did, a few) 12단어

→ _____

_____

2 사회적 거짓말들은 자신의 이익과 타인의 이익 모두에 부합한다. (serve, both, self-interest, others) 10단어

→ _____

_____

A 우리말은 영어로, 영어는 우리말로 쓰시오.

1 tie   _____

2 proper   _____

3 in the end   _____

4 이웃   _____

5 확신하는, 확실한   _____

6 한 쌍[짝, 벌]의   _____

B 괄호 안의 주어진 단어를 바르게 배열하시오.

1 No one really feels certain (should, how, done, about, be, things).

→ _____

2 We like to (a, neighbors, to, give, our, hand) when they have a difficult time.

→ _____

C 다음 빈칸에 들어갈 알맞은 단어를 적으시오.

1 때때로 사람들은 서로 방해를 한다.

From _____ to _____ people get in each other's _____.

2 그들은 도움과 조언을 주려고 함으로써 결국 혼란을 만든다.

They _____ _____ creating _____ by trying to give help and advice.

D 다음 괄호 안의 주어진 단어를 활용하여 문장을 완성하시오.

1 그녀는 너무 혼란스러워져서 그것을 할 수조차 없게 될지도 모른다. (might, so, get, that, even) 11단어

→ _____

2 다른 사람들에게 그들이 무엇을 해야 하는지 계속 말하는 많은 사람들이 있다. (many, who, tell, others, what) 12단어

→ _____

_____

A 우리말은 영어로, 영어는 우리말로 쓰시오.

1　press　　　_____

2　in case　　_____

3　such as　　_____

4　이익을 못 내는　_____

5　기부(금), 기증　_____

6　지원하다, 부양하다　_____

B 괄호 안의 주어진 단어를 바르게 배열하시오.

1　One newspaper is generally liberal, (mostly, while, conservative, is, the second).

　→ _____

2　Swedish law requires (from the city, go, that, the town taxes) to support the paper.

　→ _____

C 다음 빈칸에 들어갈 알맞은 단어를 적으시오.

1　몇몇 국가에서는, 언론이 공공에 의해 소유되지만 정부에 의해 운영된다.

　In some countries, the _____ is _____ by the public but _____ by the government.

2　규제들과 정책들은 다양한 정보의 원천들을 보장하도록 고안되고 있다.

　Regulations and policies are _____ to _____ a _____ of sources of information.

D 다음 괄호 안의 주어진 단어를 활용하여 문장을 완성하시오.

1　전형적으로, 스웨덴 사람들은 신문 읽기보다 TV 시청을 더 선호한다. (the Swedish, television) 9단어

　→ _____

　_____

2　신문의 운영비를 충당하는 재원은 공적인 세금들을 통해서 발생된다. (Revenue, cover, the operating expenses, generate) 13단어

　→ _____

　_____

A 우리말은 영어로, 영어는 우리말로 쓰시오.

1　urban　　　_____

2　institution　_____

3　governance　_____

4　책임(감)　　_____

5　과세, 세제　_____

6　공공의　　　_____

B 괄호 안의 주어진 단어를 바르게 배열하시오.

1　Responsibility of the citizen is supplanted by government, (the substitute, is, which, provider).

　→ _____

2　Urban institutions of government have evolved to (of, increasing, levels, services, offer) to their citizens.

　→ _____

C 다음 빈칸에 들어갈 알맞은 단어를 적으시오.

1　종종 이것은 시민 참여를 대체했다.

　_____ _____ _____ _____, this has replaced citizen participation.

2　세상은 질서를 유지하기 위해 관리 제도를 도입한 법의 나라가 되었다.

　The world has become a nation of _____ which has _____ a system of _____ to _____ _____.

D 다음 괄호 안의 주어진 단어를 활용하여 문장을 완성하시오.

1　시민 참여에 관한 정부의 대체는 심각한 영향들을 미칠 수 있다. (Governmental substitution, citizen involvement, impacts) 9단어

　→ _____

　_____

2　서비스들을 위한 돈은 시민 책임과 공공 참여에 관한 대체물이 아니다. (a replacement, for, participation) 13단어

　→ _____

　_____

| Q |·· | 주제별 연습 01 |··································

A 우리말은 영어로, 영어는 우리말로 쓰시오.

1 vehicle _____

2 strategy _____

3 transportation _____

4 시설 _____

5 현대(식)의 _____

6 오염시키다 _____

B 괄호 안의 주어진 단어를 바르게 배열하시오.

1 (needs, their, meets, a, bicycle, Riding) for physical activity.

→ _____

2 Many people face barriers in their environment (such, prevent, choices, which).

→ _____

C 다음 빈칸에 들어갈 알맞은 단어를 적으시오.

1 그들의 주변 환경이 신체 활동을 장려한다.

Their _____ _____ physical activity.

2 계단을 오르는 것은 좋은 운동을 제공한다.

Climbing stairs _____ a good _____.

D 다음 괄호 안의 주어진 단어를 활용하여 문장을 완성하시오.

1 전문가들은 사람에게 엘리베이터 대신 계단을 이용하도록 조언한다. (Experts, take the stairs, the elevator) 11단어

→ _____

_____

2 안전하지 않은 계단통에서 계단을 오르는 것을 선택하는 사람은 거의 없을 것이다. (Few, would, walk up, in, stairwells) 11단어

→ _____

A 우리말은 영어로, 영어는 우리말로 쓰시오.

1 that is _____

2 process _____

3 nutrient _____

4 압력 _____

5 실제의 _____

6 제거하다 _____

B 괄호 안의 주어진 단어를 바르게 배열하시오.

1 It is the part of the orange (the, nutrients, includes, most, that).

→ _____

2 (which, surprising, The thing, is, more) is that you can find more vitamin C.

→ _____

C 다음 빈칸에 들어갈 알맞은 단어를 적으시오.

1 우리는 그것이 완전히 맛이 없다는 이유만으로 그 pith를 벗겨낸다.

We _____ the pith _____ simply because it is completely _____.

2 그 pith는 항암 특성뿐만 아니라 가장 높은 수준(많은 양)의 비타민 P도 가지고 있다.

The pith has the _____ level of vitamin P _____ _____ _____ anti-cancer qualities.

D 다음 괄호 안의 주어진 단어를 활용하여 문장을 완성하시오.

1 우리는 모두 오렌지들이 하얀 껍질들을 가지고 있다는 것을 알고 있다. (all aware, that, skins) 9단어

→ _____

_____

2 그 하얀색 pith는 매우 많은 섬유소를 포함해서 당신은 그것을 즐길 수 있다. (contain, so, fiber, that) 12단어

→ _____

_____

········| 주제별 연습 02 |··········· ···········| 주제별 연습 03 |············

A 우리말은 영어로, 영어는 우리말로 쓰시오.

1 physical _____

2 chemical _____

3 manufactured _____

4 목적 _____

5 성분, 재료 _____

6 인공적인 _____

B 괄호 안의 주어진 단어를 바르게 배열하시오.

1 Food labels are so common that (is, seeing, hard, imagine, packages, it, to).

  → _____

2 The main purpose of food labels is to inform (inside, you, what, the, food, is).

  → _____

C 다음 빈칸에 들어갈 알맞은 단어를 적으시오.

1 식품 라벨들은 책에서 발견되는 그 목차와 같다.

  Labels on food are _____ the table of contents _____ in books.

2 당신은 가공 식품, 통조림 식품, 또는 포장된 식품들을 주로 구매한다.

  You usually buy _____ foods, _____ foods, or _____ goods.

D 다음 괄호 안의 주어진 단어를 활용하여 문장을 완성하시오.

1 그 구절은 음식과 건강 간의 관계를 나타내기 위해 자주 사용된다. (That phrase, reflect, between) 12단어

  → _____

  _____

2 식품 라벨들은 그 정보를 알아내는 하나의 좋은 방법이다. (labels, way, find) 10단어

  → _____

  _____

A 우리말은 영어로, 영어는 우리말로 쓰시오.

1 wittily _____

2 rely on _____

3 reasonable _____

4 발언하다 _____

5 개선, 발전 _____

6 해결책 _____

B 괄호 안의 주어진 단어를 바르게 배열하시오.

1 He was (the procedure, of, popularity, of, the increasing, aware).

  → _____

2 Appendectomy became (so, many, made, that, surgeons, popular) a reasonable amount of money.

  → _____

C 다음 빈칸에 들어갈 알맞은 단어를 적으시오.

1 Virchow는 그 분야의 발전들에 관한 최신 정보를 알고 있었다.

  Virchow _____ ____ _____ _____ developments in the field.

2 최초의 성공적인 충수 절제술이 1735년에 시행되었다고 했다.

  The first successful appendectomy was said to _____ _____ _____ in 1735.

D 다음 괄호 안의 주어진 단어를 활용하여 문장을 완성하시오.

1 사람은 충수 없이 살 수 있다. (human being, survive, an appendix) 8단어

  → _____

  _____

2 1880년대가 되어서야 그 수술이 의학 학술지들에 서술되었다. (It, until, that, operation, describe) 13단어

  → _____

  _____

MINI TEST

Workbook

| MINI TEST 01 |

A 우리말은 영어로, 영어는 우리말로 쓰시오.

1 permit _____

2 ground _____

3 necessary _____

4 유아기 _____

5 경쟁하다 _____

6 협력하다 _____

B 괄호 안의 주어진 단어를 바르게 배열하시오.

1 (been, has long, as, Play, seen, a way of) learning and practicing skills and behaviors.

→ _____

2 Children's play (physical abilities, for, as, a training, developing, serves, ground).

→ _____

C 다음 빈칸에 들어갈 알맞은 단어를 적으시오.

1 인간뿐만 아니라 동물도 놀이 활동에 참여한다.

Animals _____ _____ _____ humans engage _____ play activities.

2 아이들의 놀이는 나중의 삶을 위한 일종의 수습기간으로서 역할을 한다.

Children's play serves as _____ _____ _____ apprenticeship for later life.

D 다음 괄호 안의 주어진 단어를 활용하여 문장을 완성하시오.

1 놀이는 발달 동안 중요한 기능들을 한다.
(has, critical, development) 6단어

→ _____

2 아이들의 놀이는 그들이 신체적, 사회적, 그리고 개인적 기술들을 습득하는 데 도움이 된다. (acquire, personal) 10단어

→ _____

| MINI TEST 02 |

A 우리말은 영어로, 영어는 우리말로 쓰시오.

1 evolve _____

2 contribution _____

3 cooperation _____

4 민감한 _____

5 성과, 결과 _____

6 이익이 되는 _____

B 괄호 안의 주어진 단어를 바르게 배열하시오.

1 Bigger contributions were made than during (in, displayed, the weeks, were, which, flowers).

→ _____

2 The psychology of cooperation is (to delicate cues, sensitive, being, of, highly) monitored.

→ _____

C 다음 빈칸에 들어갈 알맞은 단어를 적으시오.

1 그들은 각각의 이미지를 한 번에 일주일씩 전시했다.

They displayed _____ image _____ a week _____ _____ _____.

2 영국의 연구자들은 사람의 눈 이미지와 꽃 이미지를 번갈아 가며 전시했다.

Researchers in the UK _____ _____ images of eyes and of flowers.

D 다음 괄호 안의 주어진 단어를 활용하여 문장을 완성하시오.

1 우리의 행동에 관한 숨겨진 영향력이 있다.
(influences, behaviors) 7단어

→ _____

2 그 연구 결과들은 효과적인 '넌지시 권하기'를 제공하는 방법에 영향을 미칠 수도 있다. (findings, have implications for, how, provide, nudges) 11단어

→ _____

| MINI TEST 03 |

A 우리말은 영어로, 영어는 우리말로 쓰시오.

1 modify _____

2 psychologist _____

3 hence _____

4 특성 _____

5 확장시키다 _____

6 결정하다 _____

B 괄호 안의 주어진 단어를 바르게 배열하시오.

1 The influence of peers is (parents, than, even, of, that, stronger).
→ _____

2 We choose friends as a way of (identity, our, families, our sense of, expanding, beyond).
→ _____

C 다음 빈칸에 들어갈 알맞은 단어를 적으시오.

1 그 기준과 기대에 부합해야 한다는 압박(감)이 강렬해질 가능성이 있다.
The _____ to conform to the standards and expectations is likely to _____ _____.

2 또래들의 영향은 부모들의 것(영향)보다 훨씬 더 강하다고 그녀는 주장한다.
The _____ of peers, she argues, is even _____ _____ that of parents.

D 다음 괄호 안의 주어진 단어를 활용하여 문장을 완성하시오.

1 세 가지 주요한 힘이 우리의 발달을 형성한다.
(main, forces, shape) 6단어
→ _____
_____

2 우리는 우리의 부모들과 가족들로부터 강력한 영향 아래에서 성장한다. (under, powerful, influence) 12단어
→ _____
_____

| MINI TEST 04 |

A 우리말은 영어로, 영어는 우리말로 쓰시오.

1 scale _____

2 misstep _____

3 millionaire _____

4 변화, 변형 _____

5 결정 _____

6 몸에 좋지 않은 _____

B 괄호 안의 주어진 단어를 바르게 배열하시오.

1 They don't (in, to, very much, seem, the, moment, matter).
→ _____

2 The slow pace of transformation also (a, bad, it, to, habit, hard, break, makes).
→ _____

C 다음 빈칸에 들어갈 알맞은 단어를 적으시오.

1 단 하나의 결정은 무시하기 쉽다.
A single decision is _____ to _____.

2 우리는 몇 가지 변화들을 만들어 보지만, 우리의 이전 일상으로 다시 빠져든다.
We make a few changes, but we _____ _____ _____ our previous routines.

D 다음 괄호 안의 주어진 단어를 활용하여 문장을 완성하시오.

1 그 결과들은 결코 빨리 오는 것 같지 않다.
(It, seem, that, quickly) 8단어
→ _____
_____

2 우리가 작은 오류들을 반복하면 우리의 작은 선택들은 해로운 결과들을 만들어낸다. (When, choices, compound, into, toxic) 12단어
→ _____
_____

| MINI TEST 05 |

A 우리말은 영어로, 영어는 우리말로 쓰시오.

1 horrified _____

2 adjust to _____

3 in terms of _____

4 조상 _____

5 세대 _____

6 발생하다 _____

B 괄호 안의 주어진 단어를 바르게 배열하시오.

1 Anxieties occur (cultural, when, come, changes, sudden).

→ _____

2 It is (to, determine, hard, way, the, know) if one culture is better than another.

→ _____

C 다음 빈칸에 들어갈 알맞은 단어를 적으시오.

1 록, 재즈, 고전 음악의 문화적인 순위는 무엇일까?

What is the _____ _____ of rock, jazz, and _____ music?

2 우리 부모님은 그들 손주의 문화에 참여해야 한다면 겁을 먹을 것이다.

Our parents would be frighten if they had to _____ _____ _____ the culture of their grandchildren.

D 다음 괄호 안의 주어진 단어를 활용하여 문장을 완성하시오.

1 우리 문화는 우리의 정체성과 우리의 입지의 일부이다. (part, identity, standing) 10단어

→ _____

_____

2 인간은 그들이 익숙해진 것을 좋아할 가능성이 있다. (Humans, likely, what, gotten, to) 11단어

→ _____

| MINI TEST 06 |

A 우리말은 영어로, 영어는 우리말로 쓰시오.

1 except _____

2 appropriate _____

3 care _____

4 외부인 _____

5 노출하다 _____

6 불리한, 호의적이 아닌 _____

B 괄호 안의 주어진 단어를 바르게 배열하시오.

1 Ideas about (much, appropriate, disclosure, how, is) vary among cultures.

→ _____

2 Those who are born in the U.S. show (information, expose, a willingness, to, themselves, about) to stranger.

→ _____

C 다음 빈칸에 들어갈 알맞은 단어를 적으시오.

1 그들은 조화를 관계발전에 필수적이라고 간주한다.

They _____ harmony _____ _____ to relationship improvement.

2 일본인들은 타인들에게 자신들에 관한 정보 공개를 거의 하지 않는 경향이 있다.

Japanese _____ _____ _____ do _____ disclosing about themselves to others.

D 다음 괄호 안의 주어진 단어를 활용하여 문장을 완성하시오.

1 일반적으로 말해서, 아시아인들은 낯선 이들에게 관심을 내보이지 않는다. (reach out to) 9단어

→ _____

_____

2 이것은 왜 미국인들은 만나는 것에 특히 쉬운 것처럼 보이는지를 설명할 수도 있다. (why, seem, particularly, to) 10단어

→ _____

_____

| MINI TEST 07 |

A 우리말은 영어로, 영어는 우리말로 쓰시오.

1 pleasure _____

2 cultured _____

3 be regarded as _____

4 매력 _____

5 다양한 _____

6 인도하다 _____

B 괄호 안의 주어진 단어를 바르게 배열하시오.

1 The pleasure of reading has (as, charms, of, regarded, a, life, cultured, one of the, been).

→ _____

2 We compare that life of a man who does no (that of, a man, with, reading, does, who).

→ _____

C 다음 빈칸에 들어갈 알맞은 단어를 적으시오.

1 그가 책을 집어 들자마자, 그는 즉시 새로운 세상으로 들어간다.

_____ _____ _____ he picks up a book, he _____ enters a _____ world.

2 그는 세상에서 최고로 얘기를 잘하는 사람들 중의 한 사람과 접촉하게 된다.

He is put _____ _____ _____ one of the best talkers of the world.

D 다음 괄호 안의 주어진 단어를 활용하여 문장을 완성하시오.

1 그의 생활은 정해진 일상에 빠져 들게 되고, 탈출구가 없다. (fall, stationary, there, no) 12단어

→ _____

_____

2 독서하는 습관을 지니지 못한 사람은 자신의 눈앞에 보이는 세상에 갇히게 된다. (The man, have, lock up, his immediate) 17단어

→ _____

_____

| MINI TEST 08 |

A 우리말은 영어로, 영어는 우리말로 쓰시오.

1 refer to _____

2 intelligent _____

3 be deprived of _____

4 부유한 _____

5 설득하다 _____

6 드러내다, 밝히다 _____

B 괄호 안의 주어진 단어를 바르게 배열하시오.

1 A brain drain refers to the situation (in, are, countries, which, of, deprived) the intelligent workers.

→ _____

2 The government carried out a program to persuade its (living, abroad, get, professionals, to, back, home).

→ _____

C 다음 빈칸에 들어갈 알맞은 단어를 적으시오.

1 세계화는 전 세계적인 두뇌 유출의 원인이 되었다.

Globalization has _____ _____ _____ a global brain drain.

2 전문가들이 매년 국가들을 떠나고 있으며, 그들 중 대부분이 전혀 돌아오지 않았다.

Professionals were _____ countries every year, _____ of _____ never returned.

D 다음 괄호 안의 주어진 단어를 활용하여 문장을 완성하시오.

1 많은 의사들이 희귀한 두뇌 질환의 주된 원인들을 찾으려고 노력해왔다. (Many, find, causes, disease) 14단어

→ _____

_____

2 또 다른 연구는 다수의 개발도상국들에 있는 의사들이 해외에서 일하고 있다고 시사했다. (study, that, large, in, developing, abroad) 16단어

→ _____

_____

| MINI TEST 01 |

A 우리말은 영어로, 영어는 우리말로 쓰시오.

1 characteristic _____
2 constantly _____
3 get ahead _____
4 직면하다, 마주하다 _____
5 의도 _____
6 전통적으로 _____

B 괄호 안의 주어진 단어를 바르게 배열하시오.

1 Many writers have (the, theatrical, of, faced, characteristic, social life).

→ _____

2 If the actors wore masks, writers are showing that (of, all, masks, us, wearing, constantly, are).

→ _____

C 다음 빈칸에 들어갈 알맞은 단어를 적으시오.

1 연극 속 Iago와 같은 악인들은 그들의 적대적인 의도를 숨길 수 있다.

Evil types _____ _____ Iago in the play _____
_____ _____ hide their _____ intentions.

2 훌륭한 연기력을 가지고 있는 사람들은 우리의 복잡한 사회적 환경을 헤쳐 나갈 수 있다.

People _____ excellent acting skills can _____
_____ our _____ social environments.

D 다음 괄호 안의 주어진 단어를 활용하여 문장을 완성하시오.

1 다른 사람들은 더 자신 있게 연기를 할 수 있고, 그들은 보통 리더가 된다. (Others, able, who, often, leaders) 11단어

→ _____

_____

2 사람들이 그 연극적 속성을 가지고 있다는 그 유명한 표현은 셰익스피어에게서 비롯된다. (that, theatrical, come, Shakespeare) 12단어

→ _____

_____

| MINI TEST 02 |

A 우리말은 영어로, 영어는 우리말로 쓰시오.

1 courtesy _____
2 pass on to _____
3 considerate _____
4 관습, 풍습 _____
5 언급하다 _____
6 (무거운) 짐, 부담 _____

B 괄호 안의 주어진 단어를 바르게 배열하시오.

1 This is something we must (our, to, on, continue, pass, children).

→ _____

2 When people come back from visiting Mexico, they (mention, always, the hospitality, experienced, they).

→ _____

C 다음 빈칸에 들어갈 알맞은 단어를 적으시오.

1 당신이 자전거를 타지 않는다면 당신은 그 선천적인 능력을 활용하지 못할 것이다.

If you _____ _____ the bike, you will _____
_____ _____ that inborn ability.

2 일단 당신이 자전거 타는 방법을 배우면, 그 능력은 타고난 것이므로 당신의 곁에 머문다.

Once you learn _____ _____ ride a bike, it
_____ _____ you because the ability is
innate.

D 다음 괄호 안의 주어진 단어를 활용하여 문장을 완성하시오.

1 당신이 해야 하는 일은 그것을 기르고 강화하는 것뿐이다. (All, have to, nurture, strengthen) 11단어

→ _____

_____

2 우리는 우리의 소중한 선천적인 능력들을 잃지 않는 것을 확실하게 할 수 있다. (ensure, that, natural) 12단어

→ _____

_____

| MINI TEST 03 |

A 우리말은 영어로, 영어는 우리말로 쓰시오.

1 engage in _____

2 comparative _____

3 consumer _____

4 구매; 구매하다 _____

5 만족스러운 _____

6 불확실성 _____

B 괄호 안의 주어진 단어를 바르게 배열하시오.

1 They feel certain that the product must (as, satisfactory, be, their, purchase, last, as).

→ _____

2 Consumers buy the same brand that they did (to, uncertainty, reduce, time, the, last).

→ _____

C 다음 빈칸에 들어갈 알맞은 단어를 적으시오.

1 그들은 위험을 줄이기 위해 많은 전략들을 사용하려는 경향이 있다.

They _____ _____ _____ use a lot of _____ to lessen hazard.

2 소비자들은 높은 위험들을 감수하는 것을 편하게 느끼지 않을 가능성이 있다.

It is not _____ that consumers feel comfortable with _____ high _____.

D 다음 괄호 안의 주어진 단어를 활용하여 문장을 완성하시오.

1 어떤 소비자들은 더 안전한 선택을 이끌어내는 간단한 판단 규칙을 적용할 지도 모른다. (apply, decision rule, that) 14단어

→ _____
_____

2 온라인 조사를 함으로써, 소비자들은 가능한 한 많은 추가 정보를 수집할 수 있다. (by, conduct, research, gather, extra, possible) 13단어

→ _____
_____

| MINI TEST 04 |

A 우리말은 영어로, 영어는 우리말로 쓰시오.

1 latest _____

2 perceive _____

3 appliances _____

4 허드렛일 _____

5 제거하다, 없애다 _____

6 직업 _____

B 괄호 안의 주어진 단어를 바르게 배열하시오.

1 These things allowed (take, in, labor, women, part, to, the, market).

→ _____

2 In perceiving changes, we (the most, to, as, the latest ones, innovative, see, tend).

→ _____

C 다음 빈칸에 들어갈 알맞은 단어를 적으시오.

1 기술에 관한 한, 최근의 발전이 과거에 일어났던 것보다 더 혁명적이지는 않다.

_____ ____ _____ ____ the technology, recent advances are not more _____ than _____ happened in the past.

2 그 변화의 측면에서, 인터넷 혁명은 세탁기만큼 의미가 있지 않았다.

_____ _____ _____ the changes, the Internet _____ has been _____ meaningless _____ the washing machine.

D 다음 괄호 안의 주어진 단어를 활용하여 문장을 완성하시오.

1 우리는 옛 것을 무시하고 새로운 것을 과대평가해서는 안 된다. (should, overlook, the old) 10단어

→ _____
_____

2 이것은 우리로 하여금 기업의 정책들에 관한 잘못된 결정을 내리도록 이끈다. (lead, mistaken, corporate) 10단어

→ _____
_____

| MINI TEST 05 |

A 우리말은 영어로, 영어는 우리말로 쓰시오.

1 physical   _____

2 reduction   _____

3 function   _____

4 발생하다   _____

5 요구하다, 필요로 하다   _____

6 늘어나다, 확장되다   _____

B 괄호 안의 주어진 단어를 바르게 배열하시오.

1 (shrank, also, human brain, The, 10 percent, about, by) during this time.

→ _____

2 One of the various physical changes (in, the brain, is, of, a reduction, the size).

→ _____

C 다음 빈칸에 들어갈 알맞은 단어를 적으시오.

1 개와 진화한 인간의 관계가 두 종 모두의 뇌 구조를 바꿨다.

Evolving humans' _____ with dogs changed the _____ of both species' brains.

2 유사한 과정이 인간에게 나타났는데, 그들(인간)은 아마도 늑대에 의해 길들여졌을 것이다.

A similar _____ occurred for humans, who _____ probably _____ by wolves.

D 다음 괄호 인의 주어진 난어를 활용하여 문장을 완성하시오.

1 그 동물들은 생존하기 위한 다양한 뇌 기능들을 더 이상 필요로 하지 않았다. (no longer, various) 10단어

→ _____

2 개들의 역할은 대부분의 인간 사회들에서 확실하게 정해졌다. (The role, firmly, establish) 11단어

→ _____

| MINI TEST 06 |

A 우리말은 영어로, 영어는 우리말로 쓰시오.

1 incorrect   _____

2 assumption   _____

3 observe   _____

4 다가오다, 접근하다   _____

5 기원, 유래   _____

6 장애물   _____

B 괄호 안의 주어진 단어를 바르게 배열하시오.

1 We may think that (other, people, may, all, be, dangerous) to us.

→ _____

2 You have to make fast assumptions (animal, that, about whether, safe, is, or not).

→ _____

C 다음 빈칸에 들어갈 알맞은 단어를 적으시오.

1 우리는 우리가 외부의 세계를 바라볼 때 편견을 갖고 있다.

We have biases _____ we look at the _____ world.

2 당신은 도망갈 많은 시간을 갖기 위해 위협에 대한 순간적인 결정을 내린다.

You make _____ _____ about threats _____ _____ _____ have plenty of time to flee.

D 다음 괄호 안의 주어진 단어를 활용하여 문장을 완성하시오.

1 모든 인간은 무의식적인 편견들에 의해 영향 받는다. (Every, affect, biases) 8단어

→ _____

2 이것은 다른 사람들을 분류하려는 우리 성향의 하나의 근원일 수 있다. (could, one, label, others) 11단어

→ _____

| MINI TEST 07 |

A 우리말은 영어로, 영어는 우리말로 쓰시오.

1 establish _____

2 behavior _____

3 fear _____

4 가장자리, 모서리 _____

5 혁신 _____

6 모든, 전체의 _____

B 괄호 안의 주어진 단어를 바르게 배열하시오.

1 During this period, (little, very, there, was, exploration).

→ _____

2 New ideas were shared between societies (of, which, led, innovations, all kinds, to).

→ _____

C 다음 빈칸에 들어갈 알맞은 단어를 적으시오.

1 대부분의 사람들이 세상이 평평하다고 믿었던 것은 오래되지 않았다.

_____ wasn't long ago _____ most people _____ the world was flat.

2 세상이 둥글다는 사실은 사람들이 다르게 생각하도록 하게 했다.

The fact _____ the earth is round made people _____ _____.

D 다음 괄호 안의 주어진 단어를 활용하여 문장을 완성하시오.

1 우리는 우리가 안다고 생각하는 것에 따라 결정들을 한다. (make, according, what) 10단어

→ _____

2 단순한 잘못된 가정의 수정은 모든 인류를 앞으로 나아가게 했다. (The correction, a, false, move, whole, human race) 13단어

→ _____

| MINI TEST 08 |

A 우리말은 영어로, 영어는 우리말로 쓰시오.

1 agriculture _____

2 character _____

3 myth _____

4 유지하다 _____

5 교환; 교환하다 _____

6 양 _____

B 괄호 안의 주어진 단어를 바르게 배열하시오.

1 Generally, (crops, of, planted, people, variety, a) in different areas.

→ _____

2 Each crop (raised, quantities, in, is, greater, much) than before.

→ _____

C 다음 빈칸에 들어갈 알맞은 단어를 적으시오.

1 하지만 최근에, 농업은 많은 곳에서 그것의 지역적인 특성을 잃었다.

But _____, agriculture has lost its local _____ in many places.

2 점점 더 많은 땅은 그 땅을 사용하는 대신, 수출 농업을 위해 만들어진다.

_____ _____ _____ land is created for _____ _____, instead of using the land.

D 다음 괄호 안의 주어진 단어를 활용하여 문장을 완성하시오.

1 이 시스템들은 낮은 인구 수준들에서만 오로지 유지될 수 있었다. (could, only, maintain, levels) 10단어

→ _____

2 이것은 인기 있는 농작물을 기르기 위한 농경지에 대한 증가된 압력을 초래했다. (have, lead to, agricultural, for, crops) 13단어

→ _____

| MINI TEST 01 |

A 우리말은 영어로, 영어는 우리말로 쓰시오.

1 compassion   _____

2 occasional   _____

3 sacrifice   _____

4 자선   _____

5 혜택, 이익   _____

6 수단, 방법   _____

B 괄호 안의 주어진 단어를 바르게 배열하시오.

1 We need (with, things, an effort, most, to, make) that are necessary.

   → _____

2 Charity is the bone shared with the dog, when (are, the, as, you, just as, hungry, dog).

   → _____

C 다음 빈칸에 들어갈 알맞은 단어를 적으시오.

1 도움을 주는 것은 우리를 곤경에 빠뜨리지 않는 단순한 일이다.

   Offering help is a simple _____ that does not _____ us _____ _____.

2 우리는 낙담한 누군가에게 친절한 한마디를 말할 것을 기억할 수 있다.

   We can _____ _____ _____ a kind word to someone who is down.

D 나음 괄호 안의 주어진 단어를 활용하여 문장을 완성하시오.

1 우리는 다른 사람들과 함께 하는 습관을 기르는 데 힘을 쏟아야 한다. (work at, get into, stand with) **13단어**

   → _____

   _____

2 우리는 힘든 희생을 요구하는 시기가 있을 때 행동할 준비가 되어 있을 것이다. (We'll, when, times, require) **12단어**

   → _____

   _____

| MINI TEST 02 |

A 우리말은 영어로, 영어는 우리말로 쓰시오.

1 loss   _____

2 familiar   _____

3 ongoing   _____

4 조교, 조수   _____

5 분석   _____

6 대체하다   _____

B 괄호 안의 주어진 단어를 바르게 배열하시오.

1 Doctors (giving, who, focus, treatments, familiar, on) will be replaced by AI doctors.

   → _____

2 The loss of many traditional jobs will (new, offset, of, the creation, human jobs, be, by).

   → _____

C 다음 빈칸에 들어갈 알맞은 단어를 적으시오.

1 드론에 의한 인간 조종사의 대체는 몇몇 직업의 상실을 초래했다.

   The _____ of human pilots by drones _____ _____ _____ the loss of some jobs.

2 그들은 놀랄만한 연구를 하고 새로운 약이나 수술 체계를 개발할 것이다.

   They will do _____ research and _____ new medicines or _____ systems.

D 다음 괄호 안의 주어진 단어를 활용하여 문장을 완성하시오.

1 인간 의사들에게 지불하기 위해 이용 가능한 훨씬 더 많은 돈이 있을 것이다. (there, much, available) **11단어**

   → _____

   _____

2 그것은 정비와 사이버 보안에 있어 많은 새로운 기회들을 창조했다. (have, in, maintenance, security) **11단어**

   → _____

   _____

| MINI TEST 03 |

A 우리말은 영어로, 영어는 우리말로 쓰시오.

1 aid _____

2 substitute _____

3 attitude _____

4 부적절한 _____

5 장점 _____

6 보완하다 _____

B 괄호 안의 주어진 단어를 바르게 배열하시오.

1 Another advantage is that (the opportunity, emotions, it, to express, offers, you).

→ _____

2 The former should function as a supplement, serving (of, to, the richness, improve, the content).

→ _____

C 다음 빈칸에 들어갈 알맞은 단어를 적으시오.

1 우리는 언어적 의사소통 대신 비언어적 의사소통을 사용할 수 없다.

We can't use _____ communication _____ _____ verbal communication.

2 당신이 어떤 개인과 이야기하는 동안 불편한 입장에 있다고 상상해 보라.

Imagine that you are in an _____ position _____ _____ _____ an individual.

D 다음 괄호 안의 주어진 단어를 활용하여 문장을 완성하시오.

1 당신은 당신 성격의 여러 측면을 적절하게 표현할 수 없다. (cannot, adequately, several) 9단어

→ _____

_____

2 비언어적 의사소통은 말하기가 불가능할지도 모르는 상황에서 유용할 수 있다. (Non-verbal, situations, where, may be) 12단어

→ _____

| MINI TEST 04 |

A 우리말은 영어로, 영어는 우리말로 쓰시오.

1 form _____

2 occur _____

3 causal _____

4 설명 _____

5 부정확한 _____

6 설득력 있는 _____

B 괄호 안의 주어진 단어를 바르게 배열하시오.

1 Some results (a complex, are, chain, of, by, caused, events).

→ _____

2 That is one reason (a, such, is, tool, storytelling, persuasive).

→ _____

C 다음 빈칸에 들어갈 알맞은 단어를 적으시오.

1 사람들은 자연스럽게 사건의 원인을 찾는 경향이 있다.

People naturally tend to _____ _____ causes of events.

2 이야기는 우리에게 우리의 경험을 상기시키고, 새로운 사례의 예를 제공한다.

Stories _____ us _____ our experiences and _____ examples of new cases.

D 다음 괄호 안의 주어진 단어를 활용하여 문장을 완성하시오.

1 사람들은 계속해서 하나의 원인이 되는 행동을 하나의 결과에 연결한다. (continue, connect, one) 10단어

→ _____

_____

2 우리는 사람들이 행동하는 방식에 대한 일반화를 형성할 가능성이 있다. (likely to, generalizations, way) 11단어

→ _____

_____

| MINI TEST 05 |

A 우리말은 영어로, 영어는 우리말로 쓰시오.

1 distract _____

2 appealing _____

3 differentiate _____

4 의심 _____

5 제시하다, 나타내다 _____

6 강조하다 _____

B 괄호 안의 주어진 단어를 바르게 배열하시오.

1 An advertisement must create (to, appealing, consumers, an image, that, is)

→ _____

2 The map must remove (details, confuse, that, would, the person) using it.

→ _____

C 다음 빈칸에 들어갈 알맞은 단어를 적으시오.

1 그것은 유사 제품과 우호적인 비교를 촉진한다.

When it _____ a favorable _____ _____ similar products

2 광고와 지도 제작은 무엇을 공통점으로 가진다고 당신은 생각하는가?

What do you think _____ and map-making _____ _____ _____?

D 다음 괄호 안의 주어진 단어를 활용하여 문장을 완성하시오.

1 그들은 그 진실의 제한된 형태를 전달할 필요성을 공유한다. (a need, communicate, version) 12단어

→ _____

2 어느 것도 모든 것을 말하거나 보여줌으로써 그것의 목적을 달성할 수는 없다. (Neither, meet, goal, tell) 10단어

→ _____

| MINI TEST 06 |

A 우리말은 영어로, 영어는 우리말로 쓰시오.

1 contain _____

2 moral _____

3 standard _____

4 가치 있는 _____

5 윤리적인 _____

6 궁극적인 _____

B 괄호 안의 주어진 단어를 바르게 배열하시오.

1 (this, deal, inconsistency, To, with), cultural relativism creates tolerance.

→ _____

2 Judging (right or wrong, whether, depends, something is, on) individual societies' beliefs.

→ _____

C 다음 빈칸에 들어갈 알맞은 단어를 적으시오.

1 관용은 또한 문화 상대주의라는 바로 그 개념에 위배되는 것이다.

Tolerance also _____ _____ the very notion of _____ relativism.

2 만약 옳고 그름이 없다는 생각을 받아들이면, 애초에 판단할 방법이 없다.

If one _____ the idea that there is no right or wrong, there is no way to make judgments _____ _____ _____ _____.

D 다음 괄호 안의 주어진 단어를 활용하여 문장을 완성하시오.

1 문화 상대주의는 이러한 모든 시스템들이 동등하게 유효하다고 말한다. (relativism, state, valid) 10단어

→ _____

2 이러한 논리적 불일치는 문화 상대주의를 불가능하게 만든다. (inconsistency, impossible) 7단어

→ _____

| MINI TEST 07 |

A 우리말은 영어로, 영어는 우리말로 쓰시오.

1 share   _____

2 captivity   _____

3 surround   _____

4 갈등, 충돌   _____

5 상당히, 꽤   _____

6 공격적인, 침략적인 _____

B 괄호 안의 주어진 단어를 바르게 배열하시오.

1 Once chimpanzees enter reciprocity mode, (rank, important, longer, is, social, no, their).
→ _____

2 Some groups will form around those who obtained a large share (until, distributed, been, food, has, all).
→ _____

C 다음 빈칸에 들어갈 알맞은 단어를 적으시오.

1 그들의 서열이 무엇이든 간에, (먹이) 소유자가 먹이 흐름을 제어한다.
_____ their rank is, possessors _____ the food flow.

2 그 충돌들이 발생할 때, 누군가를 무리에서 떠나게 하려는 것은 (먹이) 소유자이다.
When the _____ occur, ____ ____ the possessor _____ tries to force someone to leave the circle.

D 다음 괄호 안의 주어진 단어를 활용하여 문장을 완성하시오.

1 다음에 오는 것을 관찰함으로써, 우리는 호혜주의를 알아낼 수 있다. (what, find, reciprocity) 8단어
→ _____
_____

2 그녀는 그들이 그녀를 홀로 남겨둘 때까지 그들에게 소리를 지를 것이다. (bark at, leave) 10단어
→ _____
_____

| MINI TEST 08 |

A 우리말은 영어로, 영어는 우리말로 쓰시오.

1 initial   _____

2 recall   _____

3 opposite   _____

4 실험   _____

5 똑똑한, 총명한   _____

6 증거   _____

B 괄호 안의 주어진 단어를 바르게 배열하시오.

1 The group formed the opinion (the person, intelligent, that, was, set of data, on the initial).
→ _____

2 One group of subjects saw the person (in, problems, correctly, solve, the first half, more).
→ _____

C 다음 빈칸에 들어갈 알맞은 단어를 적으시오.

1 전자의 집단은 그 사람을 더 똑똑하다고 평가했다.
The former group _____ the person _____ more intelligent.

2 그것은 나중의 수행을 어떤 다른 원인의 탓으로 돌림으로써 간과될 수 있다.
It can be overlooked by _____ later performance _____ some other cause.

D 다음 괄호 안의 주어진 단어를 활용하여 문장을 완성하시오.

1 실험 대상자들은 한 사람이 선다형 문제를 푸는 것을 지켜보았다. (Subjects, multiple-choice problems) 7단어
→ _____
_____

2 일단 이런 의견이 형성되면, 반대되는 증거는 종종 무시된다. (opinion, form, opposing, ignore) 10단어
→ _____
_____

MEMO

WOW! Smart Grammar 2

워크북

Unit 1 과거동사

Point Check 1

1. be동사 am과 is의 과거형은 [   ]이고 are의 과거형은 [   ]이다. 해석은 '[   ]'라고 한다.

2. 일반동사에서 과거형이 규칙적으로 변하는 동사의 대부분은 뒤에 [   ]를 붙여서 만든다. e로 끝나는 동사는 [   ]만 붙이고, 「단모음＋단자음」으로 끝나는 동사는 [   ]을 한 번 더 쓰고 [   ]를 붙인다. 「자음＋y」로 끝나면 y를 [   ]로 바꾸고 [   ]를 붙인다.

3. 과거형이 불규칙적으로 변하는 일반동사도 있다. 예를 들어, 현재형과 과거형이 다른 go－[   ], 현재형과 과거형이 같은 put－[   ]가 이런 경우이다.

4. be동사 과거형의 부정은 be동사의 과거형 뒤에 [   ]을 붙이고, 일반동사 과거형의 부정은 do나 does 대신에 [   ]를 쓰고 뒤에 not을 붙인다.

5. be동사 과거형의 의문문은 주어와 동사의 위치를 바꾸면 되고, 일반동사 과거형의 의문문은 「[   ]＋주어＋[   ]～?」의 순서로 쓰면 된다.

Point Check 2

A 다음 동사의 과거형을 쓰세요.

1. rub ○ ....
2. open ○ ....
3. run ○ ....
4. give ○ ....

B 다음을 부정문과 의문문으로 고치세요.

1. I sent her a letter.
   ○ 부정문 ....
   ○ 의문문 ....

2. He went to the school.
   ○ 부정문 ....
   ○ 의문문 ....

Practice Test

A 빈칸을 채워 동사를 〈현재형 – 과거형〉 순서로 나열하세요.

1. enjoy – [   ]   2. stop – [   ]

3. [   ] – looked   4. [   ] – cried

5. like – [   ]   6. talk – [   ]

7. [   ] – wanted   8. [   ] – listened

9. study – [   ]   10. cook – [   ]

B 다음 동사의 과거형을 쓰세요.

1. go – [   ]   2. are – [   ]

3. come – [   ]   4. do – [   ]

5. have – [   ]   6. make – [   ]

7. take – [   ]   8. get – [   ]

9. see – [   ]   10. put – [   ]

11. have – [   ]   12. hear – [   ]

13. wake – [   ]   14. sleep – [   ]

15. find – [   ]   16. eat – [   ]

4

C 긍정문은 부정문으로, 부정문은 긍정문으로 고쳐 다시 쓰세요.

1. I swam.

   ➡ ....

2. She rode a bus.

   ➡ ....

3. I didn't get a gift.

   ➡ ....

4. He didn't drink water.

   ➡ ....

5. We listened to music.

   ➡ ....

6. They studied hard.

   ➡ ....

D 빈칸을 채워 대답에 알맞은 의문문을 완성하세요.

1. .... pass the test? ➡ Yes, she passed the test.

2. .... win the game? ➡ No, they didn't win the game.

3. .... go to school? ➡ Yes, he went to school.

4. .... big? ➡ No, it was not big.

5. .... eat lunch? ➡ Yes, I ate lunch.

6. .... a teacher? ➡ Yes, she was a teacher.

다음은 동사의 과거형을 필기한 내용입니다. <u>잘못된</u> 것을 골라 고쳐 쓰세요.

동사의 과거형			
say – saed	buy – buied	meet – meet	send – sent
put – put	cut – cut	keep – kept	read – read
sleep – slept	give – gave	fall – fall	do – did

1. _____ ➡ _____   2. _____ ➡ _____

3. _____ ➡ _____   4. _____ ➡ _____

캠프장의 학생 자율 점검표입니다. 다음을 읽고, 문제에 답하세요.

(a) ☐ _____ you buy something like snacks or drinks?
(b) ☐ Did you make the bed?
(c) ☐ Did you throw out the trash?
(d) ☐ Did you did the dishes?
(e) ☐ Did you use the phone in the room?
(f) ☐ Did you break anything in the room?

1. '너는 간식이나 음료 같은 것을 샀니?'라는 문장이 되도록 (a)의 빈칸을 채우세요. ....

2. (b)~(f)에서 잘못된 표현의 기호를 쓰고, 바르게 고쳐 다시 쓰세요.

   ➡ ....

3. (e)에 대한 긍정의 대답을 쓰세요.

   ➡ ....

4. (f)에 대한 부정의 대답을 쓰세요.

   ➡ ....

현재진행형과 과거진행형

Point Check 1

1 현재진행형은 「[   ](am, are, is)+[   ]」로 나타낸다.

2 일반동사를 현재분사로 바꿀 때는 동사원형 뒤에 -ing를 붙인다. 그 예로, watch는 [   ]으로 나타낼 수 있다. 「단모음＋단자음」으로 끝나는 일반동사를 현재분사로 바꿀 때는 [   ]을 한 번 더 쓰고 -ing를 붙인다. 그 예로, run은 [   ]으로 나타낼 수 있다.

3 e로 끝나는 일반동사를 현재분사로 바꿀 때는 [   ]를 빼고 -ing를 붙인다. 그 예로, make는 [   ]으로 나타낼 수 있다.

4 현재진행형의 부정문은 be동사 뒤에 [   ]을 붙인다.
현재진행형의 의문문은 주어 앞으로 [   ]를 보내고 문장 끝에 [   ]를 붙인다.

5 과거진행형은 「be동사의 [   ](was, were)+[   ]」로 나타낸다.

Point Check 2

 다음에서 일반동사를 찾아 동그라미 하고, 그것의 현재진행형을 쓰세요.

1. It rains in Seoul today. ....

2. Mom reads a magazine. ....

B 다음 표를 완성하세요.

종류	평서문	부정문	의문문
현재형	She studies English.	She doesn't study English.	Does she study English?
현재진행형	She _____ _____ English now.	She _____ _____ _____ English now.	_____ she _____ English now?
과거진행형	She _____ _____ English.	She _____ _____ _____ English.	_____ she _____ English?

Practice Test

 다음 동사를 현재분사로 바르게 바꾼 것에 동그라미 하세요.

1. go - (going / goeing)

2. eat - (eating / eatting)

3. come - (comeing / coming)

4. drive - (driving / driveing)

5. swim - (swimming / swiming)

6. sit - (siting / sitting)

7. get - (getting / geting)

8. lie - (lieing / lying)

 다음을 현재진행형으로 바꾸어 다시 쓰세요.

1. I watch a movie.

2. She plays tennis.

3. She writes an essay.

4. He skates.

5. I take the test.

6. He runs.

7. You study hard.

8. They sing a song.

C 다음 밑줄 친 동사를 과거진행형으로 바꾸어 쓰세요.

1. I <u>wash</u> my face.

2. He <u>does</u> his homework with his friends.

3. She <u>is drawing</u> a picture.

4. She <u>is drinking</u> milk.

5. They <u>walk</u> on the street.

 다음을 ▨▨ 안의 문장으로 바꾸어 다시 쓰세요.

1. He is taking a picture with his friends.

   ➡ 과거진행 의문문
   ....

2. She is skating.

   ➡ 과거진행 부정문
   ....

3. She dances at 10:30.

   ➡ 과거진행 의문문
   ....

4. Children watch TV.

   ➡ 과거진행 부정문
   ....

5. Mom wears a skirt.

   ➡ 과거진행 의문문
   ....

다음 진행형 문장에서 <u>잘못된</u> 것에 동그라미 하고, 문장을 고쳐 다시 쓰세요.

1. I was waving a hand to my mom now.

   ➜ ....

2. She is swim in the river now.

   ➜ ....

3. They was sing at 2 o'clock.

   ➜ ....

4. The men was ride a horse.

   ➜ ....

F 다음을 읽고, 문제에 답하세요.

> (a) My sister sits on a sofa.
>
> (b) She is reading news about the swimming championships.
>
> (c) She is looking at a swimmer's picture.
>
> (d) She is watching his game on TV.
>
> He swims in the pool.
>
> He wins and gets an award.

1. (a)를 현재진행형 문장으로 다시 쓰세요.

   ➜ ....

2. (b)의 동사를 write로 바꿔 현재진행형 문장으로 다시 쓰세요.

   ➜ ....

3. (c)를 부정문으로 바꾸어 다시 쓰세요.

   ➜ ....

4. (d)를 과거진행형 문장으로 다시 쓰세요.

   ➜ ....

Unit 3 형용사와 부사

Point Check 1

① 형용사는 사람이나 사물의 [   ]이나 [   ]를 나타내는 말로, 숫자, 날씨, 색깔, 맛 등이 여기에 속한다.

② 형용사는 문장 속에서 두 가지 용법으로 쓰이는데, 형용사가 명사 앞이나 뒤에 와서 명사를 꾸며 주는 [   ]과 주로 be동사와 쓰이면서 주어의 상태를 설명해주는 [   ]이 있다.

③ 부사는 [   ], [   ], [   ], [   ] 등을 꾸며 주고 설명해주는 역할을 한다.

④ 대부분의 부사는 「형용사+[   ]」로 되어 있다. 따라서 beautiful의 부사는 [   ]이다.

⑤ [   ]란 얼마나 자주 일어나는지를 나타내주는 부사를 말한다. 보통 [   ] 앞, [   ] 또는 [   ] 뒤에 놓인다.

Point Check 2

A 형용사, 부사, 그리고 형용사와 부사가 둘 다 가능한 단어를 찾아 쓰세요.

> careful   badly   well   fast   always   quick
> lovely   boring   hard   sometimes   yesterday   excited

1. 형용사 ....

2. 부사 ....

3. 형용사와 부사 ....

B 단어의 뜻을 쓰고, (   ) 안에 알맞은 품사를 쓰세요.

1. pretty .... (   )   **2.** loudly .... (   )

3. hungry .... (   )   **4.** quickly .... (   )

5. always .... (   )   **6.** interesting .... (   )

Practice Test

A 형용사를 부사로 바꾸어 쓰세요.

1. beautiful
2. slow
3. quick
4. easy
5. angry
6. lucky

B 보기처럼 제한적 용법은 서술적 용법으로, 서술적 용법은 제한적 용법으로 바꿔 문장을 완성하세요.

> This is a <u>pretty</u> doll. ➡ This doll is <u>pretty</u>.

1. These are red and yellow flowers.
   ➡ These flowers _____.

2. That is a delicious cake.
   ➡ _____ delicious.

3. Today is sunny.
   ➡ It is a _____ day.

4. A girl is quiet.
   ➡ She _____.

5. This book is interesting.
   ➡ It _____.

주어진 우리말에 맞도록 보기에서 알맞은 단어를 골라 넣어 문장을 다시 쓰세요.

| loudly | sometimes | often | fast | always | slowly |

1. He runs. 그는 빠르게 달린다.

   ➲ ....

2. She eats breakfast. 그녀는 천천히 아침을 먹는다.

   ➲ ....

3. My friend reads books. 내 친구는 항상 책을 읽는다.

   ➲ ....

4. They talked. 그들은 크게 얘기했다.

   ➲ ....

5. My sister rides a bike. 내 여동생은 종종 자전거를 탄다.

   ➲ ....

6. His mom goes shopping. 그의 엄마는 때때로 쇼핑한다.

   ➲ ....

 알맞은 단어에 동그라미 하세요.

1. She cooks (good / well).

2. My friends (sometime / sometimes) watch a movie together.

3. I (clear / clearly) saw my brother's face.

4. He looks (bad / badly) today.

5. They (careful / carefully) taste the fruit.

6. I have my (new / newly) pencil today.

단어나 구를 바르게 배열하여 문장을 완성하세요.

1. come quietly in Please

   ➲ _____ .

2. plays the violin He well very

   ➲ _____ .

3. nice today Your pants look

   ➲ _____ .

4. a Japanese Are you going to restaurant

   ➲ _____ ?

5. very The class is difficult

   ➲ _____ .

6. something in my hand I blue have

   ➲ _____ .

 다음을 읽고, 설명대로 그림을 그린 후 물음에 답하세요.

There is a little girl.

She is wearing a red riding hood.

She has a big basket.

There is a big wolf behind the little girl.

He is wearing a black hat.

He is opening his big mouth widely.

• riding hood 망토   behind ~ 뒤에   widely 크게

어떤 이야기의 한 장면일까요? _____

Unit 4 비교급과 최상급

Point Check 1

① 형용사나 부사의 비교급을 만드는데는 규칙적인 방법과 불규칙적인 방법이 있다. 규칙적인 방법은 형용사나 부사의 [   ] 나 [   ] 에 따라 방법이 다르다. 대부분 1음절인 형용사나 부사는 그 뒤에 [   ] 을 붙이며, 2음절 이상인 형용사나 부사는 그 앞에 [   ] 를 붙이면 된다.

② 형용사나 부사의 최상급을 만들 때도 규칙적인 방법과 불규칙적인 방법이 있다. 규칙적인 방법은 형용사나 부사의 [   ] 나 [   ] 에 따라 방법이 다르다. 대부분 1음절인 형용사나 부사는 그 뒤에 [   ] 를 붙이며, 2음절 이상인 형용사나 부사는 그 앞에 [   ] 를 붙이면 된다.

③ 비교급은 둘을 비교할 때 쓰이며, 뜻은 둘 중 하나가 '[   ]'으로 해석된다. 「주어+동사 + [   ] + [   ] +명사/대명사」로 쓴다. 원급을 활용한 비교는 「주어+동사 +as+ [   ] +as+명사/대명사」로 쓰며, 뜻은 '[   ]'이다.

④ 최상급은 셋 이상에서 '[   ]'의 의미로, 앞에는 보통 [   ] 를 붙인다.

Point Check 2

A 다음 형용사의 비교급과 최상급을 쓰세요.

1. big   ◐ 비 _____   ◐ 최 _____

2. good   ◐ 비 _____   ◐ 최 _____

3. exciting   ◐ 비 _____   ◐ 최 _____

B (   ) 안에 주어진 형용사의 알맞은 비교급이나 최상급을 빈칸에 쓰세요.

1. The Nile is the _____ river in the world. (long)

2. An encyclopedia is _____ than a textbook. (thick)

Practice Test

 A 다음 형용사의 비교급과 그 뜻을 쓰세요.

원급	비교급	뜻
small		
high		
close		
nice		
happy		
many		
beautiful		
bad		
thin		

B 보기에서 알맞은 단어를 골라 올바른 형태로 빈칸에 넣어 문장을 완성하세요.

interesting	tall	big	small

1.

He is the _____.

2.

This blue box is the _____.

3.

This bear is the _____.

4.

A comic book is the _____
_____.

16

C 보기에서 알맞은 단어를 골라 올바른 형태로 빈칸에 넣어 문장을 완성하세요.

| fast | cold | strong | interesting | cute | scary | long | clean |

1. A train is _____ than a bus.

2. Juice is _____ than coffee.

3. A lion is as _____ as a tiger.

4. A spaceship is _____ than an airplane.

5. My room is _____ than my younger sibling's room.

6. My older brother is _____ than me.

7. English is _____ _____ than math.

8. A squirrel is as _____ as a rabbit.

D 완전한 문장이 되도록 선으로 연결하세요.

1. Walking is ·   · the thinnest child.

2. Pizza is ·   · the most expensive book.

3. Art is ·   · the most interesting subject.

4. This novel is ·   · the easiest exercise.

5. Sue is ·   · the most delicious food.

다음은 세 어린이의 신체검사표이다. 표를 보고, 문장을 완성한 후 우리말 뜻을 쓰세요.

	Lucy	Jack	Claire
키	137 cm	155 cm	152 cm
몸무게	45 kg	39 kg	37 kg

1. Claire is _____ than Lucy. (키)

   ○ 해석 _____

2. Jack is _____ than Claire. (몸무게)

   ○ 해석 _____

3. Jack is the _____ . (키)

   ○ 해석 _____

다음을 읽고, 문제에 답하세요.

Jim and Cindy went to the stationery shop. Jim bought a red pencil case, an English notebook, a color pencil, and a ruler. Cindy bought a blue pencil case, a music notebook, crayons, and an eraser. A red pencil case is (a) _____ than blue one. A music notebook is (b) _____ than an English notebook. And a ruler is (c) _____ than an eraser.

1. 그림을 보고, (a) ~ (c) 빈칸에 알맞은 단어를 쓰세요.

   (a) _____   (b) _____   (c) _____

2. 그림을 보고, ( ) 안의 주어진 단어를 활용하여 최상급을 표현하는 문장을 쓰세요.

   1) The ruler _____ . (cheap)

   2) The crayons _____ . (expensive)

의문사

Point Check 1

1. 의문사로 물어 볼 때는 [   ] 나 [   ] 로 대답하지 않는다.

2. 의문대명사에는 what, [   ], [   ], whose, whom이 있고,
   「[   ] + 동사＋주어 ～?」의 순서로 나타낸다.

3. 의문형용사에는 「what＋[   ]」, 「which＋[   ]」, 「whose＋[   ]」가
   있다.

4. 의문부사에는 when, [   ], how, [   ] 가 있다.

5. how는 [   ] 를 붙여 물을 수 있는데, 그 예로 how old, how far, how long,
   how often 등이 있다.

Point Check 2

A 문장에 알맞은 의문대명사에 동그라미 하세요.

1. (Who / Whose) is calling?

2. (What / Which) do you do?

3. (Who / Which) is the hottest month, July or August?

4. (Who / Whose) is this eraser?

B 의문대명사, 의문형용사가 쓰인 의문사, 의문부사를 찾아 쓰세요.

> When   What   Whom   Where   What day   How
> Which country   Why   Whose   Whose book   Who   Which

1. 의문대명사 ....

2. 의문형용사 ....

3. 의문부사 ....

Practice Test

A 보기에서 알맞은 의문대명사를 찾아 넣어 대화를 완성하세요.

| What | Which | Who | Whose | Whom |

1. A: _____ is that girl?   B: She is my friend, Lisa.

2. A: _____ is the key?   B: It's mine.

3. A: _____ is your name?   B: My name is Micheal.

4. A: _____ is faster, a train or a bus?   B: A train is faster than a bus.

5. A: _____ are you talking to?   B: I'm talking to my uncle.

6. A: _____ are you doing?   B: I'm studying English.

7. A: _____ is this dog?   B: It's my brother's dog.

B 의문문에 알맞은 의문형용사가 되도록 알맞은 명사를 골라 동그라미 하세요.

1. What (kind / time / day) of book do you like?

2. What (kind / time / day) will it be tomorrow?

3. What (kind / time / girl) is it now?

4. What (date / book / color) is it today?

5. What (date / book / color) do you want to paint it?

6. Which (soup / milk / food) do you like, pizza or pasta?

7. Whose (kind / cat / color) is it?

보기에서 알맞은 의문부사를 찾아 넣어 대화를 완성하세요.

When	Where	How	Why

1. A: _____ do you live?   B: I live in Seoul.

2. A: _____ are you crying?   B: Because I lost my way.

3. A: _____ do you usually go to bed?   B: I usually go to bed at 9:30.

4. A: _____ does it taste?   B: It tastes good.

5. A: _____ is your birthday?   B: My birthday is March 24th.

6. A: _____ is the post office?   B: Go straight and turn right.

7. A: _____ is she absent today?   B: Because she is sick.

D How가 쓰인 의문부사에 알맞은 형용사나 부사를 찾아 동그라미 하세요.

1. How (often / far / much) is this pencil?

2. How (old / far / much) are you?

3. How (old / far / much) is the park from here?

4. How (many / often / tall) is he?

5. How (long / many / tall) are you staying with us?

6. How (many / often / tall) do you play the computer game?

7. How (much / many / long) months are there in a year?

옷가게에서 일어나는 대화입니다. 빈칸에 알맞은 의문사를 쓰세요.

A: Hello. May I help you?

B: Yes, I'm looking for a shirt.

A: .... color do you like, green or yellow?

B: Green one.

A: .... is your size?

B: My size is 55.

A: Here you are.

B: .... is this?

A: It's $ 25.

핑키의 스케줄입니다. 달력을 보고, 물음에 답하세요.

1. How many Sundays are there in September?

   ....

2. What day does she go on a picnic?

   ....

3. What time does she visit her grandmother's house?

   ....

Unit 6 비인칭주어 it과 There is/are ~

Point Check 1

① [   ] it은 인칭이 없다는 뜻으로 '그것'으로 따로 해석을 하지 않는다.

② 비인칭주어 it은 [   ], 요일, [   ], 날씨, 계절, [   ], 명암 등을 나타내는 문장에 쓰인다.

③ There is ~, There are ~ 구문에서 [   ]는 따로 해석하지 않고 구문 전체를 '[   ]'로 해석한다.

④ There is ~ 뒤에는 [   ]가 오고, [   ] 뒤에는 복수명사가 온다. 셀 수 없는 명사는 단수동사인 [   ] 뒤에 오므로 양에 상관없이 「There [   ]+셀 수 없는 명사」로 나타낸다.

⑤ There is ~, There are ~ 구문의 부정문은 be동사 뒤에 부정의 [   ]을 붙이고, There is ~, There are ~ 구문의 의문문은 be동사와 [   ]의 위치를 바꾸면 된다.

Point Check 2

A 다음 빈칸에 비인칭주어를 넣으세요.

1. _____ is Monday.

2. _____ is 5 o'clock.

3. What time is _____ ?

4. What season is _____ ?

B 다음이 '~이 있다'라는 뜻이 되도록 빈칸에 알맞은 말을 쓰세요.

1. _____ an apple.

2. _____ three apples.

3. _____ a bicycle in front of the house.

4. _____ two bicycles in front of the house.

Practice Test

A 빈칸에 알맞은 말을 넣어 대화를 완성하세요.

1. A: What's the weather like?　　B: [　　　　] cold.

2. A: [　　　　　　　　]　　B: It is 10 o'clock.

3. A: What is the date today?　　B: [　　　　] March 28.

4. A: [　　　　　　　　]　　B: It is Wednesday.

5. A: How far is it from here to there?　B: [　　　　] about 2 miles.

B 다음을 우리말로 해석하세요.

1. What's the date today?

　　➔ _____

2. What day was yesterday?

　　➔ _____

3. It's 4 o'clock.

　　➔ _____

4. It's Tuesday today.

　　➔ _____

5. It was Monday yesterday.

　　➔ _____

6. It is very hot outside.

　　➔ _____

C 단수형 문장은 복수형으로, 복수형 문장은 단수형으로 바꾸어 다시 쓰세요.

1. There is a pencil on the desk.

   ➡ ....

2. There are oranges on the shelf.

   ➡ ....

3. There is a piece of paper on the desk.

   ➡ ....

4. There is a skirt in the closet.

   ➡ ....

D 다음 대화의 응답을 보고, 빈칸에 알맞은 말을 쓰세요.

1. A: .... a skate game today?

   B: Yes. There is a skate game today.

2. A: .... a basketball game yesterday?

   B: No. There wasn't a basketball game.

3. A: .... a pencil case in the drawer?

   B: Yes. There is a pencil case in the drawer.

4. A: How many people .... ?

   B: There are about 100 people.

5. A: .... a toy at school?

   B: No. There isn't a toy at school.

화가가 그림을 그리는 과정입니다. 새롭게 그려진 것을 찾아 '～이 있다'라는 문장을 만드세요.

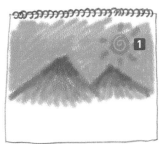 ➡

There is a mountain.

1. _____

2. _____

3. _____

 다음 편지의 일부를 읽고, 문제에 답하세요.

(a) _____ is a happy Saturday today.
You came into my head suddenly when I was reading a book.
(b) There is a cat right next to me.
(c) Is there a puppy in your house?
I miss you and your puppy very much.
(d) What time are it over there?
(e) It's 5 o'clock in the afternoon.
(f) Is it still snowing there?
(g) 여기는 비가 오고 있어.

1. (a)의 빈칸에 알맞은 말을 쓰세요. _____

2. (b)~(e) 중에서 틀린 문장의 기호를 쓰고, 바르게 고쳐 다시 쓰세요.

   ➡ _____

3. (f)에 대한 긍정의 대답을 쓰세요.

   ➡ _____

4. (g)를 영어로 쓰세요.

   ➡ _____

26

Point Check 1

1. 전치사는 주로 [　　　] 나 [　　　] 앞에 온다.

2. 전치사가 명사와 함께 쓰이면 [　　　] 로 불린다.

3. 전치사가 대명사 앞에 올 때 대명사는 반드시 [　　　] 으로 써야 한다.

4. 전치사는 [　　　] , [　　　] , [　　　] , [　　　] 등을 나타낸다.

5. 전치사 중 by가 이동수단과 함께 쓰일 때는 by 앞에 [　　　] 를 쓰지 않는다.

Point Check 2

 ( ) 안에서 말하는 전치사에 동그라미 하세요.

1. I usually go jogging at 7:30. (시간)
2. She puts a box on a desk at night. (장소)
3. A girl comes out of the house and look at the sky. (방향)
4. They go to the restaurant after the show. (시간)
5. They swim in the river in the morning. (장소)
6. He climbs up the mountain in Korea. (방향)

 그림을 보고, 알맞은 문장과 연결하세요.

1.   •　　　　　　• The girl is behind the tree.

2.   •　　　　　　• The books are on the desk.

3.   •　　　　　　• The cat is on the sofa.

4.   •　　　　　　• The baby is under the chair.

Practice Test

A ( ) 안에 있는 전치사가 들어갈 자리를 고르고, 문장을 다시 쓰세요.

1. Do ① you ② have ③ English class ④ Wednesday? (on)

   ➡ ....

2. ① She ② sees ③ my brother ④ the bus stop. (at)

   ➡ ....

3. I ① go to ② the park ③ my ④ dog. (with)

   ➡ ....

4. ① We ② are ③ happy ④ the movie. (after)

   ➡ ....

5. What ① is ② that ③ box ④? (in)

   ➡ ....

B 그림을 보고, 각 사물의 위치를 파악해 문장을 완성하세요.

1. There is a bat.
   It's ....

2. There is a doll.
   It's ....

3. There is a dog.
   It's ....

4. There are books.
   They are ....

C 틀린 것을 고쳐서 문장을 다시 쓰세요.

1. Be quiet! Listen at the teacher.

   ➡

2. She is good for speaking English.

   ➡

3. They love animals. They are kind of animals.

   ➡

4. Hurry up! We are late in the concert.

   ➡

5. I get home to bus.

   ➡

6. Where is it? I am looking off my watch.

   ➡

D 알맞은 전치사에 동그라미 하세요.

1. No food! Come in (without / by) the food.

2. My sister lives (with / by) my parents.

3. Cut the apple (with / by) a knife.

4. We are late! Let's go (without / by) taxi.

5. He never goes to the hospital (without / by) his mom.

그림을 보고, 빈칸에 알맞은 전치사를 쓰세요.

1. She gets _____ the bus.

2. The clock is _____ the desk.

3. The rabbit is _____ the box.

4. He climbs _____ the mountain.

5. She walks _____ the street.

다음 콘서트 안내 기사의 일부를 읽고, 물음에 답하세요.

Introduce the new band, SMART.
The concert is on May 30.
It starts at 7 o'clock.
It is held in the concert hall.
Listen _____ rock music.

· band (대중음악) 밴드
· concert hall 공연장

1. What date is the concert held?

   ....

2. What time does the concert start?

   ....

3. Where is the concert held?

   ....

4. 빈칸에 알맞은 전치사를 쓰세요. ....

30

Unit 8 조동사 can과 will

Point Check 1

1 조동사는 동사를 보조하는 역할로 [   ] 과 [   ] 등이 있다. 조동사는 항상 같은 형태로 쓰이며 뒤에는 [   ] 이 온다. 조동사 can의 의미는 '~할 수 있다'로 [   ] 을 나타낸다. 조동사 can은 [   ] 로 바꾸어 쓸 수 있다.

2 조동사 can의 과거형은 [   ] 이며 '~할 수 있었다'로 해석한다. 조동사 can의 미래형은 [   ] 로 '~할 수 있을 것이다'로 해석한다.

3 조동사 [   ] 은 '~할 것이다' 또는 '~일 것이다'로 해석하며 [   ] 를 나타낸다. 조동사 [   ] 의 부정형은 [   ] 이며 줄여서 [   ] 로 쓴다.

4 조동사 [   ] 은 be going to로 바꾸어 쓸 수 있다. be going to의 [   ] 는 주어의 인칭에 따라 변한다. 부정문으로 바꿀 때에는 [   ] 뒤에 [   ] 만 붙이면 된다. be going to가 들어간 의문문의 대답은 「Yes,+주어+ [   ] .」 또는 「No,+주어+ [   ] + [   ] .」으로 하면 된다.

Point Check 2

A ( ) 안의 우리말을 보고, 빈칸에 알맞은 조동사를 쓰세요.

1. I .... play soccer. (~할 수 있다)

2. .... you wake up early? (~할 수 있니?)

B 다음을 부정문으로 바꿀 때, 빈칸에 알맞은 말을 쓰세요.

1. She will go on a picnic tomorrow.

○ She .... go on a picnic tomorrow.

2. He is going to study math on Monday.

○ He .... study math on Monday.

Practice Test

A 그림을 보고, 질문에 대한 답을 완성하세요.

1. A: Can he play tennis?

   B: No, _____ _____.

2. A: Can she play the piano?

   B: Yes, _____ _____.

3. A: Will you be able to speak Chinese?

   B: Yes, _____ _____.

4. A: Was your grandfather able to drive 10 years ago?

   B: No, _____ _____.

B 두 문장의 뜻이 같아지도록 빈칸에 알맞은 말을 쓰세요.

1. The plane wasn't able to take off due to a heavy storm.

   = The plane _____ due to a heavy storm.

2. Can we go down the mountain before sunset?

   = _____ before sunset?

3. She can play the music without the score.

   = She _____ without the score.

4. He was able to wake up early every day during last vacation.

   = He _____ during last vacation.

5. My dad could walk 10 years ago.

   = My dad _____ 10 years ago.

알맞은 표현을 골라 동그라미 하세요.

1. He is going to (goes / go) to Big Bang concert tomorrow.

2. They will (show / are show) a wonderful performance.

3. His friends will (take / takes) a picture with Big Bang.

4. He will (got / get) Top's autograph.

5. He is going to (present / will present) a new rap.

6. We are going to (ate / eat) out after the concert.

7. I'm going to (post / am post) my diary and pictures online when I come home.

 그림을 보고, 질문에 대한 답을 완성하세요.

1.
A: What are you going to do tomorrow?
B: I _____ tomorrow.

2.
A: What is he going to do in the evening?
B: He _____ in the evening.

3.
A: What will the weather be like tomorrow?
B: It _____ tomorrow.

4.
A: What are you going to buy for her birthday present?
B: I _____ for her.

5.
A: Where will she go to this summer vacation?
B: She _____ , France.

제시카의 일기입니다. 앞 뒤 내용을 잘 살펴서 빈칸을 채워 일기를 완성하세요.

I 1)_____ not wake up early this morning because my alarm clock broke. So I 2)_____ not eat breakfast. I ran to school in a hurry. It was time for art class. There were no crayons in my bag. So I asked Mini, "3)_____ you lend me your crayons?" Mini answered, "Okay, sure." So I 4)_____ to draw a picture. I felt thankful for Mini. I 5)_____ help Mini next time.

1. _____
2. _____
3. _____
4. _____
5. _____

F 보기에서 알맞은 단어를 골라 다음에 일어날 일을 예상해서 빈칸에 쓰세요.

| be sunny | buy | go | be late |
| be disappointed | need | wake up late |

1. There are many stars in the sky. It _____ tomorrow.

2. She watched TV until late at night. She _____ tomorrow.

3. His tooth hurts. He _____ to the dentist.

4. It's raining. You _____ an umbrella.

5. I did badly on the test. My parents _____ .

6. The school bus came late. They _____ for school.

7. There is no milk in the refrigerator. My mom _____ milk.

정답 및 해설

Unit 1 과거동사

Point Check 1 p.3

1. was, were, ～이었다
2. -ed, -d, 자음, -ed, i, -ed
3. went, put
4. not, did
5. Did, 동사원형

Point Check 2 p.3

A 1. rubbed 2. opened 3. ran 4. gave

B 1. (부정문) I didn't send her a letter.
   (의문문) Did I send her a letter?
 2. (부정문) He didn't go to the school.
   (의문문) Did he go to the school?

Practice Test p.4

A 1. enjoyed 2. stopped 3. look 4. cry
 5. liked 6. talked 7. want 8. listen
 9. studied 10. cooked

B 1. went 2. were 3. came 4. did
 5. had 6. made 7. took 8. got
 9. saw 10. put 11. had 12. heard
 13. woke 14. slept 15. found 16. ate

C 1. I didn't swim.
 2. She didn't ride a bus.
 3. I got a gift.
 4. He drank water.
 5. We didn't listen to music.
 6. They didn't study hard.

D 1. Did she 2. Did they 3. Did he
 4. Was it(this, that) 5. Did you 6. Was she

E (아래 답의 번호 순서는 바뀌어도 상관 없음.)
 1. saed ◐ said 2. buied ◐ bought
 3. meet ◐ met 4. fall ◐ fell

F 1. Did 2. (d) Did you **do** the dishes?
 3. Yes, I/we did. (= Yes, I/We used the phone in the room.)
 4. No, I/we didn't. (= No, I/We didn't break anything in the room.)

 해설

F (a) 간식이나 음료같은 것을 구입했나요?
 (b) 잠자리를 정돈했나요?
 (c) 쓰레기를 버렸나요?
 (d) 설거지를 했나요?
 (e) 방에서 전화를 사용했나요?
 (f) 방 안의 물건을 망가뜨렸나요?

Unit 2 현재진행형과 과거진행형

Point Check 1 p.7

1. be동사, 동사원형-ing
2. watching, 자음, running
3. e, making
4. not, be동사, 물음표
5. 과거형, 동사원형-ing

Point Check 2 p.7

A 1. It rains in Seoul today. / is raining
 2. Mom reads a magazine. / is reading

B

종류	평서문	부정문	의문문
현재진행형	is studying	is not studying	Is, studying
과거진행형	was studying	was not studying	Was, studying

Practice Test p.8

A 1. going 2. eating 3. coming
 4. driving 5. swimming
 6. sitting 7. getting 8. lying

B 1. I'm(I am) watching a movie.
 2. She's(She is) playing tennis.
 3. She's(She is) writing an essay.
 4. He's(He is) skating.
 5. I'm(I am) taking the test.
 6. He's(He is) running.
 7. You're(You are) studying hard.
 8. They're(They are) singing a song.

C 1. was washing 2. was doing
 3. was drawing 4. was drinking

5. were walking

D 1. Was he taking a picture with his friends?

2. She wasn't(was not) skating.

3. Was she dancing at 10:30?

4. Children weren't(were not) watching TV.

5. Was Mom wearing a skirt?

E 1. I (was) waving a hand to my mom now.
  ◐ I am waving a hand to my mom now.

2. She is (swim) in the river now.
  ◐ She is swimming in the river now.

3. They (was sing) at 2 o'clock.
  ◐ They were singing at 2 o'clock.

4. The men (was ride) a horse.
  ◐ The men were riding a horse.

F 1. My sister is sitting on a sofa.

2. She is writing news about the swimming championships.

3. She isn't(is not) looking at a swimmer's picture.

4. She was watching his game on TV.

Unit 3 형용사와 부사

Point Check 1 p.11

1. 성질, 상태
2. 제한적 용법, 서술적 용법
3. 동사, 형용사, 다른 부사, 문장 전체
4. ly, beautifully
5. 빈도부사, 일반동사, 조동사, be동사

Point Check 2 p.11

A 1. careful, quick, lovely, boring, excited
2. badly, well, always, sometimes, yesterday
3. fast, hard

B 1. 귀여운 (형용사)   **2.** 크게 (부사)
3. 배고픈 (형용사)   **4.** 빨리 (부사)
5. 항상 (부사)   **6.** 흥미로운 (형용사)

Practice Test p.12

A 1. beautifully   **2.** slowly   **3.** quickly

4. easily   **5.** angrily   **6.** luckily

B 1. are red and yellow
2. That cake is
3. sunny
4. is a quiet girl
5. is an interesting book

C 1. He runs fast.
2. She eats breakfast slowly.(She slowly eats breakfast.)
3. My friend always reads books.
4. They talked loudly.
5. My sister often rides a bike.
6. His mom sometimes goes shopping.

D 1. well   **2.** sometimes   **3.** clearly
4. bad   **5.** carefully   **6.** new

E 1. Please(,) come in quietly.
2. He plays the violin very well.
3. Your pants look nice today.
4. Are you going to a Japanese restaurant?
5. The class is very difficult.
6. I have something blue in my hand.

F (자유로운 그림) 빨간 모자와 늑대

해설

A 형용사가 「자음＋y」로 끝나면 y를 i로 고치고 -ly를 붙인다.

B 형용사는 명사 앞이나 뒤에 와서 명사를 꾸며 주는 제한적 용법과 주로 be동사 뒤에 와서 주어의 상태를 설명해주는 서술적 용법이 있다. 보기의 This is a pretty doll.에서 형용사 pretty는 제한적 용법으로, This doll is pretty.에서는 서술적 용법으로 쓰였다.

C 3, 5, 6. 빈도부사는 일반동사 앞, 조동사 또는 be동사 뒤에 놓인다.

Unit 4 비교급과 최상급

Point Check 1 p.15

1. 길이(음절 수), 형태, -er, more
2. 길이(음절 수), 형태, -est, most
3. …보다 더 ～한, 비교급, than, 원급, …만큼 ～한
4. 가장 ～한, the

A 1. bigger, biggest   2. better, best
   3. more exciting, most exciting
B 1. longest   2. thicker

Practice Test p.16

A

원급	비교급	뜻
small	smaller	더 작은
high	higher	더 높은
close	closer	더 가까운
nice	nicer	더 좋은
happy	happier	더 행복한
many	more	더 많은
beautiful	more beautiful	더 아름다운
bad	worse	더 나쁜
thin	thinner	더 야윈

B 1. tallest   2. biggest   3. smallest
   4. most interesting

C 1. longer   2. colder   3. scary   4. faster
   5. cleaner   6. stronger   7. more interesting
   8. cute

D 1. Walking is   •   • the thinnest child.
   2. Pizza is   •   • the most expensive
                                 book.
   3. Art is   •   • the most interesting
                                 subject.
   4. This novel is •   • the easiest exercise.
   5. Sue is   •   • the most delicious food.

E 1. taller, 클레어는 루시보다 더 크다.
   2. heavier, 잭은 클레어보다 더 무겁다.
   3. tallest, 잭이 키가 가장 크다.

F 1. (a) bigger (b) thicker (c) longer
   2. 1) is the cheapest
     2) are the most expensive

해설

A 비교급을 만드는 규칙
   • 형용사나 부사가 1음절인 경우 뒤에 **-er**을 붙인다.

• 형용사나 부사가 y로 끝날 경우, y를 i로 바꾸고 뒤에
  -er을 붙인다.
• 형용사나 부사「단모음＋단자음」으로 끝날 경우, 끝자
  음을 하나 더 붙인 후 -er을 붙인다.
• 2음절 이상인 형용사나 부사는 그 앞에 **more**를 붙인다.

B 최상급을 만드는 규칙
   • 형용사나 부사가 1음절인 경우 뒤에 -est를 붙인다.
   • 형용사나 부사가 y로 끝날 경우, y를 i로 바꾸고 뒤에
     -est를 붙인다.
   • 형용사나 부사가「단모음＋단자음」으로 끝날 경우, 끝자
     음을 하나 더 붙인 후 -est를 붙인다.
   • 2음절 이상인 형용사나 부사는 그 앞에 most를 붙인다.

C 주어＋동사＋비교급＋than＋명사/대명사
   뜻: (둘 중에서) …보다 더 ~한

D 주어＋동사＋the＋최상급(＋명사/대명사)
   뜻: (셋 이상에서) 가장 ~한

5 의문사

Point Check 1 p.19

1. yes, no
2. which, who, 의문대명사
3. 명사, 명사, 명사
4. where, why
5. 형용사나 부사

Point Check 2 p.19

A 1. Who   2. What   3. Which   4. Whose

B 1. What, Whom, Whose, Who, Which
   2. What day, Which country, Whose book
   3. When, Where, How, Why

Practice Test p.20

A 1. Who   2. Whose   3. What   4. Which
   5. Who(m)   6. What   7. Whose

B 1. kind   2. day   3. time   4. date
   5. color   6. food   7. cat

C 1. Where   2. Why   3. When   4. How
   5. When   6. Where   7. Why

D 1. much   2. old   3. far   4. tall

5. long 6. often 7. many

E Which, What, How much

F 1. There are four Sundays in September.
2. She goes on a picnic on Monday.
3. She visits her grandmother's house at 2:00.

Unit 6 비인칭주어 it과 There is/are ～

Point Check 1 p.23

1. 비인칭주어
2. 시간, 날짜, 거리
3. There, ～이 있다
4. 단수명사, There are ～, is, is
5. not, There

Point Check 2 p.23

A 1. It   2. It   3. it   4. it

B 1. There is   2. There are
3. There is   4. There are

Practice Test p.24

A 1. It is(It's)   2. What time is it?
3. It is(It's)   4. What day is it (today)?
5. It is(It's)

B 1. 오늘은 며칠인가요?   2. 어제는 무슨 요일이었나요?
3. 4시 정각이다.   4. 오늘은 화요일이다.
5. 어제는 월요일이었다.   6. 밖에는 매우 덥다.

C 1. There are (many) pencils on the desk.
2. There is an orange on the shelf.
3. There are four pieces of paper on the desk.
4. There are six skirts in the closet.

D 1. Is there   2. Was there
3. Is there   4. are there
5. Is there

E 1. There is the sun.   2. There is a house.
3. There is a river.

F 1. It
2. (d) What time **is** it over there?
3. Yes, it is (still snowing here).

---

4. It's(It is) raining here.

해설

F '비가 오고 있다'는 말은 현재진행형 「be동사＋동사원형 -ing」를 사용하여 표현할 수 있다.

Unit 7 전치사

Point Check 1 p.27

1. 명사, 대명사
2. 전치사구
3. 목적격
4. 시간, 장소, 위치, 방향
5. 관사

Point Check 2 p.27

A 1. I usually go jogging (at) 7:30.
2. She puts a box (on) a desk at night.
3. A girl comes (out of) the house and look at the sky.
4. They go to the restaurant (after) the show.
5. They swim (in) the river in the morning.
6. He climbs (up) the mountain in Korea.

B 1. · · The girl is behind the tree.
2. · · The books are on the desk.
3. · · The cat is on the sofa.
4. · — · The baby is under the chair.

Practice Test p.28

A 1. ④, Do you have English class on Wednesday?
2. ④, She sees my brother at the bus stop.
3. ③, I go to the park with my dog.
4. ④, We are happy after the movie.
5. ②, What is in that box?

B 1. on the bed   2. behind the box
3. in the box   4. on the desk

C 1. Be quiet! Listen **to** the teacher.
2. She is good **at** speaking English.

3. They love animals. They are kind **to** animals.
4. Hurry up! We are late **for** the concert.
5. I get home **by** bus.
6. Where is it? I am looking **for** my watch.

D 1. without   2. with   3. with   4. by
5. without

E 1. on   2. on   3. out of   4. up
5. across

F 1. The concert(It) is on May 30.
2. The concert(It) starts at 7 o'clock.
3. The concert(It) is held in the concert hall.
4. to

────────────────────────────────────

🧶해설

C 1. listen to ~을 듣다
2. be good at ~을 잘하다
3. be kind to ~에게 친절하다
4. be late for ~에 늦다
5. by bus 버스로 (「by+교통수단」을 나타낼 때는 교통수단 앞에 관사를 쓰지 않는다.)
6. look for ~을 찾다

E 1. get on ~을 타다
4. climb up ~을 오르다
5. walk across ~을 가로질러 걷다

F introduce 소개하다, be held 열리다

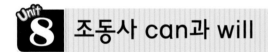

Unit 8 조동사 can과 will

Point Check 1 p.31

1. can, will, 동사원형, 가능성, be able to
2. could, will be able to
3. will, 미래, will, will not, won't
4. will, be동사, be동사, not, be동사, be동사, not

Point Check 2 p.31

A 1. can   2. Can

B 1. will not   2. is not going to

Practice Test p.32

A 1. he can't   2. she can
3. I will   4. he wasn't

B 1. couldn't(could not) take off
2. Are we able to go down the mountain
3. is able to play the music
4. could wake up early every day
5. was able to walk

C 1. go   2. show   3. take   4. get
5. present   6. eat   7. post

D 1. am going to play baseball
2. is going to watch TV
3. will snow
4. am going to buy a doll
5. will go to Paris

E 1. could   2. could
3. Can(Could)   4. was able
5. will

F 1. will be sunny   2. will wake up late
3. will go   4. will need
5. will be disappointed   6. will be late
7. will buy

────────────────────────────────────

🧶해설

A can으로 묻는 의문문에 Yes나 No로 답할 때는 can이나 can't로 답한다. can 대신에 be able to를 사용해 물을 때는 be동사로 답한다.

B can과 be able to는 바꾸어 쓸 수 있다.
1. take off 이륙하다, due to ~ 때문에
2. sunset 일몰
3. score 악보
4. during ~ 동안에

C will이나 be going to 뒤에는 동사원형이 온다.
2. performance 공연
3. take a picture 사진을 찍다
4. autograph 사인
5. rap 랩
6. eat out 외식하다
7. post (웹페이지에 사진이나 문서를) 올리다

F 미래에 일어나는 일을 예상해서 쓸 때에는 조동사 will을 사용한다.
be disappointed 실망하다, be late 늦다

Wow! Smart
Grammar 2
워크북

⭐ 책 속의 **영어문장 해석** 무료 다운로드 www.darakwon.co.kr

수능 영어를 향한 가벼운 발걸음

맨 처음
수능 영어
주제별 독해

정답 및 해설

다락원

UNIT 01 인물, 일화

본문 p.12

Q
정답 ⑤

소재 Mae C. Jemison의 생애

1987년, Mae C. Jemison은 최초의 흑인 여성 우주 비행사가 되었다. 1992년 9월 12일, 그녀는 8일간의 비행을 위한 과학 임무 전문가로서 우주 왕복선 Endeavor호를 타고 날았다. Jemison은 1993년에 NASA(미국 항공 우주국)를 떠났다. 그녀는 1995년부터 2002년까지 Dartmouth 대학의 환경학과 교수였다. Jemison은 Alabama 주의 Decatur에서 태어났고, 그녀가 세 살 때 가족과 함께 Chicago로 이주했다. 그녀는 화학 공학과 아프리카계 미국인 연구의 학위를 받고 1977년에 Stanford 대학을 졸업하였다. Jemison은 1981년에 Cornell 의과 대학에서 의학 학위를 받았다.

해설 글의 후반부에 Jemison received her medical degree from Cornell Medical School in 1981. 'Jemison은 1981년에 Cornell 의과 대학에서 의학 학위를 받았다'고 했으므로, 글의 내용과 일치하지 않는 것은 ⑤이다.

어휘

astronaut	우주 비행사
space shuttle	우주 왕복선
endeavor	시도, 노력
mission	임무
specialist	전문가
flight	비행
aeronautic	항공의
administration	−국, 행정부
professor	교수
environmental	환경의
study	학과, 연구
graduate	졸업하다
degree	학위
chemical engineering	화학 공학
Afro-American	아프리카계 미국인
medical school	의과대학

Reading Check
본문 p.13

1 astronaut 2 flew 3 left 4 professor
5 moved 6 chemical, engineering
7 medical, degree

주제별 연습문제 정답 01 ④ 02 ② 03 ⑤ **본문 p.14**

01
정답 ④

소재 아인슈타인의 기차표에 관한 일화

Albert Einstein은 이전에 Philadelphia에서 기차를 탔다. 차장이 차표에 구멍을 뚫기 위해 와서 말했다. "표를 보여주세요." Einstein은 그 표를 찾기 위해 자신의 조끼 주머니를 뒤졌지만, 그것을 찾지 못했다. 그는 자신의 서류 가방을 확인했다. 하지만 여전히 그는 자신의 표를 발견하지 못했다. 그 차장은 "저는 당신이 누군지 알고 있

습니다. Einstein 박사님. 당신의 표에 대한 걱정은 하지 마세요."라고 친절하게 말했다. 몇 분 후, 그 차장은 차량의 앞쪽에서 돌아서서 Einstein이 잃어버린 표를 찾기 위해 계속해서 자신의 좌석 아래를 찾고 있는 것을 보았다. 그는 재빨리 돌아가 백발의 신사를 안심시켰다. "Einstein 박사님, Einstein 박사님, 저는 당신이 누군지 알고 있습니다!"라고 그는 반복했다. "자네는 이해 못하네. 나도 내가 누구인지 알고 있다네. 내가 알지 못하는 것은 내가 어디로 가는가라네."라고 Einstein이 말했다.

해설 그는 재빨리 돌아가 백발의 신사를 안심시켰다는 뜻의 주어진 문장에서 He는 차장을 의미하고 백발의 신사는 Einstein을 의미한다. 차장은 기차표를 찾고 있는 Einstein을 알아보고 괜찮다고 했지만, 계속 표를 찾고 있는 Einstein을 보고 돌아가서 안심시켰다는 흐름이 되어야 하므로, 주어진 문장은 표를 찾고 있는 Einstein을 발견한 ④에 들어가는 것이 적절하다.

어휘

assure	안심시키다
gray-haired	백발의
once	이전에
board	타다, 승선하다
punch	구멍을 뚫다
search	뒤지다, 찾다
vest	조끼
brief case	서류가방
still	여전히
kindly	친절하게
several	몇몇의
traincar	(기차의) 차량, 기차칸
missing	잃어버린, 행방불명된

02
정답 ②

소재 어려움 속에서 꿈을 이룬 Charles Dickens

19세기 초 런던에서 Charles Dickens라는 이름의 한 젊은이는 작가가 되고자 하는 강한 열망을 가지고 있었다. 하지만 모든 것이 그에게 불리한 듯 보였다. (B) 그는 4년 이상 학교에 다닐 수 없었다. 그의 아버지는 빚을 갚지 못해 감옥에 있었으며, 이 젊은이는 종종 배고픔의 고통을 알았다. (A) 게다가 그는 자신의 글쓰기 기술에 대한 자신감이 거의 없어서 아무도 자신을 비웃을 수 없도록 밤에 몰래 자신의 글을 편집자들에게 보냈다. 그의 작품은 계속해서 거절당했다. (C) 그러던 어느 날 한 편집자가 그를 알아보고 칭찬했다. 자신의 작품의 출판으로부터 그가 받은 칭찬은 그의 인생을 바꾸었다. 그의 작품은 널리 읽혀왔고 여전히 인기가 있다.

해설 작가가 되기를 원하는 젊은 Charles Dickens는, 모든 것이 그에게 불리하게 보였다는 주어진 글 다음에, 학교도 갈 수 없었고, 아버지의 수감생활로 배고픔의 고통을 알고 있었다는 (B)가 오고, 게다가 자신의 글쓰기 능력에 자신감이 없어 몰래 글을 보냈지만 계속 거부당했다는 (A)가 이어지고, 그러던 어느 날, 한 편집자의 칭찬으로 인생이 바뀌고 작품이 널리 읽혔다는 (C)로 이어지는 것이 글의 순서로 가장 적절하다.

어휘

desire	열망, 욕망
against	~에게 불리한, ~에 맞서
confidence	자신감

skill	기술
secretly	몰래
editor	편집자
laugh at	비웃다
reject	거절하다
attend	다니다, 참석하다
jail	감옥
pay	(빚을) 갚다, 지불하다
debt	빚
pain	고통
hunger	배고픔
recognize	알아보다, 인정하다
praise	칭찬하다; 칭찬
publication	출판
widely	널리

03
정답 ⑤

소재 캄보디아 전통무술, 보카도

캄보디아 전설에 따르면 사자들이 마을 사람들과 그들의 물소를 공격하며 시골을 돌아다녔다고 한다. 9세기 Khmer 제국이 시작되기 오래 전, 농부들은 그 포식자에 맞서 자신들을 방어하기 위하여 무술을 개발했다. 이러한 기술들이 bokator(사자와 싸우다)가 되었다. bokator는 Ancor Wat의 벽에 그려져 있다. 숙달해야 할 10,000가지의 동작이 있는데, (그것들은) 원숭이, 코끼리, 심지어 오리를 모방한다. 12세기에 캄보디아를 통일한 전사 왕, Jayavarman 7세 왕은 그의 군대를 bokator로 훈련하도록 시켜, 그것을 무서운 군대로 바꾸었다. 그것의 오랜 전통에도 불구하고, bokator는 Khmer Rouge가 1975년에 정권을 잡고 다음 4년에 걸쳐 대부분의 사범들을 처형했을 때 번성했다(→ 사라졌다).

해설 Khmer Rouge가 1975년에 정권을 잡고 사범들을 처형했을 때, bokator가 사라졌다는 것이 흐름상 적절하므로, ⑤의 flourished(번성했다)를 disappeared(사라졌다)와 같은 단어로 바꿔야 한다.

어휘

villager	마을 사람, 주민
empire	제국
develop	개발하다
martial art	무술
defend	방어하다
predator	포식자
move	동작
master	숙달하다; 사범
imitate	모방하다
warrior	전사
unite	통일하다
turn ~ into ...	~을 ...로 바꾸다
frightening	무서운
force	군대, 힘
despite	~에도 불구하고
tradition	전통
flourish	번성하다
take power	정권을 잡다

본문 p.17

Vocabulary Review

1 (1) graduate　(2) confidence　(3) missing
　(4) praised　(5) tradition

2 (1) attend　(2) board　(3) hunger
　(4) defend　(5) debt　(6) reject
　(7) predator　(8) astronaut　(9) search
　(10) empire

01
(1) 그는 스탠포드 대학을 졸업하지 않았다.
(2) 우리는 바보 같은 실수를 할 때 자신감을 잃는다.
(3) 그 78세의 여성은 2020년 이후로 행방불명되었다.
(4) 그 어린 학생들은 심장마비에 대한 연구로 매우 칭찬 받았다.
(5) 똑같은 셔츠를 입고 새해를 기념하는 것이 우리 가족에서의 전통이다.

02
(1) 다니다, 참석하다　(2) 타다, 승선하다　(3) 배고픔
(4) 방어하다　(5) 빚　(6) 거절하다
(7) 포식자　(8) 우주인　(9) 찾다, 뒤지다
(10) 제국

UNIT 02 철학, 종교
본문 p.18

Q
정답 ②

소재 철학의 시작

인류 역사의 시작부터, 사람들은 세상과 그 세상 속에 있는 그들의 장소에 관하여 질문해 왔다. 초기 사회에 있어, 가장 기초적 의문에 대한 대답은 종교에서 발견되었다. 그러나 몇몇 사람들은 전통적인 종교적 설명으로는 충분하지 않다고 생각하고, 종교보다는 이성에 근거하여 답을 찾기 시작했다. 이러한 변화는 철학의 시작으로 이어졌고, 위대한 사상가의 첫 번째는 Miletus의 Thales였다. 그는 이성을 사용하여 우주의 본성을 조사하고 다른 사람들도 똑같이 하도록 격려했다. 그는 자신의 답변뿐만 아니라 만족스러운 것으로 여겨질 수 있는 설명을 포함하여 합리적으로 생각하는 과정을 추종자들에게 전수했다. 이러한 이유로 탈레스는 대개 최초의 철학자로 간주된다.

해설 인류의 가장 기초적 의문에 대한 대답을 종교에서 찾는 것이 불충분하다고 생각하였다고 했고, 빈칸 이후에서 이러한 변화가 철학의 시작을 야기하였는데, 그 최초의 사상가인 Thales가 이성을 사용하여 우주의 본성을 조사하였다 했으므로, 빈칸에 들어갈 말로 가장 적절한 것은 ② reason rather than religion(종교보다는 이성)이다.
① 그들 자신의 타고난 판단
③ 오래 지속된 민족적 전통
④ 반복되는 자연 현상
⑤ 초자연적인 존재와 힘

religion	종교
traditional	전통적인
religious	종교적인, 종교의
explanation	설명
enough	충분한
search for	~을 찾다
shift	변화
philosophy	철학
thinker	사상가
reason	이성
look into	~을 조사하다
nature	본성
likewise	똑같이, 마찬가지로
universe	우주
process	과정
rationally	합리적으로
satisfactory	만족스러운
be regarded as	~로 간주되다

Reading Check

본문 p.19

1 religion	2 reason	3 philosophy
4 Thales	5 essence	6 universe
7 foundation		

주제별 연습문제 정답 01 ④ 02 ① 03 ②

본문 p.20

01

정답 ④

소재 이상적인 사회

철학자 G.A.Cohen은 이상적인 사회에 대한 은유로 캠핑 여행의 예를 제공한다. 캠핑 여행에서, 누군가가 "저녁은 내가 요리했지만, 내 뛰어난 요리 실력에 대한 대가를 지불하지 않으면 먹을 수 없다"라고 말할 가능성은 거의 없다고 그는 주장한다. 오히려 한 사람은 저녁을 준비하고, 다른 사람은 텐트를 치며, 다른 사람은 물을 정화하는 등 각자가 능력에 따라 일을 한다. 이 모든 물품들은 공유되며, 공동체 의식은 모든 참여자들을 더 행복하게 만든다. 그러나 각각의 사람이 자신의 이익을 위해 다른 사람을 이용하려 한다면 캠핑 여행은 순식간에 재앙과 불행으로 끝날 것이다. 게다가 사람들이 그런 식으로 행동한다면 그 경험은 망쳐질 것이다. 그래서 더 평등하고 협력하는 사회에서 우리는 더 나은 삶을 살게 될 것이다.

해설 연결사 however로 미루어 사람들이 자기 이익을 위해 남들을 이용할 경우, 캠핑 여행이 불행하게 될 것이라는 역접의 내용이 이어지고 있으므로, 불행이 아닌 캠핑 여행이 언급된 다음에 이어져야 한다. 그리고 주어진 문장 다음에는 불행하다는 내용이 이어지는 것이 적절하다. 따라서 주어진 문장이 들어가기에 가장 적절한 곳은 ④이다.

(어휘)

benefit	이익
disaster	재앙
ideal	이상적인
argue	주장하다

superior	우월한
set up	~을 세우다
purify	정화시키다
goods	물품, 상품
spirit	의식, 정신
participant	참가자
ruin	~을 망치다
behave	행동하다
equal	동등한
cooperative	협력하는
take advantage of	~을 이용하다
in accordance with	~에 따라

02

정답 ①

소재 마음챙김 명상

Jon Kabat-Zinn은 불교식 마음챙김을 서양 세계에 처음 소개한 사람이다. 처음에 그는 만성 통증 환자를 치료하는 어려운 일을 맡았는데, 그들 중 많은 사람들은 전통적인 통증 관리 요법에 잘 반응하지 않았다. 여러 가지 면에서 그러한 치료는 완전히 역설적으로 보이는데, 즉 당신은 사람들이 통증을 더 잘 인식하도록 도와줌으로써 통증을 다루는 법을 그들에게 가르치는 것이다! 그러나 그 핵심은 사람들이 통증과의 싸움, 또는 통증에 대한 그들의 인식을 실제로 넓히는 싸움에 동반되는 끊임없는 불안을 놓을 수 있도록 도와주는 것이다. 마음챙김 명상을 통해, 이들 중 많은 사람들이 행복감을 높이고 더 나은 삶의 질을 경험할 수 있다. 어떻게 그럴 수 있을까? 왜냐하면 그러한 명상은 우리가 불쾌한 생각이나 감각을 무시하려고 하면, 그때 우리가 결국 그것들의 강도를 증가시킬 뿐이라는 원리에 기반을 두고 있기 때문이다.

해설 ① 두 개의 문장을 연결하는 접속사가 없으므로, 문장을 연결해주는 접속사의 역할을 하면서, 전치사 of의 목적어 역할을 하는 관계대명사 whom으로 고쳐야 한다.
② seems의 보어로 사용된 형용사를 사용하였으므로, 어법상 적절하다.
③ 선행사 the continual anxiety를 수식하는 주격 관계대명사로 어법상 적절하다.
④ and를 기준으로 increase와 experience가 병렬로 연결되었으므로 어법상 적절하다.
⑤ end up -ing (결국 ~ 하게 되다) 구문으로 능동인 현재분사형은 어법상 적절하다.

(어휘)

Buddhist-style	불교식의
mindfulness	마음챙김
respond	반응하다
treatment	치료 (treat 치료하다)
completely	완전히
paradoxical	역설적인
aware	인식하는, 알고 있는
key	핵심
release	놓다
continual	끊임없는
anxiety	불안
struggle	싸움, 투쟁
extend	넓히다, 확장하다

awareness	인식
meditation	명상
well-being	행복감
quality	(품)질
principle	원리
sensation	감각, 느낌
intensity	강도

03 정답 ②

소재 종교의 사회적 기능

미지의 것을 설명하고 이해할 수 있게 함으로써, 종교는 개인들의 두려움과 불안을 감소시킨다. 이 설명은 일반적으로 초자연적 존재와 능력의 존재를 가정한다. 그러나 종교는 이보다 더 많은 일을 한다. 종교는 사람들로 하여금 자신의 행동을 성찰하게 하는 사회적 기능을 가지고 있다. 이러한 관점에서 종교는 사회통제의 역할을 하는데, 그것은 오로지 법에 의존하지 않는다. 종교는 그것을 믿는 사람들에게 수용 가능한 행동에 대한 지침을 제공한다. 이것은 옳고 그름, 선과 악의 개념을 통해 이루어진다. 일반적으로 종교적 신화는 초자연적 존재가 다양한 방식으로 그들에게 보여주는 사회의 윤리 규범을 우리에게 말해준다. 특정 문화에 의해 인정되는 초자연적인 힘은 옳은 행동은 승인하지만 잘못된 행동은 벌을 준다. 간략히 말하자면, 사람들에게 자신의 행동에 대한 죄의식과 불안감을 불러일으킴으로써, 종교는 사람들을 통제하는 데 도움을 준다.

해설 종교는 사람들이 자신의 행동을 성찰하게 하고, 선과 악의 개념을 통해 사회 통제의 기능을 담당하고 있다고 하였으므로, 빈칸에는 ② helps keep people under control(사람들을 통제하는데 도움을 주다)가 가장 적절하다.

① 죽음과 사후 세계를 설명하다
③ 우주의 신비를 드러내다
④ 미신으로부터 그 자체를 구별하다
⑤ 명상의 가치에 관해 배우다

어휘

the unknown	미지의 것
religion	종교
typically	일반적으로
assume	가정하다
supernatural	초자연적인
existence	존재
function	기능
reflect on	~을 반성[성찰]하다
solely	오로지, 단지
guideline	지침
acceptable	수용 가능한
notion	개념
ethical code	윤리 규범
recognize	인정하다
approve	승인하다
guilt	죄

Vocabulary Review 본문 p.23

1 (1) goods (2) anxieties (3) sensation
(4) reflect on (5) recognized

2 (1) ruin (2) extend (3) cooperative
(4) assume (5) disaster (6) supernatural
(7) purify (8) intensity (9) respond
(10) principle

01

(1) 시장 경제에서 상품의 가격은 수요와 공급에 따라 결정된다.
(2) 당신의 불안을 친구들과 공유하는 것은 정신 건강을 개선하는 데 도움을 준다.
(3) 그는 자신을 둘러싼 세상이 모든 방향으로 움직이고 있는 이상한 기분을 느꼈다.
(4) 우리의 삶을 더 나아지게 만들기 위해 우리들 중 많은 사람들이 우리의 관심을 내면으로 돌리고 우리 자신을 성찰한다.
(5) 그의 작품은 국제적으로 인정받았고, 그를 세계 최고의 작가 중 한 명으로 만들었다.

02

(1) 망치다 (2) 넓히다, 확장하다 (3) 협력하는
(4) 가정하다 (5) 재앙 (6) 초자연적인
(7) 정화하다 (8) 강도 (9) 반응하다
(10) 원리

UNIT 03 역사, 풍습, 지리 본문 p.24

Q 정답 ④

소재 커피의 유래와 전설

수세기 동안 사람들은 커피를 마셔왔지만, 단지 어디서 커피가 유래했는지 혹은 누가 그것을 처음 발견했는지는 분명하지 않다. 그러나, 잘 알려진 전설에 따르면, 한 염소지기가 에티오피아 고산지에서 커피를 발견했다. 이 전설은 기원전 900년, 기원후 300년, 기원후 800년으로 거슬러 올라간다. 실제 시기와 상관없이, 염소지기인 Kaldi가 그의 염소들이 열매를 먹은 후 밤에 깨어있는 것을 발견했다고 하는데, 후에 이 열매는 커피 열매라고 알려졌다. Kaldi가 그 지역 수도원에 그의 관찰 내용을 보고했을 때, 그 수도원장은 커피 한잔을 내려서 그것의 풍미와 각성 효과를 알아차린 최초의 사람이 되었다. 커피의 효과와 좋은 풍미는 이내 수도원 너머로 널리 알려지게 되었다. Kaldi의 이야기는 사실이라기보다 꾸며낸 이야기일지도 모르지만, 적어도 몇몇 역사적 증거는 커피가 정말 에티오피아 고산지에서 유래했다는 것을 보여준다.

해설 주어진 문장에서 '그의 관찰 내용'은 ③ 문장에서 언급한 염소가 커피 열매를 마시고 잠을 자지 않은 것을 발견했다는 것을 가리키므로, 주어진 문장이 들어가기에 가장 적절한 곳은 ④이다.

어휘

originate	유래하다, 비롯되다
discover	발견하다
popular	잘 알려진, 대중적인
legend	전설
goatherd	염소지기
highland	고산지
date back	~(시기)로 거슬러 올라가다
regardless of	~와 상관없이
actual	실제의
awake	깨어있는; 깨(우)다
goat	염소
berry	베리(산딸기류 열매)
be known as	~로 알려지다
observation	관찰
flavor	풍미; 맛을 내다
effect	효과, 영향
taste	풍미, 맛; 맛이 나다
be known to 명사	~에게 알려지다
fable	꾸며낸 이야기, 우화
fact	사실
at least	적어도
historical	역사적인
evidence	증거

● **Reading Check** 〉 본문 p.25

1 origin	2 legend	3 berries	4 abbot
5 flavor	6 effect	7 originated	

주제별 연습문제 정답 01 ② 02 ① 03 ③ 본문 p.26

01

정답 ②

소재 지형이 인간관계에 미치는 영향

지형이 험한 지역들을 이동하는 것이 어려웠기 때문에, 지형은 그리스를 협소하게 만들면서 그리스의 사람들에게 영향을 미쳤다. (땅 크기가 작았다는 이야기가 아니라, 지형 때문에 이동할 수 있는 장소에 한계가 있어서, "그것(나라)을 작게 만들었다."라고 표현한 것임.) (B) 이러한 (만남의) 어려움으로, 이것은 그리스 사람들이 손님과 주인관계를 중요하게 여기도록 만들었다. 만약 어떤 낯선 이가, 가난한 사람이라도, 문 앞에 나타나면 선한 주인이 되어 그에게 거처를 주고 그와 음식을 나누는 것이 의무였다. (A) "우리는 먹기만 하려고 식탁에 앉는 것이 아니라 함께 먹으려고 식탁에 앉는다."라고 그리스의 작가인 Plutarch(플루타르크)가 썼다. 식사를 하는 것은 인간 사회의 표식이고 인간을 짐승과 구별하였다. 답례로 손님 또한 주인에게 의무가 있었다. (C) 이런 의무는 너무 오래 머물러서 주인의 호의를 악용하지 않는 것이었는데, 보통 사흘을 넘지 않아야 했다. 이 관계를 위반하는 것은 인간과 신의 분노를 가져왔다.

해설 주어진 문장에 이동의 어려움이 언급되어 있으므로 다음 문장에서 "이러한 어려움"을 설명하는 (B)로 이어져야 한다. (B) 문장 뒤에는 주인의 의무가 나열되어 있고, (A) 문단 첫 부분에는 음식을 나눠먹는 이유에 대한

Plutarch의 말을 인용하면서 '손님 또한 주인에 대한 의무가 있다'는 내용이 이어지며, (C) 문장에서 손님의 의무에 대한 설명이 이어지는 것이 적절하다.

어휘

affect	영향을 주다
rocky	험난한, 바위투성이의
in return	답례로
duty	의무
host	주인; 개최하다
geography	지형, 지리
relationship	관계
appear	나타나다, ~처럼 보이다
share	나누다, 공유하다; 몫
author	작가
dining	식사(하기)
sign	표식, 이정표; 서명하다
community	사회, 공동체
distinguish A from B	A를 B와 구별하다
beast	짐승
favor	호의, 친절
abuse	악용하다, 남용하다; 악용, 남용
violation	위반

02

정답 ①

소재 독특한 영국식 영어 악센트의 탄생 원인

왜 현대 미국의 악센트는 영국의 악센트와 비슷하게 들리지 않는가? 어쨌든 영국이 미국을 시민화하지 않았는가? 전문가들은 영국인들과 미국에 정착한 식민지 개척자들 모두 18세기 무렵에는 발음이 똑같았다고 믿는다. 또한 아마도 그들은 모두 현대 영국 발음보다는 현대 미국 발음에 더 가까웠을 것이라고 여겨진다. 그렇다면, 왜 그들은 현재 서로 다른 것일까? 산업 혁명 기간 동안 하층계급의 사람들 중 일부가 부유해지게 되었다. 그 후에 그들은 자신과 평민들을 구분하기 위하여 새로운 말하는 방식을 만들어냈다. 그들이 보여주고자 했던 것은 그들의 새로이 높아진 <u>사회적 지위</u>였다. 19세기에, 이 독특한 악센트는 영국 표준 발음으로 표준화되었다. 게다가, 많은 사람들이 세련되게 말하는 것을 배우고 싶어했기 때문에 발음 지도 강사들은 영국 표준 발음을 널리 가르쳤다.

해설 현대 영국의 억양은 산업혁명 기간에 부유해진 하층계급의 사람들이 다른 평민들과 자신들을 구분하기 위하여 만들었다는 내용으로, 빈칸에 들어갈 말로 가장 적절한 것은 ① social status(사회적 지위)이다.

② 유행 감각 ③ 정치적 입력
④ 식민지의 개입 ⑤ 지적인 업적

어휘

modern	현대의
accent	악센트, 억양
similar	비슷한
after all	어쨌든, 결국
colonize	식민화하다
colonist	식민지 주민
settle	정착하다, 해결하다
probably	아마도
Brit	영국인
revolution	혁명

wealthy	부유한
elevated	높아진
pronunciation	발음
fashionably	세련되게
social	사회적인
status	지위
political	정치적인
pressure	압력
colonial	식민지의
involvement	개입, 관여
intellectual	지적인
achievement	업적, 성취

03   정답 ③

소재 환경적인 조건에 의해 영향을 받는 화석

어떤 환경은 다른 환경보다도 더 많은 화석과 그 다음의 발견을 야기할 수 있다. 따라서 특정 기간이나 장소에서 나온 더 많은 화석 증거가 더 많은 개체가 있었다는 것을 의미한다고 결론지을 수는 없다. 그것은 어느 시기나 어느 장소의 조건이 다른 시기나 다른 장소에서 보다 화석화에 더 적합했던 것일 수 있다. 마찬가지로, 인류 화석 증거가 없을 수 있지만, 그것이 사람이 그곳에 살지 않았다는 것을 의미하지는 않는다. 속담에서 말하듯이, '증거의 부재가 부재의 증거는 아니다.' 비슷한 논리에 따르면, 어떤 것들은 화석 기록에 처음 나타나기 전에 생겼을 가능성이 있고, 그것들이 가장 최근의 화석 기록에 등장했던 시기 이후에도 살아남았을 가능성이 있다. 따라서 인류 화석 기록에 있어서 최초와 마지막 등장자료는 한 종의 기원과 멸종 시기에 대해 최소한의 추정치일 가능성이 있다.

→ 화석의 발견은 <u>환경적인</u> 조건에 의해 영향을 받기 때문에, 화석 증거가 등장 시기와 멸종 시기를 <u>규명할</u> 수 없다.

해설 화석화가 진행되고 그 이후에 화석으로 발견되는 것은 어느 특정 시기나 장소가 다른 시기나 장소보다 화석화에 더 유리했던 것일 수 있기 때문에, 화석 기록을 가지고 종의 기원과 멸종 시기에 대해 명확하게 말할 수는 없다는 내용의 글이다. 따라서 요약문의 빈칸 (A), (B)에 각각 들어갈 말로 가장 적절한 것은 ③ 환경적인(environmental) – 규명할(clarify)이다.

① 실험적인 – 방해할   ② 보통의 – 감출
④ 의도적인 – 드러낼   ⑤ 우연한 – 가릴

어휘

cause	야기하다
fossil	화석
following	그 다음의
discovery	발견
conclude	결론짓다
particular	특정한
suitable	적합한
formation	형성
absence	부재, 없음
be likely to	~일 가능성이 있다
appearance	등장
minimum	최소한의
estimate	추정(치)
origin	기원
extinction	멸종

1 (1) originated   (2) absence   (3) favor
    (4) settled   (5) regardless of
2 (1) fable   (2) estimate   (3) abuse
    (4) origin   (5) observation   (6) duty
    (7) violation   (8) population   (9) fossil
    (10) revolution

01

(1) 나는 이 사건이 질투에서 비롯되었다고 생각했다.
(2) 우리는 네가 없어서 실망했다.
(3) 그녀의 겸손한 태도는 곧 그들의 호의를 얻었다.
(4) 그녀는 프랑스에 영원히 정착했다고 전해진다.
(5) 나이와 상관없이 우리가 삶을 건강하게 꾸릴 수 있는지는 우리의 태도에 달려있다.

02

(1) 우화   (2) 추정치   (3) 악용하다
(4) 기원   (5) 관찰   (6) 의무
(7) 위반   (8) 인구   (9) 화석
(10) 혁명

UNIT **04** 물리, 화학, 항공우주   본문 p.30

Q   정답 ③

소재 정전기 생성 과정

플라스틱 펜과 머리카락을 이용하여 펜에 정전하를 일으킬 수 있다. 이 전기를 띤 펜을 이용하여 여러분은 종이 조각을 집을 수 있다. 어떻게 하는지 방법을 알아보자. 플라스틱 펜을 머리카락에 약 10번쯤 문지른 다음, 그 펜을 휴지조각이나 분필 가루 가까이 갖다 대 보아라. 종이 조각 또는 분필가루가 펜에 달라붙는 것을 볼 수 있을 것이다. 당신은 정전기라고 불리는 전기의 한 형태를 만든 것이다. <u>이러한 종류의 전기는 마찰에 의해서 만들어진다.</u> 정전기는 또한 대기에서 발견된다. 뇌우가 몰아치는 동안, 구름이 서로 마찰을 하며 전기를 띠게 될 수 있다. 폭풍우가 몰아치는 동안 우리가 종종 보게 되는 번개는 전기를 띤 구름과 지면 사이의 커다란 전하의 흐름에 의해서 야기된다.

해설 플라스틱 펜을 문질러 휴지조각이나 분필가루에 가져가면 그 휴지조각이나 분필가루가 펜에 달라붙는데, 이때 정전기라고 불리는 일종의 전기를 만든 것이라는 언급 뒤에 주어진 문장인 '이러한 종류의 전기'로 이어지는 것이 가장 적절하다.

어휘

generate	발생시키다
charged	전기를 띠는
chalk dust	분필 가루
rub	문지르다

hold	들고 있다, 지탱하다, 유지하다
cling to	~에 달라붙다
static electricity	정전기
friction	마찰
atmosphere	대기, 분위기
thunderstorm	뇌우
lightning	번개
cause	야기하다; 대의
flow	흐름; 흐르다
electricity	전기

본문 p.31

Reading Check

1 static, electricity	2 Rub	3 Hold
4 close	5 clings, to	6 electricity
7 lightning		

주제별 연습문제 정답 01 ① 02 ③ 03 ②

본문 p.32

01

정답 ①

소재 Isaac Newton의 색의 물리적 특성에 대한 새로운 발견

Isaac Newton은 색의 물리적 특성에 관한 과학적 조사를 했다. 어느 날, 그는 큰 지역 장터에서 프리즘 한 세트를 발견했다. 그는 그것들을 집으로 가져와서 실험하기 시작했다. 그는 암실에서, 가느다란 태양광 한 줄기가 삼각 유리 프리즘 위에 떨어지게 하였다. 그 백색광은 프리즘에 부딪치자마자, 그것(백색광)은 친숙한 무지개 색으로 분리되었다. 사람들은 태초부터 무지개를 관찰해 왔기 때문에, 이 발견은 새로운 것이 아니었다. 하지만 Newton이 스펙트럼의 경로에 두 번째 프리즘을 놓았을 때 새로운 것을 발견하였다. 합성된 색은 흰 빛줄기를 만들어냈다. 따라서 그는 <u>스펙트럼의 색깔을 혼합함으로써</u> 백색광이 만들어질 수 있다고 결론을 내렸다.

해설 첫 번째 프리즘으로 백색광이 친숙한 무지개 색으로 분리되는 것을 확인했다. 프리즘을 하나 더 두었더니 분리된 색이 혼합하여 백색광을 다시 만들어낼 수 있다는 것을 발견하였다. 그래서 결론은 ① combining the spectral colors(스펙트럼의 색깔을 혼합함으로써)가 빈칸에 가장 적절하다.
② 프리즘에서 색깔을 분리함으로써
③ 빛의 세기를 강화함으로써
④ 무지개와 비슷한 화합물을 만들어냄으로써
⑤ 가느다란 태양광을 더욱 강하게 만듦으로써

어휘

research	연구하다; 연구
physical	물리적인
characteristic	특징; 특유의
local	지역의; 주민
experiment	실험하다; 실험
thin	가느다란
ray	빛, 광선
fall	떨어지다
as soon as	~하자마자
separate into	~로 분리하다
discovery	발견

the beginning of time	태초
place	놓다[두다]
conclude	결론을 내리다
combine	결합하다
spectral	스펙트럼의
strengthen	강화하다
intensity	강도, 세기, 강렬함
generate	발생시키다
compound	화합물, 혼합물

02

정답 ③

소재 무인 우주선 개발 이유

현재, 우리는 인간을 다른 행성으로 보낼 수 없다. (B) (보낼 수 없는) 한 가지 어려움(장애물)은 그러한 여행이 수년이 걸릴 것이라는 점이다. 우주선은 긴 여행에서 생존에 필요한 충분한 공기, 물, 그리고 다른 물자를 운반할 필요가 있다. 또 다른 장애물은 극심한 열과 추위 같은, 다른 행성들의 혹독한 기상 조건이다. (C) 게다가 어떤 행성들은 착륙할 표면조차 가지고 있지 않다. 이러한 어려움들 때문에, 우주에서의 대부분의 연구 임무는 승무원이 탑승하지 않은 우주선의 이용을 통해 이루어진다. (A) 이러한 단점에도(불구하고), 이런 탐험들은 인간의 생명에 아무런 위험도 주지 않으며 우주 비행사들을 포함하는 탐험보다 비용이 덜 든다. 이 우주선은 행성의 구성 성분과 특성을 실험하는 기구들을 운반한다. 따라서 데이터와 이미지가 무선으로 지구로 전송될 수 있다.

해설 주어진 문장은 현재는 인간을 다른 행성으로 보낼 수 없다는 한계에 대해 언급한다. 다른 행성으로 보낼 수 없는 이유인 장애물에 대한 언급이 (B)에서 이어지면서 단점으로 시간이 많이 소요되는 점과 혹독한 기상조건에 대해 나열한다. (C)에서 또 다른 장애물로, 착륙할 표면조차도 없는 행성이 있다는 것을 이야기하고, (A)에서 앞서 이러한 한계들이 있음에도 사람을 행성에 직접 보내지 않고 이루어지는 탐험의 장점으로 마무리해야 한다.

어휘

currently	현재
obstacle	장애물, 어려움
take	(시간이) 걸리다
carry	나르다
supply	보급품[물자]
harsh	혹독한, 가혹한
extreme	극심한, 극도의
besides	게다가
surface	표면
land on	~에 착륙하다
mission	임무
achieve	성취하다, 이루다
astronaut	우주비행사
despite	~에도 불구하고
disadvantage	단점, 불리함
exploration	탐구, 탐험
radio signal	무선 신호

03

정답 ②

소재 과일 숙성 과정에 관여하는 에틸렌

과일 숙성 과정은 몇 가지 현상을 낳는다. 세포벽의 연화, 감미 그리

고, 색상과 맛에 관련이 있는 화학 물질의 생산이 그것이다. 그 과정은 에틸렌이라 불리는 식물 호르몬의 생산에 의해 야기된다. 문제는 숙성 이후에, 때로는 아주 빠르게 품질저하와 부패가 일어나고, 제품이 가치가 없어진다는 것이다. 그러므로 토마토와 다른 과일은 일반적으로 익지 않았을 때 수확되어 운송된다. 일부 국가에서 판매자들은 소비자에게 판매하기 전에 숙성을 활성화하기 위해 에틸렌을 살포한다. 그러나 익기 전에 수확된 과일은 식물에서 익은 상태로 수확된 과일보다 맛이 덜하다. 따라서 생명공학자들은 이런 문제점들을 해결하기 위해 방법을 생각해냈다. 만약 에틸렌 생산을 방해함으로써 숙성을 늦출 수 있다면, 과일은 익어서 맛이 가득 찰 때까지 식물에 붙어 있을 수 있다. 그리고 슈퍼마켓 선반에 도착했을 때에도 여전히 좋은 상태를 유지할 것이다.

해설 ② that절의 주어(deterioration and decay)의 동사가 필요하다. 따라서 occur로 고쳐주어야 한다.

① involved는 동사가 아닌 앞의 chemicals를 수식하는 분사로 형용사역할로 쓰였다. 해석상 '관계가 있는'이기 때문에 involving이 아닌 involved가 맞다.

③ to stimulate는 to부정사의 목적으로 '촉진하기 위해서'라고 해석된다.

④ 동사 taste의 보어 자리의 품사를 물어보는 문제로 보어 자리에는 부사가 올 수 없으므로 형용사 delicious가 맞다.

⑤ until은 접속사로 뒤에 주어+동사의 구조가 이어져야 한다. 하지만 주어가 생략이 가능한 경우에는 「접속사+형용사(구)」가 가능하다. ripe는 형용사로 알맞게 쓰였다.

어휘

ripening	숙성
phenomena	현상
softening	연화
chemical	화학 물질
flavor	맛, 풍미
decay	부패
worthless	가치 없는
transport	운송하다
unripe	덜 익은
spray	살포하다
stimulate	촉진하다, 자극하다, 격려하다
ripe	익은, 숙성한
biotechnologist	생명공학자
think of	~을 생각하다[떠올리다]
slow down	지연시키다, 늦추다
interfere with	~을 방해하다
be attached to	~에 붙어있다
shelf	선반

Vocabulary Review 본문 p.35

1 (1) carry (2) local (3) cling to
   (4) conclude (5) phenomena

2 (1) flavor (2) intensity (3) exploration
   (4) friction (5) hold (6) obstacle
   (7) compound (8) ripening (9) supply
   (10) lightening

01

(1) 혈관은 피를 심장으로 나른다.

(2) 지역 봉사 단체는 많은 자원봉사자를 필요로 한다.

(3) 젤리처럼 끈적거리는 음식은 이에 달라붙으므로 먹을 때 주의해야 한다.

(4) 많은 경험을 한 후, 나는 인생이 자신의 선택으로 이루어진다는 결론을 내릴 수 있었다.

(5) 지구 온난화는 전 세계의 많은 비정상적 기후의 원인이 된다.

02

(1) 맛, 풍미 (2) 강도, 세기, 강렬함 (3) 탐험
(4) 마찰 (5) 들고 있다 (6) 장애물
(7) 화합물, 혼합물 (8) 숙성 (9) 보급품[물자]
(10) 번개

UNIT 05 생명과학, 지구과학 본문 p.36

Q 정답 ③

소재 바닷가 모래가 형성되는 과정

당신은 모래가 어디서 온다고 생각하는가? 모래가 만들어지는 다양한 방법이 있다는 것을 알고 있는가? 어떤 모래는 조개껍질이나 암초와 같은 것들로부터 바다에서 만들어진다. 하지만 대부분의 모래는 멀리 산맥에서 온 암석의 작은 조각들로 구성된다! 그런데 놀랍게도, 산에서 바다로 오기까지의 여정은 당신이 생각하는 것보다 훨씬 더 많은 시간인 수천 년이 걸릴 수 있다. 빙하, 바람 그리고 흐르는 물은 이 암석 조각들을 운반하는 데 도움이 된다. 이 과정에서, 작은 여행자들(암석 조각들)은 이동하면서 점점 더 작아진다. 이따금 운이 좋으면, 강물이 그것들을 해안까지 내내 실어다 줄지도 모른다. 거기서, 그것들은 해변에서 모래가 되어 여생을 보낼 수 있다.

해설 모래가 만들어지는 방법이 조개껍데기로 만들어지기도 하지만 대부분은 산에서 바닷가로 이동하면서 형성된다는 내용이다. 따라서 ③ '대부분의 바닷가 모래가 형성되는 방법'이 주제로 가장 적절하다.

① 물의 이동을 유발하는 것
② 모래의 크기를 결정하는 요인
④ 다양한 산업에서의 모래의 많은 용도
⑤ 해변에서 모래가 사라지고 있는 이유

어휘

various	다양한
form	형성되다[하다]
be made up of	~로 구성되다
tiny	작은
bits of	조그마한, 약간의
rock	암석, 암초
all the way	내내, 힘을 다해
glacier	빙하
flowing	흐르는
process	과정

get	~하게 되다
opportunity	기회
carry	나르다, 운반하다
the rest	나머지

● Reading Check 본문 p.37

1 process	**2** shells	**3** rocks
4 mountains	**5** get	**6** coast	**7** rest

주제별 연습문제 정답 01 ② 02 ④ 03 ① 본문 p.38

01
정답 ②

소재 뇌의 에너지 소비

뇌는 몸무게의 2 퍼센트만을 차지한다. 하지만 이것은 우리 에너지의 20 퍼센트를 사용한다. 갓 태어난 아기의 경우, 그 비율은 65 퍼센트에 달한다. 성장 중인 뇌는 아기들을 지치게 하기 때문에, 아기들은 항상 잠을 자는 것이다. 그리고 그들은 많은 체지방을 가지고 있는데, 에너지로 사용하기 위한 것이다. 한편, 근육은 뇌보다 훨씬 더 많은 에너지를 사용하기도 하지만, 이것은(에너지를 많이 쓰는 이유는) 우리가 많은 근육을 가지고 있기 때문이다. 실제로, 다른 것들과 비교해서, 뇌는 (부피에 비해) 다른 기관보다 훨씬 많은 에너지를 사용한다. 하지만 그것은 또한 놀랍도록 효율적이다. 뇌는 하루에 약 400 칼로리의 에너지만 필요로 한다. 그 양은 우리가 블루베리 머핀에서 얻는 것과 거의 같다. 머핀으로 24시간 동안 컴퓨터 작동을 시도해보고 당신이 얼마나 갈 수 있는지 보라.

해설 부피에 비해 에너지는 많이 사용하지만 다른 기관에 비해 놀랍도록 효율적이어서 머핀에서 얻을 수 있는 400칼로리의 에너지로도 하루를 보낼 수 있는데, 그 머핀의 400칼로리로 컴퓨터를 작동시켜보면 뇌에 비해서 효율적이지 않다는 것(더 많은 에너지를 필요로 한다는 것)을 알게 될 것이라는 내용으로 밑줄 친 부분이 의미하는 바로 가장 적절한 것은 ② '당신은 뇌가 얼마나 효율적인지 알 수 있을 것이다'이다.
① 컴퓨터는 훨씬 적은 에너지를 사용한다.
③ 컴퓨터와 비교하면, 우리의 뇌는 덜 빠르게 작동한다는 것이다.
④ 당신은 컴퓨터와 뇌의 능력이 얼마나 유사한지 알 수 있을 것이다.
⑤ 당신은 컴퓨터가 머핀만으로도 작동한다는 것을 알게 되어 놀랄 것이다.

어휘

consume	소비하다, 섭취하다
newborn	신생아
body fat	체지방
meanwhile	한편
compared to	~와 비교해서
by far	(비교급 강조) 훨씬, 더욱
organ	기관, 장기
extremely	매우, 극도로, 엄청
efficient	효율적인
require	요구하다, 필요로 하다
about	대략
amount	양, 총액
operate	작동하다, 운용하다

02
정답 ④

소재 태양이 지구에 전달하는 태양 에너지

단 한 주 만에, 태양은 '모든 인간의 역사'에 걸쳐 석탄, 석유, 그리고 천연가스를 태워가며 인류가 사용해 온 것보다 더 많은 에너지를 지구에 전달한다. 그리고 태양은 수십억 년 동안, 계속하여 지구를 비출 것이다. 우리의 문제는 우리가 에너지를 고갈시키고 있다는 것이 아니다. 우리가 잘못된 원천에 집중하고 있다는 것이다 - 우리는 (양이) 적고 한정적인 것을 다 써 버리고 있다. 우리가 오늘날 사용하는 것은 석탄, 천연가스, 그리고 석유다. 이것들은 수백만 년 전에 온 태양에너지일 뿐이며, 지하 깊이 보존되어 있는 극히 작은 일부다. 인류는 화석 연료를 사용하는 기술을 개발하기 위한 노력을 해왔고, 의미 있는 결과를 얻었다. 우리는 태양으로부터 매일 지구에 도달하는 새로운 에너지인 '훨씬 더 풍부한' 원천을 효율적으로 그리고 값싸게 사용하는 것을 배워야 한다.

해설 태양에너지가 지구에 보내준 자원 중에 양이 적고 한정적인 화석 연료의 사용을 줄이고 새로운 에너지 사용법을 배우자는 이야기이다. 그러므로 ④ 화석연료 사용하는 기술을 개발했다는 내용은 흐름상 어색하다.

어휘

deliver	전달하다
humanity	인류, 인간성
by –ing	~함으로써
billion	십억, 10억
run out of	고갈시키다
focus on	~에 집중하다
use up	다 써 버리다
limited	제한된, 한계가 있는
solar energy	태양 에너지
million	백만, 100만
preserve	보존하다
underground	지하; 지하의
fossil fuels	화석 연료
achieve	얻다, 성취하다
meaningful	의미 있는
efficiently	효율적으로
cheaply	싸게, 저렴하게
abundant	풍부한

03
정답 ①

소재 활성 산소의 양면성

중요한 것은 바로 산소이다. 기이하게도, 우리에게 생명을 주는 그 물질이 결국 그것(생명)을 죽인다. 궁극적인 생명력은 우리가 들이쉬는 거의 모든 산소를 태우는, 미토콘드리아라고 불리는 아주 작은 에너지 세포 공장에 있다. 그러나 호흡에는 대가가 있다. 우리를 살아 있게 하고 활동적이게 유지하는 산소 연소는 활성 산소라고 불리는 부산물을 내보낸다. 그것들(활성산소)은 지킬박사와 하이드 씨의 특징을 가지고 있다(서로 다른 이중적인 특징을 가지고 있다). 한편으로, 그것들은 우리의 생존하도록 돕는다. 예를 들어, 신체가 해로운 균들을 무찌르기 위해 움직이면, 그것(신체)은 침입자들을 매우 효율적으로 파괴하기 위해 활성 산소를 생산한다. 다른 한편으로, 활성 산소는 신체를 자유롭게 돌아다니면서 세포를 공격하고, 세포의 단백질을 부식시키고, 세포막을 뚫고 세포의 유전 암호를 변질시킨다.

결국, 그 세포는 망가지게 되어 때로는 포기하고 죽어버린다. 보호자와 보복자 둘 다로서 생명체로 내장되어 있는 이런 공격적인 활성 산소들은 사실상 노화를 유발한다.

해설 산소는 '우리에게 생명을 주기도 하지만 호흡(산소)에는 대가가 있다'는 내용의 글이다. 호흡을 통해 활성산소라고 하는 양면적 특징을 갖고 있는 부산물을 내보내는데 그 물질이 생명을 죽일 수도 있다는 내용이다. 따라서 빈칸에 들어갈 말로 가장 적절한 것은 ① eventually kills it(결국 그것(생명)을 죽인다)이다.
② 빠르게 사라진다
③ 사실상 갖기 어렵다
④ 스스로 활성화되지 않는다
⑤ 또한 그것을 더욱 강하게 만든다

어휘

strangely	기이하게도, 이상하게도
stuff	것, 물건, 물질
essential	궁극적인, 매우 중요한, 본질적인, 필수적인
life force	생명력
cellular	세포의
breathe in	숨을 들이쉬다 (= inhale)
price	(치러야 할) 대가, 희생
by-product	부산물, 부작용
fight off	물리치다
generate	생산하다
invader	침입자
protein	단백질
damage	손상시키다
membrane	막, 세포막
corrupt	변질시키다, 오염시키다
genetic code	유전 암호
aggressive	공격적인
aging	노화

Vocabulary Review 본문 p.41

1 (1) essential   (2) operate   (3) process
　(4) abundant   (5) Running out of

2 (1) consume   (2) solar energy   (3) require
　(4) deliver   (5) price   (6) preserve
　(7) form   (8) by-product   (9) invader
　(10) glacier

01
(1) 협상을 할 때 약간의 타협은 필수적이다.
(2) 모든 전자기기는 작동하기 위해서 전력이 필요하다.
(3) 그는 전문가가 되는 힘든 과정을 거쳤다.
(4) 역설적이게도, 풍부한 천연 자원이 한 국가의 경제적 성장을 악화시킬 수도 있다.
(5) 음식을 고갈시키고 기근으로 고통 받는 것은 더 이상 역사책 속만의 이야기가 아닐 것이다.

02
(1) 소비하다　　　(2) 태양 에너지　　　(3) 요구하다
(4) 전달하다　　　(5) 대가, 희생　　　(6) 보존하다
(7) 형성되다[하다]　　(8) 부산물, 부작용　　(9) 침입자
(10) 빙하

UNIT 06 스포츠, 취미, 여행 본문 p.42

Q 정답 ④

소재 만족감을 주는 취미

새로운 전자 기기, 옷, 또는 그냥 닥치는 대로 물품을 사는 것은 그 자체로 취미가 될 수 있다. 만약 당신이 돈을 절약하고 싶다면 물건을 만드는 즐거움을 찾아보아라. 당신은 무작위 쇼핑에서 얻는 것과 같은 종류의 만족을 물건을 만드는 것에서 얻을 수 있다. 당신이 자랑스러워하는 것을 그리거나 즐기는 무언가를 글로 쓴다면, 당신은 이제 자신을 행복하게 만드는 새로운 무언가를 당신의 삶에서 갖게 된 것이다. 새로운 기기를 구입함으로써 당신은 비슷한 흥분(감)을 얻을지도 모르지만, 그것 또한 아마 더 일시적이다. 그렇다, 물건을 만드는 데에도 돈이 들 수 있다. 그러나, 당신이 돈을 쓸 수 없을 때, 당신은 언제나 온라인에서 기술에 관해서 더 배우거나 당신이 이미 가지고 있는 것을 가지고 연습할 수 있다. 비록 당신 자신이 물건을 만드는 데 결국 돈을 쓰게 될지라도, 당신은 적어도 가치가 곧 떨어질 물건을 수집하기보다는 기술을 쌓고 있는 것이다.

해설 물건을 사는 자체로도 취미가 될 수 있지만, 무엇인가를 만드는 것에서 즐거움을 찾으라는 것이 글의 주된 내용으로, 글의 주제로 가장 적절한 것은 ④ '물건 만들기가 쇼핑하기보다 더 좋은 이유'이다.
① 취미로 옷을 쇼핑하기
② 의류를 현명하게 구매하는 방법
③ 비싼 취미의 부정적인 효과
⑤ 취미로 기기 수집하는 것에 대한 오해

어휘

electronic	전자의
device	기기, 장치
random	닥치는 대로의, 무작위의
item	물품, 품목
in itself	그 자체로
save	절약하다
satisfaction	만족
proud	자랑스러운
excitement	흥분(감)
temporary	일시적인
cost	비용이 들다
craft	기술, 공예
end up -ing	결국 ~하게 되다
at least	적어도
rather than	~라기 보다는

collection	수집
stuff	물건, (어떤) 것
value	가치

● Reading Check 　　　　　　　本文 p.43

1 temporary	2 satisfaction	3 Drawing	4 writing
5 spend	6 learn	7 skills	

주제별 연습문제 　정답 01 ④　02 ④　03 ①　　　本文 p.44

01 　　　　　　　　　　　　　　　　　　정답 ④

소재 성공의 일부로서의 실패

스포츠 역사상 그리고 우리의 '이기는 것이 전부'인 문화에서, 그들이 경쟁한 모든 게임이나 모든 경기 혹은 모든 선수권 대회에서 이긴 사람을 나는 본 적이 없다. 21세기의 위대한 테니스 선수인 Roger Federer는 기록적인 17개의 그랜드 슬램 타이틀을 획득했다. 하지만 그는 60회가 넘는 그랜드슬램 대회에 출전했다. 따라서 아마도 가장 훌륭한 그 테니스 선수는 출전 횟수 중 3분의 2가 넘게 실패했을 것이다. 우리는 그를 실패자가 아니라 챔피언으로 생각하지만, 여기에서 분명한 것은 이러한 척도에서 그가 성공한 것보다 훨씬 더 많이 실패했다는 것이고, 그것은 누구에게든 일반적으로 적용된다. 실패 뒤에는 성공이 따른다. 따라서 실패가 과정의 일부라는 사실을 받아들이고 그것과 함께 계속해 나아가라.

해설 최고의 테니스 선수인 Roger Federer도, 60회가 넘는 대회에 출전해서 1/3에서만 우승을 했듯이 성공보다 실패가 훨씬 많은 것은 누구에게나 마찬가지라는 내용의 글이므로 제목으로 가장 적절한 것은 ④ '성공은 실패 없이 오지 않는다'이다.

① 계획 없는 목표는 바람일 뿐이다
② 당신은 당신만의 기회를 만든다
③ 자신을 다른 사람들과 비교하지 마라
⑤ 인생에서 가장 슬픈 것은 낭비된 재능이다

어휘

culture	문화
championship	선수권 대회
compete	경쟁하다, 참가하다
record	기록적인; 기록; 기록하다
yet	하지만
failure	실패, 실패자
rather	오히려
obvious	분명한
measure	척도, 조치; 측정하다
generally	일반적으로
follow	따라가다, 뒤따르다
process	과정
get on with	(계속) 해나가다, 잘 지내다
compare ~ with ...	~를 ...와 비교하다
wasted	낭비된
talent	재능

02 　　　　　　　　　　　　　　　　　　정답 ④

소재 취미와 직업의 관계

일부 연구원들은 취미 생활에 보낸 시간이 직장 생활을 어떻게 형성하는지 알아보기 위해 129명의 취미 활동가를 모았다. 그 팀은 각 참가자의 취미에 관한 진지함을 측정하였고, "이 활동을 위해 정기적으로 훈련한다"와 같은 진술에 얼마나 많이 동의하는지 평가하도록 요청했으며 직업과 취미의 요구사항들 사이의 유사성을 평가했다. 그런 다음, 참가자들은 얼마나 많은 시간을 그들의 활동에 들였는지를 기록했고, 그들의 업무를 효과적으로 수행할 수 있는 능력에 대한 믿음을 측정하는 기준을 작성했다. 참가자들이 여가 활동에 평소보다 더 많은 시간을 소비할 때, 그들은 자신의 능력이 향상되었다고 믿는다는 것을 결과가 보여주었다. 그러나 이것은 그들이 자신들의 직업과 유사하지 않은 다른 진지한 취미를 가졌을 경우에만 그러했다. 그들의 취미가 진지하고 그들의 직업과 비슷할 때, 그것(취미)에 더 많은 시간을 쓰는 것은 실제로 그들의 자기 효능감을 감소시켰다.

→ 연구는 취미와 직업이 충분히 다른 경우 진지한 취미에 더 많은 시간을 보내는 것이 일에 있어서의 자신감을 높여줄 수 있다고 시사한다.

해설 취미생활이 직장생활에 미치는 영향을 알아보기 위해 129명을 대상으로 실험을 했는데, 직업과 취미의 유사성이 높을수록 더 많은 시간을 할애하지만 자기 효능감을 감소시킨다는 내용의 글이므로, (A)와 (B)에 들어갈 말로 가장 적절한 것은 ④ confidence(자신감) – different(다른)이다.

① 헌신 – 유사한
② 창의성 – 분리된
③ 생산성 – 연결된
⑤ 관계 – 균형 잡힌

어휘

gather	모으다
hobbyist	취미 활동가
measure	측정하다
seriousness	진지함, 심각함
participant	참가자
statement	발언
regularly	정기적으로
agree with	~에 동의하다
evaluate	평가하다 (= rate)
similarity	유사성
demand	요구 (사항)
complete	작성하다, 완성하다
scale	기준, 등급
measure	측정하다
usual	평상시의, 보통의
leisure	여가
dissimilar	다른
decrease	감소하다

03 　　　　　　　　　　　　　　　　　　정답 ①

소재 관광지의 문화 보존에 기여하는 관광

관광은 단지 휴가보다 훨씬 더 많은 것을 의미한다. 관광은 다양한 장소와 문화로부터 온 사람들을 한데 모이게 하고, 그리하여 이방인들과 지역 사회가 서로의 차이점과 유사점에 대해 알게 한다. 게다가, 그들은 새로운 취향과 관점에 대해 배울 수 있는데, 그것은 관광지에 사는 사람들과 관광객이 서로를 더 잘 이해하는 것을 도울지도 모른다. 관광의 또 다른 긍정적인 효과는 한 사회의 문화, 특히 그 문화의 예술 형식이 생존하는 데 도움이 된다는 것이다. 많은 관광객들은 토착 예술품을 기념품으로 구입하고 민속 무용과 같은 지역 예술 공연에 참석하는 경향이 있는데, 그것은 지역 예술가들에게 그들의 전통 예술 형식을 보존하도록 격려한다. 예를 들어, 피지인들은 그들의 야자수 깔개와 조개껍질 보석 공예들을 수익성 있는 관광 사업으로 발전시켰다. 그들은 또한 민속춤과 불 속 걷기 공연을 함으로써 추가적인 소득을 얻는다.

해설 관광은 서로 다른 문화를 가진 사람들이 함께 모여 서로의 차이점과 유사점을 알게 해 주며, 관광 기념품 및 예술 공연을 통해 한 사회의 문화가 생존할 기회를 제공하는 이점을 가지고 있다는 내용이므로 주제로 적절한 것은 ① '관광의 문화적 이점'이다.
② 전통적인 문화의 소실
③ 문화적인 교류의 부정적인 영향
④ 관광 상품을 만드는 다양한 방법
⑤ 현지인과 관광객 사이의 오해

어휘

tourism	관광
enable	가능하게 하다
various	다양한
in addition	게다가
taste	취향, 기호
viewpoint	관점
especially	특히
native	토착의
artwork	예술품, 미술품
souvenir	기념품
encourage	격려하다, 권장하다
preserve	보존하다
palm	야자수
craft	공예, 기술
profitable	수익성이 있는
additional	추가적인

Vocabulary Review
본문 p.47

1 (1) encourage (2) preserved (3) demands
  (4) dedication (5) measure

2 (1) profitable (2) process (3) similarity
  (4) evaluate (5) native (6) viewpoint
  (7) craft (8) taste (9) record
  (10) culture

01
(1) 그들은 관중들이 자신들의 경험을 공유하도록 적극적으로 격려해야 한다.
(2) 공룡의 뼈가 화석으로 보존되어졌기 때문에, 우리는 공룡에 관해 안다.
(3) 일정에 없던 시간은 가끔 당신이 업무의 요구들과 기대들에 부응하도록 도와준다.
(4) 이 성과는 우리 프로젝트 관리자의 개인적 기량과 헌신의 결과이다.

(5) 동기 부여의 척도는 개인이 활동에 쏟을 시간과 노력의 양이다.

02
(1) 수익성이 있는 (2) 과정 (3) 유사성
(4) 평가하다 (5) 토착의 (6) 관점
(7) 공예, 기술 (8) 취향, 기호
(9) 기록적인; 기록; 기록하다 (10) 문화

UNIT 07 음악, 미술, 영화
본문 p.48

Q
정답 ①

소재 음악의 사회적 기능

음악은 공통의 관심사나 취미뿐만 아니라 특정 노래, 커뮤니티 및 예술가와의 정서적 연결을 통해 사람들이 서로 연결하는 것을 돕는다. 자기 자신을 찾을 때, 다른 사람의 중요성은 의미가 있다. 사회학 교수인 Agger가 말하는 것처럼, "정체성은 주로 사회적 산물이며, 다른 사람들과 그들이 우리를 보는 방식과 관련하여 형성된다." 그리고 사회 음악학자 Frith는 대중음악이 그러한 연관성을 가지고 있다고 주장한다. 따라서, 음악 팬들에게, 사람들이 그 속에서 의미를 찾는 장르, 예술가, 그리고 노래는 잠재적인 '장소'로서의 역할을 하는데, 그곳에서 자신의 정체성이 다른 사람들과 연관되어 자리 잡힐 수 있다: 즉, 그것들은 적어도 사람들의 정체성의 부분들을 제자리에(있어야 할 곳에) 묶어두는 사슬로서 역할을 한다. 공유된 음악적 열정을 통해 만들어진 관련성은 공동체라는 느낌을 제공해 줄 수 있는 비슷한 사람들의 집단이 있다는 점에서 안전과 안정감을 제공한다.

해설 음악은 사람들을 감정적으로 연결시키며, 개인의 정체성의 일부를 형성하는데 있어 사슬로서의 역할을 한다는 것이 주된 내용이다. 따라서 빈칸에 들어갈 말로 가장 적절한 것은 ① the feeling of a community(공동체라는 느낌)이다.
② 대중문화에 대한 반응
③ 전통적인 노래에의 접근
④ 사회개혁을 위한 기초
⑤ 저작권 문제를 위한 해결

어휘

through	~을 통해
interest	관심(사)
emotional	정서적인
particular	특정한
state	말하다, 진술하다
identity	정체성
mostly	주로
in relation to	~와 관련하여
genre	장르
serve as	~로서 역할을 하다 (= act as)
potential	잠재적인
passion	열정
in place	제자리에

security	안전, 안심
notion	개념

Reading Check 본문 p.49

1 connect **2** important **3** identity **4** view
5 Popular, music **6** shared, musical, passions

주제별 연습문제 정답 01 ③ 02 ① 03 ⑤ 본문 p.50

01 정답 ③

소재 연극 무대에서 관객의 집중을 끄는 법

영화에서 집중을 얻기는 쉽다. 감독이 관객에게 말하고 싶은 것은 화면의 장면을 통해 보여지므로, 관객은 감독이 그들에게 (보여주기를) 원하는 것을 지켜볼 수밖에 없다. 클로즈업이나 슬로우 샷은 관객들의 관심을 얻기 위해 그가 사용하는 기법이다. 무대에서 관객은 그들이 원하는 어디든지 자유롭게 볼 수 있기 때문에 집중이 훨씬 더 어렵다. 무대 감독은 관객의 관심을 얻어서, 그들의 시선을 특정 장소나 배우로 향하게 해야 한다. 이것은 조명, 의상, 배경, 목소리 및 움직임을 통해 이루어질 수 있다. 집중은 단지 한 배우에게 스포트라이트를 비추거나, 한 배우를 별개의 색상에 두거나, 다른 배우가 가만히 있는 동안 한 배우를 움직이게 함으로써 얻어질 수 있다. 이 모든 기법은 감독이 초점을 맞추길 원하는 배우에게로 관객의 관심을 효과적으로 끌 것이다.

해설 주어진 문장은 무대 감독이 관객의 관심을 끄는 법에 대한 내용이므로, 연극에 관한 진술이 시작된 다음에 위치하여야 하고, 관객의 관심을 끄는 구체적인 방법이 언급된 문장 앞에 위치하는 것이 적절하다. 따라서, 주어진 문장이 들어가기에 가장 적절한 곳은 ③이다.

어휘

gain	얻다
audience	관객
attention	관심
direct	~로 향하게 하다
particular	특정한
director	감독
scene	장면
technique	기법
lighting	조명
costumes	의상
scenery	배경
movement	움직임
spotlight	스포트라이트
distinct	별개의
remain	남아있다
still	가만히 있는
effectively	효과적으로
draw	끌다

02 정답 ①

소재 걸작을 창작하는 어려움

만약 창작자들이 언제 그들이 걸작을 만드는지 정확히 안다면, 그들

의 작품은 계속 앞으로만 나아갈 것이다. 그것이 성공적이라고 느끼면 그들은 더 많은 노력을 기울이지 않을 것이다. 그러나 실제로, 그들은 종종 이전에 실망스럽다고 간주했던 버전으로 돌아간다. 베토벤의 가장 잘 알려진 작품에서 그는 그것(1악장의 결말)이 너무 짧게 느껴져서 결국 1악장의 결말을 버렸지만, 나중에 다시 그것으로 돌아갔다. 만약 베토벤이 비범한 작품과 평범한 작품을 구별할 수 있었다면, 그는 그의 교향곡을 즉시 성공으로 받아들였을 것이다. 피카소가 그의 유명한 게르니카를 그릴 때, 그는 79개의 다른 그림을 그렸는데, 그 중 대부분은 이후의 변형이 아닌 그의 초기 스케치에 기반을 두었다. 피카소가 작품을 제작할 때 자신의 작품을 판단할 수 있었다면 그는 일관되게 "더 따뜻하게(원하는 결과에 더 근접하게)" 되고 나중에 그린 그림을 사용했을 것이다. 하지만 실제로는 그가 "더 차가워"지는(바라는 결과로부터 멀어지는) 것은 흔한 일이었다.

해설 창작자들은 자신의 작품 중 무엇이 걸작으로 남게 될 것인지 창작 당시에는 모르기 때문에 걸작을 만들기 위해 끊임없이 창작을 하지만, 대부분의 경우 걸작을 만들고자 계속해서 만들었던 것보다는, 초기의 것이 걸작이 되는 경우가 흔하다고 하였으므로, 밑줄 친 부분이 의미하는 바로 가장 적절한 것은
① '바라는 결과로부터 멀어지다'이다.
② 대중의 비판으로 인해 명성을 잃다
③ 새로운 예술 경향을 따르는 것을 꺼리게 되다
④ 덜 열정적으로 타인의 예술품을 감상하다
⑤ 자신만의 것을 창조하기보다 대가의 방식을 모방하다

어휘

exactly	정확히
masterpiece	걸작
forward	앞으로
put in (an) effort	노력을 기울이다
used to 동사원형	~하곤 했다
regard as	~로 간주하다
disappointing	실망스러운
well-known	잘 알려진
abandon	버리다
distinguish	구별하다
extraordinary	비범한
immediately	즉시
drawing	그림
be based on	~에 기반[근거]을 두다
variation	변형
judge	판단하다
consistently	일관되게
common	흔한

03 정답 ⑤

소재 영화를 즐기는 이유

영화는 지배적인 문화를 지지하고 시간이 지남에 따라 그것의 재생산을 위한 수단으로 역할을 한다고 말할 수 있다. (C) 그러나 그것들(영화들)이 주는 모든 것이 적절한 생활을 위한 문화적 지침이라면, 관객이 그러한 영화를 즐길만하다고 여길 것인지에 대한 이유를 물을지도 모른다. 우리 중 대부분은 독재 사회에서 흔히 볼 수 있는 문화 예술 작품과 같은 그러한 교훈적인 영화에 질렸을 것이고, 그런 영화들을 사람들에게 의도된 목적을 알리는 도구로 보게 될 것이다.

(B) 이것에 대한 간단한 대답은 영화가 책임 있는 행동에 대한 2시간의 윤리 수업을 제공하는 것 그 이상이라는 것이다. 그것들은 또한 결국 우리가 만족하는 이야기를 한다. (A) 나쁜 사람들은 보통 벌을 받고, 낭만적인 커플은 어려움에도 불구하고 거의 항상 진정한 사랑을 찾는다. 우리가 원하는 세계의 이미지는 대개 영화의 세계에 투영된다. 따라서 영화의 이상적인 측면은 우리가 영화를 그렇게 많이 즐기는지를 설명한다.

해설 영화가 지배적인 문화의 지지와 재생산의 수단이 될 수 있다는 내용인 주어진 글 다음에, 영화가 교훈적인 내용으로만 인식이 된다면 우리가 영화를 즐길 수 있을지에 대한 질문이 제기될 수 있다는 내용의 (C)가 이어지고, 영화는 교훈적 내용 이외에 우리가 만족스럽다고 느끼는 이야기를 한다고 답하는 내용인 (B)가 온 후에, 그 이유를 예시를 통해 상세하게 설명하는 (A)가 이어지는 것이 가장 자연스럽다.

어휘

support	지지하다
dominant	지배적인
means	수단
reproduction	재생(산), 재현
punish	벌주다
romantic	낭만적인
despite	~에도 불구하고
project	투영[투사]하다
ideal	이상적인
aspect	측면
present	제공하다
ethics	윤리학
responsible	책임 있는
guideline	지침
proper	적절한
instructive	교훈적인
intended	의도된
purpose	목적

Vocabulary Review   본문 p.53

1 (1) remained   (2) intended   (3) ordinary
  (4) projected   (5) disappointing
2 (1) still   (2) distinct   (3) inform
  (4) abandon   (5) instructive   (6) dominant
  (7) proper   (8) distinguish   (9) technique
  (10) variation

01
(1) 그는 하루 종일 계속 배가 고팠고 그것 때문에 심지어 기분이 상했다.
(2) 중요한 날짜를 기록하는 의도된 목적[용도]으로 달력을 사용해라.
(3) 대부분의 백만장자들은 일반 사람들과 다르게 보이려 하지 않는다.
(4) 그는 색깔들을 다시 그 프리즘으로 투사시켰고, 그 결과 순수한 백색광이 나왔다.

(5) 학교에서의 실망스러운 하루 후에 사랑이 담긴 접촉은 진실한 부모의 사랑으로 환영받을 것이다.

02
(1) 가만히 있는   (2) 별개의   (3) 알리다
(4) 버리다   (5) 교훈적인   (6) 지배적인
(7) 적절한   (8) 구별하다   (9) 기법
(10) 변형

UNIT 08 사진, 공예, 건축   본문 p.54

Q   정답 ③

소재 최초로 성공한 수중 사진
William Thompson이라는 한 영국인이 최초의 수중 사진을 촬영했다. 1856년에 그는 간단한 상자형 카메라를 방수 처리하고 막대에 부착하여 남부 England 해안의 바닷속으로 내렸다. 10분간의 노출 동안 카메라는 바닷물로 천천히 채워졌지만 그 사진은 살아남았다. 수중 사진술이 탄생한 것이다. 물이 맑고 빛이 충분한 수면 근처에서는 아마추어 사진작가가 값싼 수중 카메라로 멋진 사진을 찍는 것이 꽤 가능하다. 대부분의 물고기는 천성적으로 호기심이 많아서 물고기들이 겁내지 않으면 사람들과 아주 가까이에서 헤엄칠 것이다. 어둡고 차가운 깊은 곳에서 사진 촬영은 신비한 심해 세계를 탐험하는 주요한 방법이며, 심해의 95%는 이전에는 결코 보인 적이 없다.

해설 글의 중반부에 10분간의 노출 동안 카메라는 바닷물로 천천히 채워졌지만 사진은 살아남았다고 했으므로 글의 내용과 일치하지 않는 것은 ③이다.

어휘

underwater	수중의
photograph	사진
waterproof	방수 처리하다
attach	부착하다
lower	내리다, 낮추다
beneath the waves	바닷속으로, 해저에
photography	사진술
surface	수면, 표면
curious	호기심이 많은
depth	깊이
explore	탐험하다
principal	주요한, 주된

Reading Check   본문 p.55

1 underwater   2 waterproofed   3 survived
4 amateur   5 shots   6 frightened
7 exploring

주제별 연습문제   정답 01 ① 02 ③ 03 ③   본문 p.56

01
정답 ①

소재 건물을 하늘에 더 가깝게 만드는 엘리베이터

사람들은 도시 발전에 대해 생각할 때, 수직 운송의 중요한 역할을 거의 고려하지 않는다. 사실 매일 70억 회 이상의 엘리베이터 이동이 전 세계 높은 빌딩에서 발생하고 있다. 효율적인 수직 운송은 점점 더 높은 고층 건물을 건설하는 우리의 능력을 확장할 수 있다. 게다가, 엘리베이터 디자인에서의 최근 혁신은 크게 에너지 소비를 줄일 가능성이 있다. Illinois 공과대학의 건축학과 교수인 Antony Wood는 지난 20년간의 엘리베이터에서의 발전은 아마도 우리가 높은 건물에서 본 가장 큰 발전이라고 설명한다. 예를 들어, 사우디아라비아 Jeddah의 Jeddah Tower에서 현재 건설 중인 엘리베이터는 660미터라는 기록적인 높이에 도달할 예정이다.

해설 효율적인 수직 운송 수단은 점점 더 높은 고층 건물을 만들 수 있는 우리의 능력을 확장시킬 수 있다는 것이 글의 주된 내용이므로, 이 글의 제목으로 가장 적절한 것은 ① '엘리베이터는 건물을 하늘에 더 가깝게 만든다'이다

② 더 높이 올라갈수록 더 전망이 좋다

③ 저렴하고 빠르게 엘리베이터를 만드는 방법

④ 고대 도시와 현대 도시의 기능

⑤ 건축의 진화: 인구 과잉을 위한 솔루션

어휘

critical	중요한
role	역할
vertical	수직의
transportation	이동 수단, 운송
development	발전
efficient	효율적인
expand	확장시키다
skyscraper	고층 건물
innovation	혁신
consumption	소비
architecture	건축(학)
advance	발전, 진보
construction	건설
reach	도달하다
height	높이

02
정답 ③

소재 여행 기념품 살 때 주의할 점

당신이 여행할 때 당신은 당신의 여행을 기억하는 방법들 중 하나로 기념품을 사고 있는 자신을 자주 발견할 것이다. 당신이 집으로 가져갈 기념품을 고르기 전에 그것이 어떻게 만들어졌는지 그리고 어디에서 왔는지 조금 생각해 봐라. 만일 동물의 뼈나 가죽과 같은 동물의 산물이 그것을 만드는데 사용되었다면 그것을 그냥 선반 위에 그대로 남겨두어라. 자연에서 직접 당신의 기념품을 집어 오는 것은 좋지 않은 생각이다. 조개껍데기는 당신의 책상 위에서보다 해변에서 더 아름답다. 그 대신에 당신은 현지 예술가들에 의해서 생산된 공예(품)이나 그림처럼 당신이 방문한 장소에 부정적인 영향을 미치지 않는 어떤 것을 선택할 수 있다. 그렇게 함으로써 당신은 관광지를 보존할 수 있고 후손들에게도 그것을 물려줄 수 있을 것이다.

해설 집으로 가져갈 기념품을 고르기 전에 그것이 어떻게 만들어졌는지

그리고 그것의 출처가 어디인지 고려하고 자연에서 바로 기념품을 집어 오는 것도 좋지 않은 생각이라고 언급되고 있으므로, 글의 주제로 가장 적절한 것은 ③ '여행 기념품을 살 때 주의할 점들'이다

① 여행 정보를 얻는 방법

② 멸종 위기에 처한 야생 동물을 보호해야 할 필요성

④ 공예품 판매를 통한 여행지 홍보

⑤ 기념품 제작 시 디자인 다양화 필요

어휘

souvenir	기념품
pick out	골라내다, 선택하다
product	산물, 상품
bone	뼈
skin	가죽, 피부, 껍질
shelf	선반
directly	직접(적으로)
nature	자연, 본질
sea shell	조개껍데기
instead	그 대신에
negative	부정적인
effect	영향, 효과
craft	공예(품), 기교
produce	생산하다
local	지역의, 현지의
preserve	보존하다

03
정답 ③

소재 혁신적으로 보이지만 관습적이고 상업화된 건축의 변화 잠재력을 일깨워야 할 필요성

지난 수십 년 동안, 건축은 그 자체로 그것의 정의를 제한해 왔다. 가까운 장래에 실질적인 변화에 대한 건축의 도움, 즉 상업 기관의 지배와 그(것)들의 목적과 가치에 도전하는 변화가 줄어들 것이다. 오늘날은 독특한 혁신과 선택의 자유의 시대인 것처럼 보인다. 하지만 현실은 건축 양식과 형태가 흔히 입증되고 시장성이 있는 동일한 개념의 매력적인 포장과 재포장이라는 것이다. 유명 건축가에 의한 '급진적인' 디자인이 수용되고 인기를 얻고 있다. 그것은 형식적인 혁신이 중요한 상품이 되었다는 것을 보여 준다. 하지만, 급진주의 이면에는, 기존의 건축 유형학과 프로그램이라는 관습이 여전히 지배하고 팔린다. 오늘날 우리가 필요한 것은 바로 우리의 사고와 행동 방식을 바꾸는 그것[건축]의 잠재력을 (자유롭게) 풀어 줄 수 있는, 건축에 대한 접근법이다.

→ 겉보기에는 혁신적이지만, 건축은 그것 자체의 관습에 갇히게 되어서, 우리를 변화시키는 그것(건축)의 힘을 작동시키는 노력이 이루어져야 한다.

해설 오늘날이 혁신과 선택의 자유 시대처럼 보이지만 현실은 건축 방식과 형태가 흔히 입증되고 시장성이 있는 똑같은 개념의 매력적인 포장과 재포장이라는 것이고 절실하게 필요한 것은 바로 우리의 사고와 행동 방식을 바꾸는 그것[건축]의 잠재력을 풀어 줄 수 있는, 건축에 대한 접근법이라는 것이 글의 요지이므로, 빈칸 (A)에는 trapped(갇힌)와 빈칸 (B)에는 activate(작동시키다)가 들어가는 것이 가장 적절하다.

① 고정된 - 공유하다　　　　　② 국지적인 - 공유하다

④ 과소평가된 - 작동시키다　　　⑤ 표준화된 - 통제하다

어휘

architecture	건축
definition	정의
challenge	도전하다
dominance	지배
commercial	상업
institution	기관, 제도
diminish	줄어들다
attractive	매력적인
marketable	시장성이 있는
radical	급진적인
popularity	인기
formal	형식적인
radicalism	급진주의
convention	관습
potential	잠재력

Vocabulary Review
본문 p.59

1 (1) waterproof   (2) principal   (3) souvenirs
    (4) skyscrapers   (5) architecture

2 (1) instead   (2) consumption   (3) effect
    (4) expand   (5) photography   (6) vertical
    (7) attach   (8) craft   (9) concept
    (10) diminish

01

(1) 시계 제조업자들은 손목시계를 방수 처리한다.
(2) 미국의 주요 도시들은 뉴욕과 로스앤젤레스이다.
(3) 젊은 배낭 여행객들은 자신들의 여행지를 기억하기 위해 기념품들을 구입하려고 한다.
(4) 많은 나라들은 국가의 랜드마크(나라를 대표하는 상징물)로 고층 빌딩들을 각각의 도시에 건설할 계획이다.
(5) 요즘 많은 집들이 다양한 방식으로 설계되기 때문에 나는 현대 건축의 변화를 느낄 수 있다.

02

(1) 그 대신에   (2) 소비   (3) 영향, 효과
(4) 확장하다   (5) 사진술   (6) 수직의
(7) 부착하다   (8) 공예(품), 기교   (9) 개념
(10) 줄어들다

UNIT 09 교육, 학교, 진로
본문 p.60

Q
정답 ⑤

소재 경제 침체기에서 대학 등록의 예상치 못한 증가

전 세계적인 경제 위기 속에서, 많은 사람들이 일자리를 잃고 그 어느 때보다 더 국가의 실업률이 높아졌다. 하지만 해고된 근로자 모두가 집에 앉아 구인 광고를 둘러보며 그들이 가졌던 면접에서 전화를 기다리는 것은 아니다. 수천 명의 사람들은 새로운 직업을 위한 준비를 갖추기 위해 학교로 되돌아가고 있으며, 이는 공립 대학들을 침체된 경제에서도 경제 호황을 누리는 몇 안 되는 곳으로 만들고 있다. 더욱이 일부 대학은 증가된 학생 수 때문에 근로시간을 단축하거나 실직까지 하는 상황에서 초과 근무를 하고 있다. 실제로 몇몇 공립 대학에서 학생 등록의 두 자릿수 성장이 미국에서 올해 보고되었다. 대학 입학 관리자들은 경제 침체기에 등록자 수가 증가하는 것을 보는 것이 예상치 못한 일은 아니라고 공통적으로 말한다.

해설 경제 침체 속에서 대학 등록이 증가하고 있다고 언급되고 있으므로, 글의 주제로 가장 적절한 것은 ⑤ '경제 불황에 대학 등록 증가'이다.
① 세계화를 통한 새로운 일자리 창출
② 여성의 고등 교육 추구
③ 경제 위기에서 사람들이 직면하는 어려움
④ 불경기 극복을 위한 기업의 노력

어휘

economic	경제적인
crisis	위기
unemployment rate	실업률
fired	해고된
browse	둘러보다
want ad	구인 광고
head back to	~로 되돌아가다
equip	준비[채비]를 갖추다
career	직업, 경력
public college	공립 대학
double-digit	두 자릿수의
growth	성장
registration	등록
enrollment	등록, 등록자 수
rise	증가
unexpected	예상치 못한

Reading Check
본문 p.61

1 crisis   2 unemployment   3 fired
4 career   5 growth   6 rise

주제별 연습문제   정답 01 ④   02 ⑤   03 ①
본문 p.62

01
정답 ④

소재 소음이 학업 성취에 미치는 영향

교실 안에서 발생하는 소음은 의사소통 패턴과 주의력에 부정적인 영향을 미친다. 결과적으로 소음에 관한 지속적인 노출은 특히 읽기와 읽기 학습에 미치는 소음의 부정적인 영향 면에서 아이들의 학업 성취와 관계가 있다는 것은 놀랍지 않다. 몇몇 연구자들은 소음 수준을 줄이기 위해 유치원 교실이 변경되었을 때 아이들이 서로에게 더 자주 그리고 더 완전한 문장으로 말했을 뿐만 아니라 사전 읽기 시험에서 아이들의 성과가 많이 향상되었다는 사실도 발견했다. 비슷한 결과가 나이가 더 많은 아이와의 연구에 의해 보여 졌다. 읽기와 수

학 시험에서 시끄러운 학교나 교실의 초등학생과 고등학생은 정기적으로 더 조용한 환경의 학생들보다 성취가 낮다.
→ 교실 안의 소음 수준을 시험 성적이 향상되었고, 시끄러운 교실의 학생들은 더 낮은 학업 성취를 가졌다.

해설 교실 안의 소음 수준을 낮추었을 때 시험 성적이 향상되었고, 시끄러운 교실의 학생들은 더 낮은 학업 성취를 가졌다는 것이 글의 요지이므로, 빈칸 (A)에는 improved(향상되었다)와 빈칸 (B)에는 lower(더 낮은)가 들어가는 것이 가장 적절하다.

① 향상되었다 – 무작위의　　　② 떨어졌다 – 지속적인
③ 떨어졌다 – 더 높은　　　　　⑤ 유지되었다 – 성공적인

어휘

effect	영향
constant	지속적인
exposure	노출
academic	학업적인
achievement	성취
modify	변경하다, 수정하다
complete	완전한
perform	성취하다, 실행하다
setting	환경
random	무작위의
drop	떨어지다
maintain	유지하다

02　　정답 ⑤

소재 학생들에게 동기 부여를 제공하는 추가 과제

학생이 미래에 더 많은 노력을 기울이도록 장려할 거라는 바람으로 낮은 등급이나 점수를 가진 학생을 벌주려고 하기보다는, 그들의 과제가 미완성이라고 여기고 추가적인 노력을 요구함으로써 교사는 학생에게 동기 부여를 더 잘 제공할 수 있다. Ohio주 Beachwood의 Beachwood 중학교 교사는 학생의 등급을 A, B, C 또는 I (불완전 미수)로 기록한다. I 등급을 받은 학생은 자신들의 과제 수행을 수용 가능한(기준에 맞는) 수준까지 끌어올리기 위해서 추가적인 과제를 하도록 요구받는다. 이런 방침은 학생이 대체로 교사가 그것을 받아들이기 때문에 낙제 수준으로 수행하거나 낙제 과제를 제출한다는 믿음에 근거한다. Beachwood의 교사는 만약 그들이 더 이상 기준 이하의 과제를 받아들이지 않는다면, 학생이 그것을 제출하지 않을 것이라고 추론한다. 그리고 학생들은 적절한 도움을 가지고 자신의 과제 수행이 만족스러울 때까지 계속 노력할 것이라고 그들은 믿는다.

해설 학생들의 낮은 등급이나 점수로 벌주려고 하기보다는, 그들의 과제가 미완성이라고 여기고 추가적인 노력을 요구함으로써 교사는 학생들에게 동기 부여를 더 잘 제공할 수 있다는 내용이므로, 이 글의 요지로 가장 적절한 것은 ⑤이다.

어휘

punish	벌하다
effort	노력
motivation	동기 부여
incomplete	미완성의; 불완전 미수
additional	추가적인

acceptable	수용 가능한
policy	방침, 정책
submit	제출하다
reason	추론하다
substandard	기준 이하의
proper	적절한
satisfactory	만족스러운

03　　정답 ①

소재 교사들의 고립적인 업무 방식

고립해서 일을 할 때 교사들은 그들 자신의 시선을 통해서 세상을 보는 경향이 있다. 그들은 같은 건물이나 같은 지역 어딘가에 교실에서 더 나은 사람이 있다는 것을 이해하지 못한다. 그들은 문을 닫고 학교의 연간 행사 계획표로 거의 혼자 앞으로 나아간다. 일을 더 잘하는 사람들을 벤치마킹 하도록 하는 과정이 없는 상태에서, 교사들은 그들 자신만의 시각으로 남겨진다. 나는 사회 과학 분야에 속한 다양한 과목들을 가르쳤지만 같은 과목을 가르치는 나의 동료들이 어떻게 가르치는지 정말 거의 알지 못했다. 메모를 비교하고, 공동 평가를 계획하고, 자신이 잘했던 것을 공유하기 위해서 정기적으로 만난다는 그 생각이 전혀 우리에게는 떠오르지 않았다. 오히려 나의 동료들과 나는 사회 교과 교무실에서 시간이 부족한 것에 대해 불평하고 서로 비난하고 책임을 전가하면서 많은 시간을 보냈다.

해설 교사가 홀로 일을 할 때 그들은 오직 자신들이 가지는 한 쌍의 눈으로 세상을 보는 경향이 있다는 내용의 글이므로 ① their own eyes(그들 자신의 시선)이 빈칸에 들어갈 말로 가장 적절하다.

② 학교 평판　　　　　　③ 학생들의 수
④ 다른 선생님들의 관심　　⑤ 학생들과의 관계

어휘

isolation	고립
district	지역, 지구
absence	없음, 결여
perspective	시각, 관점
a variety of	다양한
peer	동료
common	공동의, 공통의
assessment	평가
occur to	~에게 떠오르다
complain	불평하다
the blame game	비난하고 책임을 전가하는 것
reputation	평판, 명성
attention	관심, 흥미
relationship	관계

Vocabulary Review　　본문 p.65

1　(1) perspectives　(2) browse　(3) complete
　　(4) proper　　　　(5) registration
2　(1) academic　　　(2) reason　(3) satisfactory
　　(4) random　　　　(5) perform　(6) assessment
　　(7) enrollment　　(8) growth　　(9) isolation
　　(10) equip

01

(1) 나는 주로 삶의 다양한 관점들로부터 영감을 얻는다.

(2) 사람들은 인터넷 사이트를 둘러보기 위해 구글과 같은 검색 엔진을 이용한다.

(3) 효과적으로 의사소통을 하기 위해 당신은 완전한 문장을 사용하려고 노력해야 한다.

(4) 위기가 있을 때 당신은 늘 그 문제를 해결할 적절한 방법을 찾아야 한다.

(5) 외국인 등록증은 한국에서 90일 이상 체류하기를 원하는 사람들에게 요구된다.

02

(1) 학업적인 (2) 추론하다 (3) 만족스러운
(4) 무작위의 (5) 성취하다, 실행하다 (6) 평가
(7) 등록, 등록자 수 (8) 성장 (9) 고립
(10) 준비[채비]를 갖추다

<UNIT **10** 언어, 문학   본문 p.66

Q

정답 ①

소재 열린 결말

고전 동화에서 갈등은 흔히 완전히 해결된다. 예외 없이 남자 주인공과 여자 주인공은 그 이후로 영원히 행복하게 산다. 이와 대조적으로, 많은 현대 이야기는 덜 명확한 결말을 가지고 있다. 종종 그러한 이야기 속의 갈등은 부분적으로만 해결되거나 새로운 갈등이 나타나 관객이 더 생각하게 만든다. 이것은 특히 스릴러와 공포물 장르에 해당하는데, 여기에서 관객들은 서서히 전개되는 갈등에 매료된다. Nora가 결국 가족과 결혼 생활을 떠나는 Henrik Ibsen의 희곡 'A doll's house'를 생각해 보라. Nora는 현관문 밖으로 사라지고, 우리는 "Nora는 어디로 갔지?"와 "그녀에게 무슨 일이 일어날까?"와 같은 답을 얻지 못한 많은 질문들과 남겨진다. 열린 결말은 강력한 도구이며 우리로 하여금 다음에 일어날 수 있는 일에 대해 생각하게 한다.

해설 현대 이야기들이 덜 명확한 결말을 가지고 있다는 내용의 주어진 문장이 대조적으로(By contrast)라는 연결어에 의해 시작되므로, 주어진 문장의 앞에는 명확한 결말을 가진 것에 대한 진술이 있어야 한다. 따라서 명확한 결말을 가진 글에 대한 진술이 앞부분에 위치하고, 명확하지 못한 사건의 전개에 대한 언급이 시작되는 부분인 ①이 주어진 문장이 들어가기에 가장 적절하다.

어휘

by contrast	대조적으로
modern	현대의
classical	고전의, 고전적인
fairy tale	동화
conflict	갈등, 충돌
resolve	해결하다

---

without	~없이
exception	예외
hero	남자 주인공
heroin	여자 주인공
partly	부분적으로
audience	관객
particularly	특히
be true of	~에 해당하다
play	희곡, 연극
in the end	결국
disappear	사라지다
tool	도구

Reading Check   본문 p.67

1 less 2 Classical 3 conflicts 4 play
5 fascinated

주제별 연습문제 정답 01 ③ 02 ③ 03 ④   본문 p.68

01

정답 ③

소재 몸짓 언어

진정한, 효과적인 몸짓 언어는 개별 전달 신호의 총합 이상이다. 사람들이 사전식 접근법과 같은 이러한 암기적 기억으로부터 의사소통을 할 때, 그들은 사회적 인식의 모든 다양한 측면을 볼 수는 없다. 대신 팔짱을 끼고 있는 사람을 보고 "말이 없는, 화가 난" 것으로 생각한다. 그들은 미소를 보고 "행복한"것으로 생각한다. 그들은 다른 사람들에게 "누가 윗사람인지"를 보여주기 위해 굳은 악수를 한다. 몸짓 언어 사전 읽음으로써(사회적 상황을 이해하지 않고서) 몸짓 언어를 사용하려고 하는 것은 프랑스어 사전을 읽음으로써 프랑스어를 말하려고 하는 것과 같다. 상황이 유효하지 않은 엉망인 상황으로 분리되는 경향이 있다. 당신의 행동은 로봇처럼 보인다. 당신의 몸짓 언어 신호는 서로 단절된다. 당신의 몸짓 언어가 머지않아 그 상황을 반영하지 않기 때문에 결국에는 당신이 마음을 끌려고 하는 바로 그 사람들을 혼란스럽게 만든다.

해설 몸짓 언어를 사전식 접근법으로 사용하면, 사전을 읽고 프랑스어를 말하는 것과 같다고 하였고, 이런 식의 몸짓 언어 사용은 상황을 반영하지 않기 때문에 타인을 혼란스럽게 만든다고 하였으므로, 밑줄 친 부분이 의미하는 바로 가장 적절한 것은 ③ '사회적 상황을 이해하지 않고서'이다.

① 몸짓 언어 전문가의 도움으로
② 몸짓 언어를 프랑스어와 비교함으로써
④ 사람들이 그들의 모국어를 배우는 방식으로
⑤ 사회적 맥락 내에서 몸짓 언어를 배움으로써

어휘

genuine	진정한
sum	총합
individual	개개의, 각각의
communicate	의사소통을 하다
dictionary	사전
approach	접근법
diverse	다양한

aspect	측면
perception	인식
firm	굳은, 확고한
tend to	~하는 경향이 있다
invalid	유효하지 않은
mess	엉망(인 상황)
disconnected	단절된
confuse	혼란스럽게 하다
reflect	반영하다
at hand	머지않아
context	맥락, 상황

02 정답 ③

소재 언어에 대한 역사적 접근법

언어는 우리에게 타고난 능력이다. 우리는 실제 언어 연구를 통해서만 그 능력을 알 수 있다. 그래서 언어를 연구하는 가장 중요한 이유 중의 하나는 우리 자신에 대해서, 즉 무엇이 우리를 인간으로 만드는지, 알아내는 것이다. 그리고 그러한 연구를 시작하기에 가장 좋은 곳은 우리 자신의 언어로 우리의 마음을 양육하고 세상에 대한 우리의 견해를 형성하는 것이다. 그렇다면 언어를 연구하는 좋은 방법은 무엇일까? 가장 좋은 방법은 역사적 접근법이다. 사물의 본질을 이해하기 위해서는, 어떻게 그들이 그렇게 되었는지 아는 것이 종종 도움이 되고, 때로는 필수적이다. 우리가 한 사람의 행동 방식을 이해하기를 원하는 심리학자라면 우리는 한 사람의 태생과 시간에 따른 발달에 대해서 알아야 한다. 언어에 대해서도 똑같이 적용된다.

해설 심리학자가 어떤 사람의 행동방식을 이해하기를 원한다면, 그 사람의 태생과 시간에 따른 발달에 대해 알아야 하는 것처럼 언어도 또한 똑같이 적용된다고 했으므로, 윗글의 주어진 빈칸에는 ③ historical(역사적인)이 가장 적절하다.

① 정치적인 ② 신체적인 ④ 경제적인 ⑤ 정신적인

어휘

ability	능력
innate	타고난
find out	알아내다
actual	실제의
form	형성하다
view	관(점)
approach	접근법
nature	본질
essential	필수적인
come to 동사원형	~하게 되다
psychologist	심리학자
behavior	행동
origin	태생, 출신
development	발달
be true of	~에 적용[해당]되다

03 정답 ④

소재 불균형적 번역

점점 더 세계화되는 세상에서, 번역 문학은 우리의 다문화 세계를 이해하는데 특히 중요한 역할을 한다. 점점 더 작가, 독자, 출판인들은 문화 간 다리 역할로서 문학에 의존하고 있다. 따라서 이러한 증가하는 관심은 번역의 호황을 일으키고 있다. 그러나 여기서 비극은 대부분의 번역이 영어에서 다른 언어들로 된 것이지, 다른 언어(이 경우 아랍어)에서부터 영어로 된 것이 아니라는 것이다. 그러므로 거대한 미국 시장이 불균형을 주도하는 것으로 보여 진다. 예를 들면, 미국의 어떠한 서점에서도, 노벨상 수상자인 Naguib Mahfouz의 Cairo 3부작 외에 아랍어로 번역된 책을 사람들은 거의 찾을 수가 없다. 서양 독자들은 또한 Mahfouz의 더 실험적인 작품, 그의 정치적, 종교적 우화 또는 그의 역사 드라마에 대해 거의 알지 못한다. 그 결과는 미국과 나머지 세계 사이의 일종의 한쪽 방향만 비추는 거울 같은 것이다.

해설 번역문학이 문화를 이해하는 다리 역할을 하지만, 대부분의 번역은 영어에서 다른 언어로 된 것이지, 다른 언어에서 영어로 번역되는 것이 아니라고 하였으므로, 빈칸에 들어갈 말로 가장 적절한 것은 ④ imbalance(불균형)이다.

① 평등 ② 다양성 ③ 상호작용 ⑤ 불확실성

어휘

increasingly	점점 더
globalized	세계화된
literature	문학
translation	번역
especially	특히
multi-cultural	다문화의
publisher	출판인
depend on	~에 의존하다
boom	호황
tragedy	비극
Arabic	아랍어
hence	따라서
huge	거대한
rarely	좀처럼 ~않는
trilogy	3부작
experimental	실험적인
diversity	다양성
imbalance	불균형

Vocabulary Review 본문 p.71

1 (1) confuse (2) disconnected (3) approach
  (4) communicate (5) reflect
2 (1) firm (2) invalid (3) nature
  (4) context (5) perception (6) tragedy
  (7) boom (8) innate (9) diversity
  (10) imbalance

01

(1) 너무 많은 건강 정보는 사람들을 혼란스럽게 할 수 있다.
(2) 아이들은 자연 환경으로부터 단절되고 있다.
(3) 이것은 창조에 대한 자연적인 접근법이고 느낌의 미학에 근거한다.
(4) 우리가 의사소통하는 방식은 강하고 건강한 공동체를 만드는 우리의 능력에 영향을 미친다.

(5) 한옥의 창문은 형체가 느낌에 의존함으로써 만들어져야 한다는 전통적인 견해를 반영한다.

02

(1) 굳은, 확고한   (2) 유효하지 않은   (3) 본질

(4) 맥락, 상황   (5) 인식   (6) 비극

(7) 호황   (8) 타고난   (9) 다양성

(10) 불균형

UNIT 11 정보, 미디어
본문 p.72

Q
정답 ④

소재 과거의 기후 정보를 담고 있는 나무의 나이테

만약 당신이 예전에 나무 그루터기를 본적이 있다면, 당신은 아마도 그것이 일련의 나이테를 갖고 있다는 것을 주목했을 것이다. 이 나이테는 나무의 나이와 나무의 생애 매년 동안의 날씨를 우리에게 말해 줄 수 있다. 나무는 비와 온도 같은, 지역의 기후 조건에 민감하다. 그러므로, 그것들은 과거의 그 지역 기후에 대한 어떤 정보를 과학자에게 제공해 줄 수 있다. 예를 들어, 나무가 나이를 먹음에 따라, 그 나이테는 온화하고 습한 해에는 보통 (폭이) 더 넓어진다. 그것들은 날씨가 춥고 건조할 때에는 더 가늘어진다(좁아진다). 만약 그 나무가 가뭄과 같은 힘든 시기를 경험한다면, 나무는 그러한 기간 동안 거의 성장하지 못할 것이다. 특히, 매우 나이가 많은 나무들은 관측이 기록되기 훨씬 이전에 기후가 어떠했는지에 대한 단서를 제공해 줄 수 있다.

해설 나무들의 나이테를 보면 그 지역의 과거 기후 정보에 대한 단서를 얻을 수 있다는 내용의 글이다. 따라서 글의 주제로 가장 적절한 것은 ④ '나이테가 과거의 기후를 알려주는 방식'이다.

① 날씨를 예측하는 전통적인 방법

② 나무의 나이를 측정하는 데 어려움

③ 방향을 찾기 위한 오래된 나무의 이용

⑤ 지역의 나무를 보호해야 하는 중요성

어휘

notice	주목하다
a series of	일련의
sensitive	민감한
local	지역의
temperature	온도, 기온
climate	기후
thin	가는, 얇은
experience	경험하다
drought	가뭄
hardly	거의 ~않다
during	~ 동안에
offer	제공하다
clue	단서
measurement	관측, 측정

record	기록하다
suggest	알려주다, 제안하다
direction	방향
predict	예언하다

Reading Check
본문 p.73

1 Climate   **2** Rings   **3** old   **4** weather

5 experienced

주제별 연습문제 정답 01 ③ 02 ⑤ 03 ③
본문 p.74

01
정답 ③

소재 미디어 보도에 따른 사람들의 관심도

9/11 테러리스트 공격의 10주년 추모일이 다가오면서, 흥미로운 어떤 일이 발생했다. 9/11 관련 언론 기사들은 추모일이 가까워오자 최고조에 올랐고, 몇 주 있다가 급격히 줄어들었다. 그 시기 동안 실시된 조사는 시민들에게 지난 70년 동안 있었던 '특히 중요한' 두 가지 사건을 고르도록 요청했다. 추모일에 대한 언론 기사가 시작되기 2주 전에, 응답자의 약 30퍼센트가 9/11을 언급했다. 그러나 추모일이 더 가까워지고, 언론이 그것을 더 많이 다루자, 많은 조사 응답자들이 9/11을 선택하기 시작했고, 그 수가 65퍼센트까지 올랐다. 2주가 지난 후에 보도들은 약 30퍼센트까지 감소했다. 명백하게, 뉴스 보도의 양은 관찰자들이 대중매체에 노출될 때 사안의 인지된(이미 알고 있는) 중요성에 있어 큰 차이를 만들 수 있다.

해설 9/11 테러리스트 공격 10년 추모일을 통해서, 언론들이 그 추모일을 보도하는 양에 따라 사람들이 추모일을 언급하는 비율이 올라가기도 내려가기도 했다는 내용의 글이다. 따라서 빈칸에 들어갈 말로 가장 적절한 것은 ③ amount(양)이다.

① 정확성   ② 어조[톤]

④ 출처   ⑤ 유형

어휘

anniversary	추모일, 기념일
attack	공격
approach	다가오다, 접근하다
peak	최고조에 오르다
rapidly	급격히, 빠르게
survey	조사
conduct	실시하다
citizen	시민
respondent	응답자
deal with	다루다
decrease	감소하다
coverage	보도
perceived	인지된
significance	중요성
observer	관찰자
be exposed to	~에 노출되다
accuracy	정확성
source	출처, 근원

02
정답 ⑤

소재 방송 광고 노출 전쟁

오늘날 마케팅 산업의 하나의 실질적 관심사는 리모컨과 이동 통신 기기의 시대에 방송 광고 노출 전쟁에서 어떻게 승리하는지 이다. 디지털 영상 녹화 장치의 인기가 증가함에 따라, 소비자들은 광고를 즉시 음소거하거나 빨리 감거나 건너뛸 수 있다. 어떤 광고주들은 TV 광고 동안에 쿠폰을 몰래 숨겨 놓음으로써 이러한 기술들에 적응하려고 노력하고 있다. 다른 광고주들은 시청자들이 그들의 광고를 건너뛰지 못하게 하려고 자신들의 광고를 좀 더 흥미 있고 재미있게 하고자 필사적으로 노력중이다. 그럼에도 여전히 다른 광고주들은 단순히 TV 광고를 완전히 포기해 버릴 것이다. 일부 산업 전문가들은 유선 방송 공급자와 광고주들이 소비자들이 메시지를 보도록 장려하기 위해 유인책을 어쩔 수 없이 제공할 것이라 예상한다. 이러한 유인책은 사람들이 광고를 본다면 유선 방송 수신료 감면이나 쿠폰의 형태로 나올 지도 모른다.

해설 방송 광고를 쉽게 건너 뛸 수 있는 상황에서 광고주들은 시청자들을 그들의 광고에 좀 더 노출시킬 수 있도록 다양한 노력을 기울이고 있다는 내용의 글이다. 따라서 빈칸에 들어갈 말로 가장 적절한 것은 ⑤ win the battle for broadcast advertising exposure(방송 광고 노출 전쟁에서 승리하다)이다.
① 사람들을 현명한 소비자가 되도록 안내하다
② 텔레비전 광고의 비용을 줄이다
③ 제품의 품질을 면밀히 감시하다
④ 언제라도 어떤 상품을 배달하는 것을 가능하게 하다

어휘

industry	산업
remote control	리모컨
mobile device	이동 통신 기기
fast-forward	빨리 감다
skip over	~을 건너뛰다
commercial	(상업)광고
instantly	즉시
adapt to	~에 적응하다
hidden	숨겨진
desperately	필사적으로
entertaining	재미있는, 유쾌한
prevent ... from -ing	...가 ~하지 못하게 하다
predict	예상하다, 예언하다
provider	공급자
be forced to	어쩔 수 없이 ~하다
incentive	유인책, 인센티브
encourage	장려하다, 권장하다
cable bill	유선 방송 수신료

03 정답 ③

소재 미디어 정보 해독력의 필요성

미디어 정보 해독력은 'SNS 도구들을 사용할 때 사용자들이 자신들의 권리를 알도록 하도록 하기 위해' 특히 중요하다고 생각되어 왔다. 그것은 또한 그들이 인권의 가치를 얻거나 강화하고 타인의 권리와 자유를 존중하기 위해 필요한 태도를 발달시키도록 도와준다. 약자 괴롭히기와 같은 또래와 관계된 위험에 관한 한, 이 마지막 요소는 매우 중요하다. 오프라인 세계에서, 아이들은 이런 기본적인 원리를 배운다: '남들이 여러분에게 하지 않았으면 하는 일을 남들에게 하지 말라.' 아이들의 SNS 활동은 우리가 그들이 지식을 쌓는 것을 도울 때 권장되어야 한다. 이것은 SNS에서도 적용되지만, 아이들과 젊은이들이 이런 환경 속에서 그들의 행동에 대한 결과와 심각한 영향을 예상하는 것은 훨씬 더 어렵다. 그러므로, 아주 이른 나이에 SNS의 규칙들을 가르치는 것은 중요하다.

해설 아이들이 SNS 활동하는 것에 있어, 미디어 정보 해독력이 필요하기 때문에, 어릴 때부터 SNS의 규칙을 가르치는 것이 중요하다는 내용의 글이다. 따라서, 아이들의 SNS 활동은 지식 축적을 위해 권장해야 한다는 내용의 ③은 전체 흐름과 관계가 없다.

어휘

especially	특히, 특별히
acquire	얻다, 갖다
reinforce	강화하다
human right	인권
attitude	태도
peer	또래, 동료
when it comes to	~에 관한 한
risk	위험
bullying	약자 괴롭히기
element	요소
principle	원리, 원칙
apply to	~에 적용되다
expect	예상하다
serious	심각한, 중요한
impact	영향, 충격

Vocabulary Review 본문 p.77

1 (1) acquire　　(2) decreased　　(3) especially
　(4) hardly　　(5) prevent

2 (1) knowledge　(2) reduce　　(3) suggest
　(4) source　　(5) encourage　(6) attitude
　(7) offer　　(8) predict　　(9) survey
　(10) industry

01

(1) 그것은 소비자가 훨씬 더 많은 정보를 얻도록 도와준다.
(2) 아동 학대 보도의 수는 지난해 이후로 거의 10% 감수했다.
(3) 회오리바람[토네이도]은 특히 여름철에 미국에서 빈번하게 발생한다.
(4) 사람들이 너무 크게 소리를 질러서 나는 그가 하는 말을 거의 들을 수 없었다.
(5) 대부분의 회사들은 직원들이 경쟁사와 민감한 정보를 공유하지 못하게 한다.

02

(1) 지식　　　　　(2) 줄이다, 감소시키다
(3) 알려주다, 제안하다
(4) 출처, 근원　　(5) 장려하다, 권장하다　　(6) 태도
(7) 제공하다　　(8) 예상하다, 예언하다　　(9) 조사

(10) 산업

[UNIT] 12 컴퓨터, 인터넷, 교통
본문 p.78

Q
정답 ①

소재 더 이상 인간고유의 능력이 아닌 창의력

우리는 늘 창의력을 유일하게 인간만이 가지고 있다고 여긴다. 모든 인간의 역사를 통틀어, 우리는 지구상에서 가장 창의적인 존재였다. 새는 둥지를 틀 수 있고, 개미는 그들의 흙더미를 쌓을 수 있지만, 지구상의 어떤 다른 종도 우리 인간이 보여주는 창의력 수준에 접근하지 못한다. 사실, 우리는 우리가 태어났을 때부터 생명체들과 생태계로부터 배워왔고, 자연에 의해 영감을 받아 다양한 생존 체계를 얻기도 했다. 하지만, 불과 지난 10년 만에 우리는 3D 프린터의 개발과 같은, 컴퓨터로 놀라운 것을 할 수 있는 능력을 향상시켰다. 2010년대의 인공 지능의 급속한 발전으로, 컴퓨터는 이제 얼굴을 인식하고, 언어를 번역하고, 세계에서 가장 복잡한 보드게임에서 선수들을 이길 수 있는 등을 할 수 있다. 갑자기, 우리는 우리의 창의적인 능력이 <u>경쟁할 상대가 없지 않게 되어버린(경쟁할 상대가 생긴)</u> 가능성에 직면했음에 틀림없다.

해설 인간은 태어날 때부터 생명체와 생태계로부터 배워오면서, 창의력을 인간만의 고유한 능력으로 키워왔지만, 이젠 컴퓨터 등의 발달로 인해 경쟁할 상대가 없지 않게 될(경쟁할 상대가 생긴) 가능성에 직면했다는 내용의 글이다. 그러므로 빈칸에 들어갈 말로 가장 적절한 것은 ① unrivaled(경쟁할 상대가 없는)이다.
② 학습된 ③ 보편적인 ④ 무시되는 ⑤ 도전받는

어휘

consider	여기다, 간주하다
creativity	창의력, 창조성
species	종(種)
approach	접근하다, 다가가다
creature	생명체, 피조물
ecosystem	생태계
inspire	영감을 주다
decade	10년
improve	향상시키다
artificial	인공적인
intelligence	지능, 지성
boom	급속한 발전, 붐
recognize	인식하다, 알아 보다
translate	번역하다
complicated	복잡한
face	직면하다; 얼굴
creative	창의적인

● Reading Check
본문 p.79

1 humans 2 creatures 3 survival 4 decades
5 artificial 6 creativity

주제별 연습문제 정답 01 ⑤ 02 ② 03 ⑤
본문 p.80

01
정답 ⑤

소재 의사결정을 위해 단순히 보는 것의 필요성

기술은 이점을 가진 것처럼 보이지만, 그것은 통제하기 어려울 지도 모른다. 우리는 매우 많은 정보에 균형을 맞춰야 한다. 이것을 하기 위해, 우리는 올바른 정보만을 이용하고 의사 결정과정을 단순하게 유지해야 한다. 인터넷은 어떤 사안에 관해서라도 이용 가능한 너무나 많은 무료 정보를 만들어 왔다. 그래서 우리는 인터넷 상에서 해답을 계속 찾게 된다. 이것은 도로에서 어느 길로 갈지 결정하지 못한 전조등 불빛에 노출된 사슴처럼, 우리를 <u>정보에 눈이 멀도록</u> 만든다. 오늘날 당신의 개인 생활에서부터 사업적 거래에 이르는 어느 것에서도 성공하기 위해, 우리는 눈먼 사람들의 세계에서 한 눈으로 보는 사람처럼 행동할 필요가 있다. 한 눈으로 보는 사람은 단순한 분석의 힘을 이해하고 직관이라는 한 눈을 사용할 때 성공적인 의사 결정자가 될 것이다.

해설 현대사회는 사람들이 의사 결정과정을 위해 너무 많은 정보만을 계속 찾기만 할 수 있으므로, 직관력을 이용하는 한 눈으로 보는 사람처럼 행동할 필요가 있다는 내용의 글이다. 따라서 밑줄 친 부분이 의미하는 바로 가장 적절한 것은 ⑤ '너무나 많은 정보 때문에 의사 결정을 할 수 없는'이다.
① 다른 사람들의 생각을 수용하기 꺼려하는
② 무료 정보에 접근할 수 없는
③ 의사 결정에 기꺼이 위험을 무릅쓰는
④ 이용 가능한 정보의 부족에 무관심한

어휘

advantage	이점
control	통제하다
balance	균형을 맞추다
process	과정
available	이용 가능한
search for	~을 찾다
head	향하다, 가다
personal	개인적인
deal	거래
one-eyed	한 눈으로 보는
blind	눈이 먼
analysis	분석
unwilling	꺼려하는 (↔ willing 기꺼이 하는)
accept	수용하다
access	접근하다
take a risk	위험을 무릅쓰다
indifferent	무관심한
lack	부족, 결여

02
정답 ②

소재 이동하려는 인간의 욕구와 파생되는 이점들

인간의 정신에서 <u>이동하려는</u> 욕구보다 더 근본적인 것은 없다. 그것은 우리의 상상력을 자극하고 삶을 바꿀 기회로 향하는 길을 열어주는 자연스런 힘이다. 그리고 그것은 우리가 미지의 장소로 여행을 하게 될 때 우리의 진보와 개인의 자유를 유발시킨다. 대중교통은 2세기 이상 동안 그 진보와 자유에 매우 중요했다. 운송 산업은 단순히 다른 목적지로 여행객들을 나르지는 않았다. 그것은 사람, 장소 그리고 가장 중요하게 우리가 우리의 꿈을 실현시킬 수 있다는 가능성을 연결한다. 그것은 사람들이 필요로 하는 것, 좋아하는 것, 그리고 되고자 열망하는 것에 대한 접근성을 제공해 준다. 게다가, 그것은 공동체를 성장하게 도와주고, 일자리를 창출하고, 경제를 강화하고, 사회와 상업적 네트워크를 확장시킨다. 그것은 시간과 에너지를 절약하고, 수백만 명의 사람들이 더 좋은 삶을 성취하도록 도와준다.

(해설) 인간은 역사를 통해 이동하려는 욕구를 기본적으로 가지고 있었고, 그 욕구는 시간과 환경이 바뀌면서 다른 긍정적인 영향을 주어 왔다는 내용의 글이다. 그러므로 빈칸에 들어갈 말로 가장 적절한 것은 ② mobile(이동하려는)이다.
① 안전한 ③ 예외적인 ④ 경쟁하는 ⑤ 독립적인

(어휘)

fundamental	근본적인
spirit	정신
force	힘; 강요하다
pathway	길, 오솔길
opportunity	기회
trigger	유발시키다
progress	진보, 전진
transportation	운송
vital	매우 중요한
destination	목적지, 여행지
connect	연결하다
access	접근
desire	열망하다
strengthen	강화시키다
expand	확장시키다
commercial	상업적인
achieve	성취하다
independent	독립적인

03
정답 ⑤

(소재) 인터넷 시대에도 필요한 구직에 대한 자기이해

인터넷 서비스에 근거한 구직 상품은 정기적으로 만들어지고 있다. 지난 몇 년 동안, 새로운 인터넷 기반의 사업체들이 온라인에 등장했다. 그것들은 사람들이 인턴직을 발견하거나, 개별 고용주 구직 지원서에 적합한 온라인 수업을 끝내거나, 혹은 정규직으로 이어질 자원봉사 일을 찾도록 도와줬다. 일에 필요한 기술을 숙달하는 것은 인터넷 세상에서 빠르게 발전하는 도구들을 따라 잡는 데 있어서 필수적이다. 하지만 인터넷에 기반한 구직의 시대에서조차, 우리는 '자기를 아는 것'이라는 가장 기본적인 구직 기술을 무시해서는 안 된다. 인터넷 시대에서, 구직은 개인적인 직업 기술과 선호하는 직장 분위기와 흥미를 확인하는 것으로부터 시작한다. 1970년에 출판된 Richard Bolles의 가장 많이 팔린 구직에 관한 책에는 중심 주제로서 역량에 대한 자신의 목록들과 직장 선호도가 담겨져 있다. 이러한 자신의 목록들은 구직을 원하는 사람들이 심지어 오늘날에도 명심해야 할 것들이다.

(해설) 인터넷을 이용하여 직업을 구하는 시대에서조차 직업 역량과 선호하는 직장 분위기 등 자기에 대한 이해가 중요하다는 내용의 글이다. 따라서 글의

요지로 가장 적절한 것은 ⑤ '인터넷을 활용한 구직에서도 자신에 대한 이해가 중요하다'이다.

(어휘)

be based on	~에 근거[기초]하다
on a regular basis	정기적으로
complete	끝내다, 완성하다
suitable	적합한, 알맞은
individual	개별적인, 개인의
application	지원(서)
full-time	정규의
employment	고용, 취업
master	숙달하다
rapidly	빠르게
evolve	발전[진화]하다
identify	확인하다
preference	선호
theme	주제, 테마
keep in mind	명심하다

Vocabulary Review
본문 p.83

1 (1) (to) achieve (2) connect (3) creative
  (4) searching for (5) suitable
2 (1) accept (2) master (3) identify
  (4) expand (5) application (6) artificial
  (7) progress (8) inspire (9) process
  (10) independent

01
(1) 그것은 수백만 명의 사람들이 더 나은 삶을 성취하도록 도와준다.
(2) 그 예술가는 어떻게 예술이 사람과 공동체를 연결할 수 있는지를 안다.
(3) 역사를 통틀어 우리는 지구상에서 가장 창의적인 존재였다.
(4) 나는 인터넷에서 계속 해답을 찾았지만 아무 것도 발견할 수 없었다.
(5) 그 온라인 수업은 둘 다 7세 이상의 아이들에게 적합하다.

02
(1) 수용하다 (2) 숙달하다 (3) 획인하나
(4) 확장시키다 (5) 지원(서) (6) 인공적인
(7) 진보, 전진 (8) 영감을 주다 (9) 과정
(10) 독립적인

UNIT **13** 심리, 대인관계
본문 p.84

Q
정답 ④

(소재) 바넘 효과

바넘 효과는 사람들이 매우 일반적인 것을 읽거나 듣지만 그것이 자신에게 적용된다고 믿는 현상이다. 이 효과는 표면적으로는 매우 개인적인 것처럼 보이지만, 우리 중 많은 이들과 관련이 있다. 인간의 심리는 우리가 개인적 수준에서 동일시할 수 있는 것을 믿고, 그것(정보)이 반드시 존재하지는 않는 곳에서도 심지어 정보를 찾게 하는데, 나머지에 대해서는 우리의 상상으로 공백을 채우는 것이다. 예를 들어, 별자리 운세는 개인적인 것처럼 보이지만 대부분의 사람에게 아마도 들어맞을지 모르는 자료를 제공한다. 아침에 매일 별자리 운세를 읽는 것은 그것들이 남은 하루에 대한 예측을 제공하기 때문에 유익하다. 그것들을 읽는 사람들은 그 정보를 너무나도 믿고 싶어 하기 때문에, 그들은 그것을 사실로 만드는 삶 속에서 의미를 찾는다.

해설 이 글은 바넘 효과에 대한 것으로, 인간은 심리적으로 일반적인 정보 속에서 개인과 동일시되는 정보와 의미를 찾으려 노력한다는 내용이다. 따라서 아침에 별자리 운세를 읽는 것이 유익하다는 내용의 ④는 전체 흐름과 관계가 없다.

어휘

phenomenon	현상
general	일반적인
apply to	~에 적용되다
effect	효과, 영향
surface	표면
be true for	~과 관련이 있다, ~에 해당하다
psychology	심리(학)
allow	~하게 하다, 허락하다
identify with	~와 동일시하다
exist	존재하다
imagination	상상(력)
rest	나머지, 휴식
offer	제공하다
personal	개인적인
probably	아마도
make sense	들어맞다, 이치에 맞다
beneficial	유익한, 도움이 되는
prediction	예측, 예언

Reading Check 본문 p.85

1 phenomenon 2 general 3 identify 4 exist
5 imagination 6 applies, to

주제별 연습문제 정답 01 ① 02 ④ 03 ⑤ 본문 p.86

01

정답 ①

소재 연령에 따른 또래집단이 위험행동에 주는 영향

Temple 대학교의 심리학자 Laurence Steinberg와 그의 공동 저자인 심리학자 Margo Gardner는 한 연구를 수행했다. 그들은 306명의 사람들을 세 개의 다른 연령 집단으로 나누었는데, 평균 나이 14세인 어린 청소년, 평균 나이 19세인 나이가 더 많은 청소년, 그리고 24세 이상인 성인이었다. 피실험자들은 컴퓨터 운전 게임을 해야 했다. 그들은 도로에 갑자기 나타나는 벽에 충돌하는 것을 피해야 한다. 심리학자들은 무작위로 몇몇 참가자들을 혼자서 게임을 하거나

두 명의 같은 나이 또래들이 지켜보게 한 채 게임을 하게 했다. 나이가 더 많은 청소년들은 그들의 또래들이 방에 있을 때 위험 운전 지수에서 약 50퍼센트 더 높은 점수를 기록했다. 초기 청소년들의 운전은 다른 어린 십대들이 주변에 있을 때 대략 두 배 정도 무모했다. 반면에, 성인들은 그들이 혼자 있든지 혹은 다른 사람에 의해 관찰되고 있는지에 관계없이 유사한 방식으로 행동했다.

→ 또래들의 존재는, 성인들은 그렇지 않지만, 청소년들이 더 위험을 감수하는 경향이 있도록 만든다.

해설 한 연구에서 연령별로 컴퓨터를 진행되는 운전 게임을 시키고, 각 연령마다 또래가 있을 때와 없을 때의 게임을 비교한 결과, 청소년들이 또래가 있을 때 더 위험한 운전을 했다는 내용의 글이다. 따라서 빈칸 (A)에는 presence(존재)가 오고, (B)에는 take risks(위험을 감수하다)가 들어가는 것이 가장 적절하다.

② 존재 – 조심스럽게 행동하다
③ 무관심 – 형편없이 일을 하다
④ 부재 – 모험을 즐기다
⑤ 부재 – 독립적으로 행동하다

어휘

psychologist	심리학자
co-author	공동 저자
conduct	수행하다, 실시하다
adolescent	청소년
average	평균의
subject	피실험자, 주제
computerized	컴퓨터화된
avoid	피하다
crash	충돌하다
randomly	무작위로
index	지수, 지표
risky	위험한
peer	또래, 동료
behave	행동하다
regardless of	~에 관계없이

02

정답 ④

소재 인간의 생존을 위한 사회적 관계 형성의 욕구

인간은 그들이 함께 있고 싶어 하는 사람들 사이에서 관계를 형성하고 유지하려는 타고난 욕구에 의해 영향을 받는다. 이러한 관점에서, 그들은 이런 자연스러운 욕구를 충족시키기 위해 타인과의 관계를 만들기를 바란다. 그 욕구는 대개 일생에 걸쳐 많은 감정, 행동, 그리고 결정들에 기초한다. 어느 사회의 일원이 되려는 욕구는 아마도 사회적 종으로서의 인간 진화 역사의 산물일 것이다. 인간은 식량의 공급, 포식자로부터의 보호, 그리고 필수적인 지식의 습득을 위해 다른 사람들의 협력에 오랫동안 의존해 왔다. 만일 사회적 유대의 형성과 유지가 없었다면, 초기 인간들은 아마도 그들의 물리적 환경을 다루거나 적응하지 못했을 것이다. 따라서, 사람들 사이에서의 친밀함과 의미 있는 관계는 오랫동안 인간의 생존에 필수적이었다.

해설 이 글은 인간이 대인 관계를 형성하고 유지하려는 욕구는 일생을 살아가는데 기초가 되고 생존에 매우 중요했다는 내용이다. 그러므로 글의 주제로 가장 적절한 것은 ④ '인간의 생존을 위해 사회적 유대감을 만들 필요성'이다.

① 진화에 필수적인 요소로서의 감정
② 다른 사람들과 협력하는 것의 어려움
③ 다른 사람들과 친밀함을 유지하는 방법
⑤ 인간의 진화가 환경에 미치는 영향

어휘

affect	영향을 주다
desire	욕구, 욕망
form	형성하다
maintain	유지하다
be based on	~에 기초[근거]하다
evolutionary	진화의, 발전의
species	종(種)
depend on	~에 의존하다
cooperation	협력
predator	포식자
acquisition	습득, 인수
essential	필수적인
bond	유대, 결속
deal with	~을 다루다
adapt to	~에 적응하다
closeness	친밀함
survival	생존
evolution	진화

03
정답 ⑤

소재 삶에 도움이 되는 다른 사람들의 견해와 가치관

누구나 이야기를 지니고 있다는 것은 사실이다. 우리가 만나는 모든 사람은, 어떤 면에서, 우리가 우리 자신의 삶을 살아가는 동안 우리에게 정보를 제공해주고 도움을 줄 수 있는 이야기를 갖고 있다. 우리가 이 사실을 받아들이고 다른 사람들을 소중한 정보의 잠재적 원천으로 바라보기 시작해야 한다. 그러면, 우리는 우리 삶에 있는 새로운 가능성들에 우리 자신을 열어놓을 수 있다. 실제로, 우리와 가장 다르다는 사람들이 아마 우리에게 가르쳐 줄 것이 가장 많을 것이다. 하지만 우리와 같고 똑같은 견해를 지닌 사람들로 우리를 에워싸는 것은 흔하다. 만일 우리가 그런 사람들과 같은 가치를 공유하려고만 한다면, 우리는 이성적인 사람으로서 성장하기 보다는 인간으로서 수축될 것이다(인간으로서 역할을 제대로 하지 못할 것이다). 우리는 우리가 매일 살고 있는 어느 곳에서라도 그들과 현명하게 판단을 내릴 수 있도록 몇몇 선생님을 찾을 필요가 있다.

해설 우리가 만나는 모든 사람의 삶의 이야기가 우리에게 도움이 되며, 견해나 가치관이 다른 사람들을 통해 더 많은 것을 배울 수 있다는 내용의 글이다. 그러므로 빈칸에 들어갈 말로 가장 적절한 것은 ⑤ potential sources of valuable information(소중한 정보의 잠재적인 원천)이 가장 적절하다.
① 우리에게 대항해 경쟁하는 적수[라이벌]
② 순응하는 것에 대한 믿을만한 안내[지침]
③ 우리 삶의 이야기에 주의를 기울이는 사람들
④ 같은 흥미를 가진 집단의 구성원들

어휘

inform	정보를 제공하다
possibility	가능성
in reality	실제로

probably	아마, 아마도
teach	가르쳐 주다
common	흔한, 일반적인
surround	둘러싸다
view	견해, 시각
share	공유하다, 나누다
value	가치
shrink	위축[수축]되다
reasonable	이성적인
judge	판단을 내리다
reliable	믿을만한
attentive	주의 깊은

Vocabulary **R**eview
본문 p.89

1 (1) be based on (2) imagination (3) teach
  (4) adapted to (5) randomly
2 (1) beneficial (2) effect (3) judge
  (4) affect (5) conduct (6) psychologist
  (7) predator (8) possibility (9) survival
  (10) evolution

01
(1) 우리의 결정은 과학적 지식에 근거[기초]를 두어야 한다.
(2) 우리는 우리 자신만의 상상으로 그 공백들을 채워야 한다.
(3) 삶에서 가장 고통스러운 경험들은 우리에게 가르쳐 줄 가장 많은 것을 가지고 있다.
(4) 그들은 그 지역의 환경과 기후에 적응하지 못했을지도 모른다.
(5) 그 컴퓨터는 1에서 100 사이에서 다섯 개의 숫자를 무작위로 뽑을 것이다.

02
(1) 유익한, 도움이 되는   (2) 효과, 영향
(3) 판단을 내리다   (4) 영향을 주다   (5) 수행하다, 실시하다
(6) 심리학자   (7) 포식자   (8) 가능성
(9) 생존   (10) 진화

〉UNIT **14** 정치, 경제
본문 p.90

Q
정답 ③

소재 중국의 빈번한 통합과 유럽의 지속적인 분열의 효과

중국의 빈번한 통합과 유럽의 끊임없는 분열은 양쪽 모두 오랜 역사를 지니고 있다. 우리가 현재 알고 있는 중국의 가장 생산성이 높은 지역들은 기원전 221년에 처음 통합되었다. 그것들은(지역들은) 그 때부터 역사의 대부분 동안 많은 식량과 자원을 생산해 왔다. 게다가, 중국은 처음부터 단 하나의 문자 체계를 가지고 있었으며, 즉 오랜 기간 동안 단 하나의 주요 언어를 가지고 있었기에, 그것(중국)은 2000년 동안 굳건한 문화적 통합을 유지해 왔다. 반대로 유럽은 정

치적 통일에 근접한 적이 전혀 없었다. 그것(유럽)은 서기 1500년에 500개의 국가들로 나눠져 있었고, 그것들은 1980년대에 최소 25개로 감소했다가, 이제 다시 40개 이상으로 증가했다. 그 결과, 그것(유럽)은 여전히 45개의 언어와, 훨씬 더 큰 문화적 다양성을 가지고 있다. 유럽을 통합하는 문제에 관한 최근의 의견 불일치는 유럽의 분열에 관한 하나의 사례이다.

해설 주어진 문장은 유럽이 정치적 통일에 결코 근접한 적이 없다는 내용으로, 중국의 통합에 관한 설명 이후 유럽의 분열된 사례 제시가 시작되는 전환 부분에 위치해야 하므로, 주어진 문장이 들어가기에 가장 적절한 곳은 ③이다.

어휘

frequent	빈번한, 자주 있는
unity	통합
constant	끊임없는
disunity	분열
productive	생산성이 높은, 생산적인
resource	자원
besides	게다가
principal	주요한, 주된
maintain	유지하다
solid	굳건한, 단단한
close	근접한, 가까운
political	정치적인
unification	통일
decrease	감소하다
state	국가, 주
increase	증가하다
as a result	그 결과
diversity	다양성
current	최근의, 현재의
disagreement	의견 불일치

Reading Check   본문 p.91

1 effect   2 unified   3 resources
4 writing, system   5 solid   6 divided
7 more, than   8 disagreements

주제별 연습문제   정답 01 ② 02 ③ 03 ⑤   본문 p.92

01   정답 ②

소재 장기적 맥락에 따라 시행되어야 하는 단기간 행사

경제적인 관점에서, 단기간 행사는 사람들, 특히 외부 사람들에게, 상품과 서비스를 팔 수 있다는 가능성 때문에 혁신적인 행사가 될 수 있다. 예를 들어, 예술 전시회, 문화 축제 그리고 스포츠 경기의 놀랄 만한 성장은 이러한 관점에서 설명될 수 있다. 그것들은 상당히 많은 외부인들을 끌어 들이고 새로운 수입원을 가져올 수 있는 일시적 활동들이다. 그러나 어느 특정한 지역의 기반 시설, 명성, 활동의 역사가 있다는 것은 행사의 경제적 성공 또는 실패에 중요한 영향을 미칠 수 있다. 다시 말해서, 판매 행사들은 아무것도 없는 상태에서는 일어나지 않는다. 그것들은 오랜 시간 동안 형성되어 왔던 기존의 맥락[상황]에 의존한다. 그러므로 단기간 행사는 이러한 장기간의 맥락

[상황]과 관련하여 시행될 것이다.

해설 단기간 행사는 외부 사람들에게 짧은 기간 동안 상품과 서비스를 팔 수 있는 매우 좋은 기회이지만, 그 속엔 여전히 장기간의 맥락[상황]으로 인해 판매의 성패가 좌우된다는 내용의 글이다. 그러므로 빈칸에 들어갈 말로 가장 적절한 것은 ② be performed in relation to this long-term context(이러한 장기간의 맥락[상황]과 관련하여 시행되다)이다.
① 다른 단기간의 행사와 함께 새로운 맥락을 만들다
③ 이런 공간과 시간적인 한계에 구애받지 않고 발생하다
④ 또 다른 지방으로부터의 유명한 행사와 교류하다
⑤ 지역 행사에서부터 결국에 세계적인 것으로 스스로를 발전시키다

어휘

economic	경제적인, 경제의
short-lived	단기간의
innovative	혁신적인
in particular	특히, 특별히
remarkable	놀랄만한, 훌륭한
exhibition	전시회
competition	경기, 경쟁
explain	설명하다
temporary	일시적인, 임시의
attract	끌다, 끌어이다
income	수입
existence	존재
reputation	명성, 평판
existing	기존의
context	맥락, 상황

02   정답 ③

소재 지도자가 갖춰야 할 듣는 능력의 중요성

어떻게 지도자는 사람들이 (스스로) 중요하다고 느끼게 하는가? 첫째로, 그들의 말을 듣는 것을 통해서이다. 그들이 당신은 그들의 생각을 존중한다고 알게 하고, 그들이 자유롭게 의견을 표현하도록 하라. 내 친구 중 한 명이 한번은 나에게 대기업의 최고 경영자에 대해 말해 준 적이 있는데, 그는 관리자 중 한 명에게, "난 당신이 생각할 수 있는 모든 것에 대해 이미 생각을 한 적이 있어요. 그러니까, 내가 당신에게 말해 달라고 요청하기 전에 당신이 생각하는 것을 절대로 말하지 마세요. 내 뜻을 이해하시겠어요?"라고 말했다고 한다. 관리자가 틀림없이 느꼈을 자존감의 충족(→ 상실)을 상상해 보라. 그것은 틀림없이 그를 낙담시키고 그의 성과에 부정적인 영향을 미쳤을 것이다. 반면, 여러분이 누군가에게 (그 자신이) 아주 중요한 사람이라는 감각을 느끼도록 하면, 그들은 의기양양함을 느낄 것이고 — 활력의 수준이 빠르게 증가할 것이다.

해설 지도자는 상대방의 의견을 경청하고 상대방으로 하여금 스스로가 중요한 사람이라고 느끼도록 만들어야 한다는 내용의 글이다. 만일 반대의 상황이 일어난다면 상대방은 자존감에 상처를 받을 것이므로, ③ satisfaction(충족, 만족)을 loss(상실)와 같은 단어로 고쳐 써야 한다.

어휘

leader	지도자, 리더
respect	존중하다
express	표현하다
opinion	의견, 견해

manager	관리자
mean	의미하다, 뜻하다
satisfaction	충족, 만족
self-esteem	자존감, 자부심
discourage	낙담시키다
negatively	부정적으로
affect	영향을 미치다
performance	성과, 수행
on top of the world	의기양양한
increase	증가하다
level	수준, 정도
rapidly	빠르게
loss	상실, 손실
must have p.p.	~했음에 틀림없다

03
정답 ⑤

(소재) 경제 활동에서 비롯된 고대 사회의 문자 탄생 배경

돌이켜 볼 때, 양을 세려고 하는 욕구가 문자 언어의 진보에 대한 원동력이었다는 것은 놀라운 것처럼 보일지도 모른다. 과거의 문자 기록에 대한 욕구는 언제나 경제 활동을 수반해 왔다. 그것은 거래가 만일 누가 무엇을 소유하고 있는지 명확하게 추적할 수 없다면 무의미하기 때문이다. 따라서, 초기의 인간의 글쓰기는 내기의 대상, 계산서, 계약서의 모음들을 단지 거래하는 것에 주도되었다. 성경과 같은 오래된 기록들 이전에도 우리는 이익에 대한 기록을 가지고 있었다. 사실, 많은 문명들이 위대한 문학 작품을 기록하는 단계에 결코 이르지 못했다. 인간들은 또한 그것들을 문화의 역사 뒤에 남겨놓지도 못했다. 그러나 우리가 현재 이런 고대 사회로부터 가지고 있는 것은 영수증 더미이다. 그런 기록을 만들어내는 상업적 기업이 없었다면, 우리는 그 문화가 어디로부터 왔는지 알지 못할 것이다.

(해설) 고대 사회에서 문자가 생겨난 배경에는 목적을 위해 수단과 방법을 가리지 않았던 경제 활동에서 비롯되었다는 내용의 글이다. 따라서 글의 요지로 가장 적절한 것은 ⑤ '고대 사회에서 경제 활동은 문자 기록의 원동력이었다'이다.

(어휘)

seem	~처럼 보이다
driving force	원동력, 추진력
advance	진보, 전진
accompany	수반[동반]하다
trade	거래, 무역
meaningless	의미 없는
keep tract of	~을 추적하다
bet	내기(의 대상)
contract	계약
profit	이익
civilization	문명
literary	문학의
ancient	고대의
receipt	영수증
enterprise	기업, 사업

Vocabulary Review
본문 p.95

---

1 (1) leader	(2) maintained	(3) civilization
(4) economic	(5) unification	
2 (1) increase	(2) temporary	(3) advance
(4) respect	(5) performance	(6) opinion
(7) diversity	(8) profit	(9) receipt
(10) attract		

01

(1) 훌륭한 지도자는 사람들이 편안하다고 느끼게 한다.
(2) 일본은 필리핀과 밀접한 관계를 유지해 왔다.
(3) 그리스는 유럽 문명의 발생지로 여겨진다.
(4) 대공황은 1930년대의 경제 위기였다.
(5) 그 정치인은 독일의 통일에 중요한 역할을 했다.

02

(1) 증가하다	(2) 일시적인, 임시의	(3) 진보, 전진
(4) 존중하다	(5) 업무 수행, 성능	(6) 의견, 견해
(7) 다양성	(8) 이익	(9) 영수증
(10) 끌다, 끌어들이다		

UNIT 15 사회, 법
본문 p.96

Q
정답 ⑤

(소재) 자신과 타인의 이익 모두에 부합하는 사회적 거짓말

항상 사람들이 서로 진실을 말한다면 우정과 낭만적인 관계를 포함한 사회적 상호작용은 쉽게 틀어질 수 있다. 그러나 사회적 관계는 사람들이 사랑받기 좋아하고 칭찬받기 좋아하기 때문에 서로에게 때때로 칭찬을 해 주는 것으로부터 이로움을 얻는다. 그러한 측면에서, 속이는 말이지만 기분 좋게 만드는 말과 같은 사회적 거짓말("네가 머리 자른 게 마음에 든다.")은 상호 관계에 도움이 될 수 있다. 사회적 거짓말은 심리적 이유들 때문에 들리며 자신의 이익과 타인의 이익 모두에 부합한다. 왜냐하면 거짓말쟁이들은 그들의 거짓말들이 다른 사람을 기쁘게 해준다고 인식할 때 만족감을 얻을 수 있거나 그러한 거짓말을 함으로써 어색한 상황이나 토론을 피할 수 있다는 것을 그들이 깨닫기 때문에 사회적 거짓말은 자기 이익(사리사욕)에 해당한다. 항상 진실을 듣는 것("너는 몇 년 전보다 지금 훨씬 더 나이 들어 보인다.")이 사람의 자신감과 자존감을 손상시킬 수 있기 때문에 사회적 거짓말은 타인의 이익에 부합한다.

(해설) 사회적 거짓말은 자신과 타인의 이익 모두에 기여한다고 언급하고 있으므로, 글의 주제로 가장 적절한 것은 ⑤ '사회적 거짓말이 대인 관계에 미치는 영향'이다.
① 진실과 거짓 간을 구별하는 방법
② 관계 구축에서 자존감의 역할
③ 다른 사람의 행동을 변화시키는 데 있어 칭찬의 중요성
④ 사익과 공익 사이의 균형

어휘

interaction	상호작용
sour	틀어지는, 안 좋아지는
benefit	이로움을 얻다, 도움이 되다
compliment	칭찬하다; 칭찬
deceptive	속이는, 기만적인
flattering	기분 좋게 만드는, 아첨하는
comment	언급, 말
psychological	심리적인
serve	부합하다, 기여하다
correspond to	~에 해당하다
satisfaction	만족감
clumsy	어색한, 서투른
confidence	자신감
self-esteem	자존감

Reading Check
본문 p.97

1 truth	2 benefit	3 self-interest
4 satisfaction	5 avoid	6 self-esteem

주제별 연습문제
정답 01 ⑤ 02 ④ 03 ③
본문 p.98

01
정답 ⑤

소재 많은 조언으로 인한 방해와 혼란

우리는 항상 이웃과 더불어 살아가고 있다. 우리는 우리의 이웃들이 어려움에 처했을 때 돕는 것을 좋아한다. (C) 그러나 때때로 사람들은 서로 방해를 하고 도움과 조언을 주려고 함으로써 결국 혼란을 만든다. (B) 실제로 종종 다른 사람들에게 그들이 무엇을 해야 하는지 계속 말하는 매우 많은 사람들이 있어서 어떻게 일이 행해져야 하는지 아무도 정말이지 확신하지 못한다. (A) 예를 들어서, 만일 다섯 명의 다른 사람들이 어린 아이에게 신발 끈을 묶는 적절한 방법을 보여준다면, 그것은 도움이 되지 않을 것이다. 그 아이는 그 다섯 가지 다른 방식들 때문에 너무 혼란스러워져서 결국에는 그 또는 그녀는 그 일을 할 수조차 없게 될지도 모른다.

해설 우리는 이웃들이 어려움에 처했을 때 돕는 것을 좋아한다는 주어진 글 다음에 도움과 조언을 주려다가 결국 혼란을 유발한다는 (C)가 이어지고, 무엇을 해야 할지 말하는 너무 많은 사람들이 있어서 어떻게 일을 해야 할지 아무도 모르게 되는 (B)가 온 후, 그 예로 다섯 명의 다른 사람들이 어린 아이에게 신발 끈을 매는 방법을 보여준다면, 그것은 도움이 되지 않을 것이라는 (A)로 이어지는 것이 글의 순서로 가장 적절하다.

어휘

neighbor	이웃
give a hand	돕다
proper	적절한
tie	묶다, 매다
a pair of	한 쌍[짝, 벌]의
confused	혼란스러운
in the end	결국
certain	확신하는, 확실한
get in one's way	방해하다

02
정답 ④

소재 정부에 운영되는 언론: 정보 원천의 다양성 보장 필요

스웨덴, 네덜란드, 카자흐스탄과 같은 나라에서는 언론이 공공에 의해 소유되지만 정부에 의해 운영된다. 이런 소유권의 체계 하에서는 신문사, TV 방송국, 그리고 라디오 방송국의 운영비를 충당하는 재원은 공적인 세금을 통해서 발생된다. 이 체계 때문에 이러한 많은 나라들에서 규제와 정책들은 다양한 정보의 원천을 보장하도록 고안되고 있다. 예를 들면, 스웨덴 법은 모든 마을마다 적어도 두 개의 신문들이 발행되어야만 한다고 요구하고 있다. 두 번째 (신문)이 주로 보수적인 반면에 한 신문은 일반적으로 진보적이다. 전형적으로, 스웨덴 사람들은 신문 읽기보다 TV 시청을 더 선호한다. 그 신문 중 하나가 이익을 못 낼 경우에 스웨덴 법은 주민 세금과 시로부터의 기부금이 고군분투하는 신문사를 지원하는데 투입되어야 한다고 요구하고 있다.

해설 언론이 공공에 의해 소유되지만 정부에 운영되는 나라에서 규제와 정책이 정보의 원천의 다양성을 보장하고 있다는 것이 글의 주된 내용인데, ④ 문장은 스웨덴 사람들이 TV시청을 선호한다는 내용으로, 글의 전체 흐름과 관계가 없다.

어휘

such as	~와 같은, 예를 들어
press	언론, 출판물
operate	운영하다
government	정부
revenue	재원, 수입
expense	비용
guarantee	보장하다
liberal	진보적인
conservative	보수적인
in case	~한 경우에
unprofitable	이익을 못 내는
law	법, 법률
donation	기부(금), 기증
support	지원하다; 지원
struggling	고군분투하는

03
정답 ③

소재 줄어든 시민의 참여의식과 책임감

세상은 질서를 유지하기 위해 공공 행정과 관리 제도를 도입한 법과 통치의 나라가 되었다. 이런 행정적인 관리 시스템으로 정부의 도시 기관들은 자신의 시민에게, 과세 과정 그리고/또는 서비스(예를 들면, 치안과 소방, 도로 유지, 공익사업, 쓰레기 관리 등)에 대한 수수료를 통해 제공되는, 증대되는 서비스 수준을 제공하도록 진화했다. 종종 이것은 시민 참여를 대체했다. 서비스를 위한 돈은 시민 책임과 공공 참여에 관한 대체물이 아니다. 시민의 책임은 서서히 정부에 의해 대체되고, 정부는 대체 공급자이다. 그 결과 모든 시민이 적극적인 참여자가 되는 공동체 의식과 관련 책임감이 감소하고 있다. 시민의 의무와 참여에 관한 정부의 대체가 심각한 영향을 미칠 수 있다.

정부가 세금과 서비스 수수료를 받아 여러 가지 서비스를 시민에게 제공함으로써 시민이 공동체 의식을 갖고 공적으로 참여해야 한다는 의식과 책임감이 줄어들고 있다는 내용의 글이다. 따라서 글의 제목으로 가장 적절한 것은 ③ '줄어든 시민 참여: 정부 서비스의 대가'이다.
① 건전한 정부에서 건전한 시민의 책임
② 항상 없는 것보다 낫다: 현대 정부의 역할
④ 현대 사회에서 세계 시민 의식이 중요한 이유는 무엇인가?
⑤ 도시기반 사회의 공익을 극대화하는 방법

어휘

governance	통치
introduce	도입하다
public	공공의
management	관리
order	질서
urban	도시의
institution	기관
evolve	진화하다
taxation	과세, 세제
more often than not	종종, 자주
replace	대체하다
responsibility	책임(감)
substitution	대체
involvement	참여, 관여
impact	영향

Vocabulary Review
본문 p.101

1 (1) confusion (2) introducing (3) press
  (4) clumsy (5) donation
2 (1) deceptive (2) urban (3) unprofitable
  (4) liberal (5) compliment (6) substitution
  (7) revenue (8) management (9) advice
  (10) taxation

01
(1) 혼란 중에도 내 친구는 내 곁에서 떠나지 않았다.
(2) 우리는 최신 기술을 도입함으로써 회사를 발전시켰다.
(3) 많은 공산국가들이 언론을 통제해서 시민들이 진실한 목소리를 내기 어렵게 만든다.
(4) 첫 만남의 어색한 상황에서도 그는 그녀를 마치 오랫동안 알고 지낸 것처럼 대했다.
(5) 다수의 유명 인사들이 빈곤에 처한 사람들을 돕기 위해 기부를 했다.

02
(1) 속이는, 기만적인 (2) 도시의
(3) 이익을 못 내는 (4) 진보적인 (5) 칭찬하다
(6) 대체 (7) 재원, 수입 (8) 관리
(9) 조언, 충고 (10) 과세, 세제

UNIT 16 의학, 건강, 영양, 식품
본문 p.102

Q
정답 ④

소재 주변 여건의 영향을 받는 일상에서의 운동 가능 여부

많은 전문가들은 사람들에게 "엘리베이터 대신 계단을 이용"하거나 "직장까지 걷거나 자전거를 타라"고 건강을 위해 조언한다. 이것들은 좋은 전략들로, 계단을 오르는 것은 좋은 운동을 제공하고, 사람들이 걷거나 이동 수단으로 자전거를 타는 것은 대개 신체적 활동에 대한 필요들을 충족시킨다. 하지만 많은 사람들은 그러한 선택들을 가로막는 자신의 환경에서 장벽에 부딪힌다. 안전한 인도 혹은 표시된 자전거 차선이 없거나, 차량이 빠르게 지나가거나, 공기가 오염된 도로에서 걷거나 자전거를 타는 것을 사람들은 거의 선택하지 않을 것이다. 현대식 건물에서 불편하거나 안전하지 않은 계단통에서 계단을 오르는 것을 선택할 사람은 거의 없을 것이다. 이와는 대조적으로, 안전한 자전거 도로와 산책로, 공원, 자유롭게 이용할 수 있는 운동 시설이 있는 동네에 사는 사람들은 자주 그것들을 사용한다. 그들의 주변 환경이 신체 활동을 장려한다.

해설 안전한 자전거 도로와 산책로, 공원, 자유롭게 이용할 수 있는 운동 시설이 있는 동네에 사는 사람들은 자주 그것들을 사용한다는 내용이므로, 이 글의 요지로 가장 적절한 것은 ④ '일상에서의 운동 가능 여부는 주변 여건의 영향을 받는다'이다.

어휘

expert	전문가
instead of	～ 대신에
strategy	전략
workout	운동
transportation	이동 수단
physical	신체적인
barrier	장벽
vehicle	차량
pollute	오염시키다
inconvenient	불편한
modern	현대(식)의
facility	시설
surroundings	(주변) 환경
encourage	장려하다, 격려하다

Reading Check
본문 p.103

1 health 2 barriers 3 prevent 4 vehicles
5 facilities 6 surroundings

주제별 연습문제 정답 01 ③ 02 ② 03 ③
본문 p.104

01
정답 ③

소재 오렌지 속안에 있는 하얀 속껍질 pith의 영양성분

우리는 모두 오렌지가 (노란)색이 있는 껍질 속에 하얀 껍질들을 가지고 있다는 것을 알고 있다. 하얀 속껍질은 pith라 불리고 완전히 맛

이 없다는 이유만으로 우리는 pith를 벗겨낸다. 그러나 놀랍게도 가장 많은 영양소들을 포함하는 오렌지의 일부이다. pith는 항암 특성뿐만 아니라 많은 양의 비타민 P도 가지고 있다. <u>이것은 압력과 열을 이용하여 수분을 제거함으로써 동물의 사료 즉 가축과 가금류를 위해 재배되거나 개발된 식품으로 가공될 수 있다.</u> 더욱 놀라운 것은, 당신은 실제 오렌지에서보다 하얀색 pith 안에서 더 많은 비타민 C를 발견할 수 있다. 게다가 그 하얀색 pith는 매우 많은 섬유소를 포함해서, 당신은 오렌지를 먹을 때 그것을 즐길 수 있다.

해설 pith(속) 안에 있는 영양적 가치에 대해 ①번 문장에서 언급한 후, ②, ④, ⑤번 문장에서 그에 대한 근거를 제공하고 있으나, ③번은 pith가 동물 사료로 쓰인다는 내용이므로 글의 전체적인 흐름에서 벗어난다.

어휘

skin	(동물의) 껍질, 가죽
peel	(바나나 등) 껍질
peel ~ off	~을 벗기다
completely	완전히
tasteless	맛이 없는
nutrient	영양소
anti-cancer	항암의
quality	특성, 질
process	가공[처리]하다
that is	즉, 다시 말해서
livestock	가축
remove	제거하다
pressure	압력
actual	실제의
contain	포함하다
fiber	섬유소

02 정답 ②

소재 식품 라벨의 목적

'당신이 먹는 것이 바로 당신이다(먹는 것이 여러분을 만든다)' 그 구절은 당신이 먹는 음식과 당신의 신체 건강 간의 관계를 나타내기 위해 자주 사용된다. 하지만 당신은 가공 식품, 통조림 식품, 포장된 식품을 살 때 당신이 무엇을 먹고 있는 것인지 생각 해보는가? 오늘날 만들어진 제조 식품 다수가 때로는 정확히 그 안에 무엇이 들어 있는지 알기 어려운 너무 많은 화학물질과 인공 성분을 함유하고 있다. 다행히도, 이제는 식품 라벨이 있다. 식품 라벨은 당신이 먹는 식품에 관해서 확실할 필요가 있는 정보를 알아내는 하나의 좋은 방법이다. 식품 라벨은 책에서 발견되는 그 목차와 같다. 식품 라벨의 주된 목적은 당신이 구입하고 있는 식품 안에 무엇이 들어 있는지 당신에게 알려주는 것이다. 식품 라벨은 이제 너무 일반화되어 라벨이 없는 포장(물)을 보는 것을 상상하는 것은 어렵다.

해설 ② '너무 ~해서 …하다'라는 의미의 「so ~ that ... 」구문의 that절을 이끌어야 하므로, which를 that으로 바꿔야 한다.
① 「be used to + 동사원형」, '~이 사용되다' 구문으로 reflect를 동사 원형으로 사용하는 것은 옳다.
③ 명사를 수식하는 to 부정사의 형용사적 용법으로 to find를 사용하는 것은 적절하다.
④ are 동사 뒤에 like는 전치사로 사용된 것으로 적절하다.
⑤ the main purpose가 핵심 주어이므로 단수동사 is를 사용하는 것은 적절

하다.

어휘

phrase	구절
reflect	나타내다, 반영하다
relationship	관계
physical	신체의
processed food	가공식품
canned food	통조림 식품
packaged	포장된
manufactured	제조된
include	함유[포함]하다
chemical	화학물질
artificial	인공적인
ingredient	성분, 재료
purpose	목적
food label	식품 라벨[표]

03 정답 ③

소재 충수 절제술에 생계를 의존하는 외과 의사

최초의 성공적인 충수 절제술이 1735년 영국 군의관에 의해 시행되었다고 했다. 하지만, 1880년대가 되어서야 그 수술이 의학 학술지에 서술되고 의과 대학에서 교육되었다. 그것은 아주 오래된 질병에 대한 반가운 해결책이었고 세기의 전환기 무렵에 그것은 매우 흔해져서 유럽과 미국의 많은 외과 의사들이 그것으로부터 꽤 괜찮은 액수의 돈을 벌었다. 이후에 정치인이 된 독일인 의사 Rudolf Virchow는 1902년 그가 죽기 바로 전에 "사람이 충수 없이 살 수 있다는 게 사실인가요?"라는 질문을 받았다. 비록 그가 여러 해 동안 의사로 일하지는 않았지만, Virchow는 그 분야의 발전에 관한 최신 정보를 알고 있었다. 점점 높아지는 그 수술의 인기를 알고 있었기 때문에, 그는 재치 있게 발언했다. "사람은 그렇습니다만, <u>외과 의사는 아닙니다.</u>"

해설 충수 절제술이 인기가 많아져서 사람들은 충수 없이 살 수 있지만 외과 의사들은 아니라는 내용이므로 글에서 의미하는 바로 가장 적절한 것은 ③ '외과 의사들은 생계를 위해 충수 절제술에 의존한다'이다.
① 충수의 역할은 미스터리였다.
② 모든 외과 의사가 충수 절제술을 수행할 수 있는 것은 아니다.
④ 충수 절제술은 개선의 여지가 많다.
⑤ 외과 의사는 충수를 제거하는 것을 꺼려한다.

어휘

perform	시행[수행]하다
army surgeon	군의관
operation	수술
medical	의학의
journal	학술지, 신문
solution	해결책
reasonable	(꽤) 괜찮은, 합리적인
politician	정치인
stay in touch with	~에 관한 최신 정보를 알고 있다, ~와 접촉하다
popularity	인기
wittily	재치 있게

remark	발언하다
improvement	개선, 발전
rely on	~에 의존하다

본문 p.107

Vocabulary Review

1 (1) pressure (2) Artificial (3) Experts
(4) remarked (5) nutrients

2 (1) tasteless (2) purpose (3) operation
(4) remove (5) contain (6) phrase
(7) politician (8) strategy (9) ingredient
(10) transportation

01

(1) 그녀는 타이머를 맞추고 4분 동안 높은 압력으로 요리했다.
(2) 인공 지능 로봇은 사람들이 더 편리한 삶을 살 수 있도록 도와줄 수 있다.
(3) 각 분야의 전문가들은 항상 자신들의 전문 지식과 경험을 강조할 필요가 있다.
(4) 어제 그녀는 학생들이 자신들의 문화와 역사에 관해 배워야 한다고 발언했다.
(5) 체내 영양소 결핍은 40세 이후 사람들에게 생기기 시작한다.

02

(1) 맛이 없는 (2) 목적 (3) 수술
(4) 제거하다 (5) 포함하다 (6) 구절
(7) 정치인 (8) 전략 (9) 성분, 재료
(10) 이동 수단

Mini Test 제1회

본문 p.110

01 ②	02 ⑤	03 ③	04 ③
05 ⑤	06 ②	07 ④	08 ③

01

정답 ②

소재 아이들의 발달에서 놀이의 역할

인간뿐만 아니라 동물도 놀이 활동에 참여한다. 동물에게 있어 놀이는 오랫동안 미래 생존에 필요한 기술과 행동을 배우고 학습하는 방식으로 여겨져 왔다. 아이들에게 있어서도 놀이는 발달 동인 중요한 기능들을 한다. 유아기의 가장 초기부터, 놀이는 아이들이 세상과 그 안에서의 그들의 위치에 대해 배우는 방식이다. 아이들의 놀이는 일상생활에 필요한 걷기, 달리기, 뛰기와 같은 기술인 신체적 능력을 발달시키기 위한 훈련장으로서 역할을 한다. 놀이는 또한 아이들이 사회적 행동을 시도하고 배우며, 성인기에 중요할 가치와 성격 특성을 습득하도록 허락한다. 예를 들어, 그들은 다른 사람들과 어떻게 경쟁하고 협력해야 하는지, 어떻게 이끌고 따라야 하는지, 결정을 어떻게 해야 하는지 등을 배운다. 따라서 아이들의 놀이는 그들이 신체적, 사회적, 개인적 기술을 습득하는 데 도움이 되며, 나중의 삶을 위한 일종의 수습기간으로서 역할을 한다.

해설 아이들의 놀이는 신체능력을 발달시키기 위한 훈련의 토대로서 역할

을 하고 사회적 행동을 시도하고 배우며, 성인기에 중요할 가치와 성격적 특성을 습득하도록 허락한다고 언급되고 있으므로, 글의 주제로 가장 적절한 것은
② '아이들의 발달에서 놀이의 역할'이다
① 창의적인 아이디어 시도의 필요성
③ 인간 놀이와 동물 놀이의 대조
④ 아이들의 신체 능력이 놀이에 미치는 영향
⑤ 다양한 발달 단계에서 아이들의 욕구

어휘

engage in	~에 참여하다
necessary	필요한, 필수적인
behavior	행동
critical	중요한
infancy	유아기
serve as	~로서 역할을 하다
ground	~장, 토대
permit	허락하다
try out	시도하다
obtain	얻다, 획득하다
personality trait	성격 특성
adulthood	성인기
compete	경쟁하다
cooperate	협력하다
and so on	(기타) 등등
acquire	습득하다, 얻다
contrast	대조
effect	효과, 영향

02

정답 ⑤

소재 모니터링을 통한 사회적 이익이 되는 행동 창출

우리의 행동에 관한 숨겨진 영향력이 있다. 사람들이 커피 기부금을 놓는 양심 상자 가까이에서 영국 Newcastle University의 연구자들은 사람의 눈 이미지와 꽃 이미지를 번갈아 가며 전시했다. 그들은 각각의 이미지를 한 번에 일주일씩 전시했다. 꽃이 전시된 주간보다 눈이 전시된 주간에 더 큰 기부금이 걷혔다. 그 연구의 10주 동안, '눈 주간'의 기부금이 '꽃 주간'에 걷힌 기부금보다 거의 세 배나 높았다. '진전된 협력 심리는 감시당하고 있다는 미묘한 신호에 아주 민감하다,'는 것과 그 연구 결과들이 사회적으로 이익이 되는 성과 쪽으로 효과적인 '넌지시 권하기'를 제공하는 방법에 영향을 미칠 수도 있다고 (이 연구에서) 비쳐졌다.

해설 누군가 지켜보는 것이 더 많은 기부를 유도하여, 사회적으로 이익이 되는 행동을 이끌어 낼 수 있다는 연구 결과에 관한 내용의 글이다. 따라서 글의 제목으로 가장 적절한 것은 ⑤ '시선: 더 나은 사회를 만드는 비밀 도우미'이다.
① 정직이 최선의 정책인가?
② 꽃이 눈보다 더 효과적이다
③ 기부금은 자존감을 증가시킬 수 있다
④ 더 많이 관찰될수록, 더 적게 협력하다

어휘

for better or for worse	좋든 나쁘든 간에
contribution	기부(금)

alternately	번갈아
display	전시하다
at a time	한 번에
evolve	진전[진화]시키다
psychology	심리
cooperation	협력
sensitive	민감한
delicate	미묘한
cue	신호
monitor	감시하다, 관찰하다
findings	연구 결과들
implication	영향, 함축, 암시
effective	효과적인
profitable	이익이 되는
outcome	성과, 결과
suggest	비추다, 시사하다
policy	방책, 정책
self-respect	자존감, 자기존중

03 정답 ③

소재 아이 성장에 중요한 역할을 하는 또래의 영향

좋든 나쁘든 간에, 우리는 우리의 부모들과 가족들로부터 강력한 영향 아래에서 성장한다. 하지만 특히 우리가 어렸을 때, 훨씬 더 강한 영향을 주는 것은 우리의 친구들이다(우리의 친구들은 훨씬 더 강력한 영향을 준다). 우리는 때때로 가족들의 범위를 넘어서 우리의 정체성을 확장하는 방법으로 친구들을 선택한다. 그러므로 친구들과 다른 사회 집단들의 기준과 기대에 부합해야하는 압박감이 강렬해질 가능성이 있다. 발달 심리학자 Judith Rich Harris는 세 가지 주요한 힘, 즉 개인적인 기질, 우리의 부모들, 우리의 또래들이 우리의 발달을 형성한다고 주장한다. 또래들의 영향은 부모들의 것(영향)보다 훨씬 더 강하다고 그녀는 주장한다. "아이들이 그들의 또래들과 공유하는 세상은 그들의 행동을 형성하는 것이고, 그들이 가지고 태어난 특성을 수정하는 것이며, 따라서 그들이 성장함에 따라 그들이 되려는 사람들의 유형을 결정하는 것이다."라고 그녀는 말한다.

해설 ③ 주어(Judith Rich Harris) 뒤에 관계사절(who is ～)이 연결되어 주어와 동사가 멀어진 구조로, arguing을 argues로 바꾸는 것이 적절하다.
① 도치문으로 주어는 our friends이고 동사는 are이다. 바로 앞에 a lot(훨씬)의 비교급 강조 표현이 있으므로 stronger라는 비교급 형용사를 사용하는 것은 적절하다.
② 문장의 주어가 the pressure이므로 단수동사 is를 사용하는 것은 옳다.
④ 선행사 the world가 사용되었고 share with 사이에 목적어가 없으므로 관계대명사 that을 사용하는 것은 적절하다.
⑤ 선행사 the characteristics가 사용되었고 뒤에 완전한 문장이 나왔으므로 「전치사 + 관계대명사」인 with which를 사용하는 것은 적절하다.

어휘

influence	영향(력)
from time to time	때때로
expand	확장시키다
identity	정체(성)
beyond	넘어서
pressure	압박(감)
standard	기준

expectation	기대
intense	강렬한
developmental	발달의
psychologist	심리학자
force	힘
shape	형성하다
peer	또래
share	공유하다
modify	수정[변경]하다
characteristic	특성
hence	따라서
determine	결정하다

04 정답 ③

소재 변화를 어렵게 하는 작은 선택들과 느린 속도

우리는 흔히 작은 변화들이 그 순간 크게 중요한 것 같지 않아서 그것들을 무시한다. 여러분이 지금 돈을 약간 모아도, 여러분은 여전히 백만장자가 아니다. 여러분이 오늘 밤에 스페인어를 한 시간 동안 공부해도, 여러분은 여전히 그 언어를 익힌 것은 아니다. 우리는 몇 가지 변화들을 만들어 보지만, 그 결과는 결코 빨리 오는 것 같지 않고 그래서 우리의 이전 일상으로 다시 빠져든다. 불행하게도, 변화의 느린 속도는 또한 나쁜 습관을 버리기 쉽게(→ 어렵게) 만든다. 여러분이 오늘 몸에 좋지 않은 음식을 먹어도 (저울) 눈금은 많이 움직이지 않는다. 단 하나의 결정은 묵살하기 쉽다. 하지만 잘못된 결정을 계속해서 복제함으로써 우리가 작은 오류를 나날이 반복하면, 우리의 작은 선택들은 해로운 결과들을 만들어낸다. 많은 실수들은 결국 문제로 이어진다.

해설 작은 변화들로 인한 결과가 빨리 오지 않는 것처럼 변화의 속도가 느린 것은 우리의 나쁜 습관을 버리는 것을 어렵게 만든다는 내용이 와야 하므로 ③ easy(쉬운)를 hard(어려운)와 같은 단어로 바꿔야 한다.

어휘

dismiss	무시[묵살]하다
matter	중요하다
in the moment	그 순간
millionaire	백만장자
slide into	～로 빠져들다
previous	이전의, 앞의
routine	일상, 판에 박힌 일
pace	속도
transformation	변화, 변형
unhealthy	몸에 좋지 않은
scale	(저울) 눈금
compound	만들다, 합성하다
toxic	해로운, 유독성의
misstep	실수

05 정답 ⑤

소재 문화적 변화를 선호하지 않는 인간

한 문화가 다른 문화보다 나은지를 결정하는 방법을 알기는 어렵다. 록, 재즈, 고전 음악의 문화적인 순위는 무엇일까? 문화적 변화가 더 나아지는 것인지 더 나빠지는 것인지에 관한 여론 조사 측면에서, 앞을 내다보는 것은 한 가지 대답으로 이어지고 뒤돌아보는 것은 아주 다른 대답으로 이어질 것이다. 우리 아이들은 조부모의 문화로 되돌아가야 한다는 말을 들으면 공포에 휩싸일 것이다. 우리 부모님은 그들 손주의 문화에 참여해야 한다고 들으면 겁을 먹을 것이다. 인간은 그들이 자라고 익숙해진 것을 좋아할 가능성이 있다. 특정한 나이 이후에는 갑작스러운 문화적 변화가 다가올 때 불안감이 발생한다. 우리 문화는 우리의 정체성과 우리의 입지의 일부이고, 우리는 우리의 정체성과 우리의 입지가 수명이 짧다고 생각하고 싶어 하지 않는다.

해설 문화적 변화가 갑작스럽게 다가오면 아이와 부모 모두 겁을 먹거나 특정 나이 이후 불안함이 발생한다는 내용으로 빈칸에 들어갈 말로 가장 적절한 것은 ⑤ like what they have grown up in and gotten used to(그들이 자라고 익숙해진 것을 좋아할)이다.
① 세대 간 협력을 추구할
② 그들이 경험한 것을 잘 잊어버릴
③ 새로운 환경에 빠르게 적응할
④ 그들의 조상이 했던 것을 기억하려고 노력할

어휘

culture	문화
ranking	순위
in terms of	~측면에서, ~에 관하여
public opinion	여론
poll	(여론) 조사
horrified	공포에 휩싸인
frightened	겁먹은
take part in	~에 참여하다
be likely to	~할 가능성이 있다
anxiety	불안(감)
occur	발생하다
sudden	갑작스러운
identity	정체(성)
standing	입지
seek	추구하다
adjust to	~에 적응하다
ancestor	조상
get used to (동)명사	~에 익숙해지다
generation	세대
ancestor	조상

06   정답 ②

소재 문화마다 다른 정보 공개 범위

얼마나 많은 정보 공개가 적절한지에 관한 생각은 문화마다 다르다. (B) 미국에서 태어난 사람들은 높은 정보공개자(정보를 잘 공개하는 사람)인 경향이 있고, 낯선 이들에게 기꺼이 자신에 관한 정보를 노출하려는 마음을 보이기까지 한다. 이것은 왜 미국인들은 만나는 것에 특히 쉬운 것처럼 보이고 칵테일파티 대화를 잘하는지를 설명할 수도 있다. (A) 반면에, 일본인들은 자신과 매우 친한 소수의 사람들을 제외하고는 타인들에게 자신들에 관한 정보 공개를 거의 하지 않는 경향이 있다. 일반적으로 말해서 아시아인들은 낯선 이들에게 관심을 내보이지 않는다. (C) 그러나 그들은 조화를 관계 발전에 필수적이라고 간주하기 때문에 서로를 위해 정말 큰 배려를 보여준다. 그들은 자신이 불리하다고 생각하는 정보를 (그들이) 외부인이라고 간주하는 사람들이 얻지 못하도록 열심히 노력한다.

해설 적절한 정보 공개의 정도에 관한 생각이 문화마다 다르다는 주어진 글 다음에 미국에서 태어난 사람들은 정보를 잘 공개하려는 경향이 있다는 (B)의 내용이 이어지고, 미국인과 달리 일본인들은 자신과 매우 친한 소수의 사람들을 제외하고는 정보를 거의 공개하지 않는 경향이 있다는 (A)가 온 후, 그들(일본인들)은 정보를 공개하지 않지만 서로를 잘 배려하는 모습을 보인다는 (C)로 이어지는 것이 글의 순서로 가장 적절하다.

어휘

appropriate	적절한
vary	(서로) 다르다
be inclined to 동사원형	~하는 경향이 있다
except	~을 제외하고
generally speaking	일반적으로 말해서
reach out to	~에게 관심을 내보이다
tend to	~하는 경향이 있다
willingness	기꺼이 하려는 마음
expose	노출하다
care	배려, 관심
regard ~ as ...	~을 …(으)로 간주하다
harmony	조화
essential	필수적인
improvement	발전, 개선
prevent ~ from ...ing	~가 …을 하지 못하게 하다
outsider	외부인
unfavorable	불리한, 호의적이 아닌

07   정답 ④

소재 독서의 즐거움

독서의 즐거움은 항상 교양 있는 삶의 매력들 중 하나로 여겨져 왔다. 이것은 책을 읽지 않는 사람의 삶과 독서를 하는 사람의 삶을 비교해 볼 때 쉽게 이해하기 쉽다. 독서하는 습관을 지니지 못한 사람은 시간과 공간의 측면에서 자신의 눈앞에 보이는 세상에 갇히게 된다. 그의 생활은 정해진 일상에 빠져들게 되고 이 틀에박힌 생활에는 탈출구가 없다. 그러나 그가 책을 집어 드는 순간, 그는 즉시 새로운 세상으로 들어간다. 만약 그것이 좋은 책이라면 그는 즉시 세상에서 최고로 얘기를 잘하는 사람들 중의 한 사람과 접촉하게 된다. 이 화자는 그를 이끌고 다른 나라나 다양한 시대로 데리고 간다.

해설 독서하지 않는 삶과 독서하는 삶에 대한 비교를 통해 독서의 즐거움을 강조하는 글로 '독서하지 않는 사람의 갇힌 삶'에 대한 내용 이후에 그와 반대되는 '이야기꾼을 만나 다른 나라나 시대로 간다'는 내용이 시작되는 문장 바로 앞인 ④에 주어진 문장이 들어가는 것이 가장 적절하다.

어휘

as soon as	~하자마자
novel	새로운, 신기한
pleasure	즐거움
be regarded as	~라고 여겨지다, 간주되다
charm	매력
cultured	교양 있는
compare A with B	A를 B와 비교하다
lock up	가두다
immediate	눈앞에 보이는, 당면한
in terms of	~측면[관점]에서
fall into	~에 빠져들다

routine	일상
escape	탈출(구)
immediately	즉시
in touch with	~와 접촉하여
guide	인도하다
various	다양한

08

소재 세계화로 인한 두뇌유출   정답 ③

세계화는 전 세계적인 두뇌 유출의 원인이 되었는데, 그것은 국가가 최고로 똑똑한 일꾼들을 빼앗기는 상황을 일컫는다. 2009년 아랍 연맹에 의한 보고서는 대략 십만 명의 과학자, 의사, 기술자가 매년 중동과 북아프리카 국가들을 떠나고 있으며, 그들 중 대부분이 전혀 돌아오지 않았다고 밝혔다. 또 다른 연구는, 자메이카로부터 41%와 가나로부터 30%를 포함하여, 다수의 개발도상국들의 의사들이 해외에서 일하고 있다고 시사했다. 많은 의사들이 희귀한 두뇌 질환의 주된 원인을 찾으려고 노력해왔다. 두뇌 유출은 심지어 몇몇 부유한 국가들까지도 걱정하게 만들었다. 예를 들어, 뉴질랜드 정부는 해외에 사는 전문직 종사자들을 다시 고국으로 돌아오라고 설득하기 위한 프로그램을 2006년에 시작했다.

해설 잘 교육받은 전문 인력이 국외로 유출되는 두뇌 유출 현상이 심화되고 있다는 것이 글의 요지이다. 의사들이 두뇌 질환의 원인을 찾으려고 노력한다는 것은 전체 흐름과 관계가 없으므로 정답은 ③이다.

어휘

globalization	세계화
be responsible for	~에 원인이 되다. ~에 책임이 있다
refer to	~을 언급하다, 일컫다
be deprived of	~을 빼앗기다
intelligent	총명한, 똑똑한
reveal	밝히다, 드러내다
roughly	대략, 거칠게
Middle East	중동
return	돌아오다, 반납하다
suggest	시사하다, 제안하다
developing country	개발도상국
abroad	해외에(서)
cause	원인; 야기하다
rare	희귀한
disease	질환, 질병
wealthy	부유한
government	정부
carry out	실행하다
persuade	설득하다
professional	전문가; 프로의

Mini Test 제2회   본문 p.116

01 ⑤	02 ②	03 ⑤	04 ④
05 ⑤	06 ①	07 ②	08 ③

01

소재 사회적 삶의 연극적 속성   정답 ⑤

수 세기에 걸쳐 많은 작가와 사상가들은 외부의 관점에서 인간들을 바라보며 사회적 삶의 연극적 속성과 마주해왔다. 이것을 표현하는 가장 유명한 명언은 셰익스피어에게서 비롯된다: "모든 세상은 연극 무대이고, 모든 인간은 단지 배우일 뿐이다; 그들은 입장하고 퇴장한다, 그리고 일생동안 한 인간은 다양한 역할을 연기한다." 만약 배우들이 전통적으로 가면을 쓰고 있다면, 셰익스피어와 같은 작가들이 우리 모두가 끊임없이 가면을 쓰고 있다는 것을 보여 주는 것이다. 어떤 사람들은 다른 사람보다 더 나은 배우이다. 연극 Othello 속 Iago와 같은 악인들은 그들의 적대적인 의도를 친근한 미소 뒤에 숨길 수 있다. 다른 사람들은 더 자신 있게 연기를 할 수 있고, 그들은 보통 리더가 된다. 훌륭한 연기력을 가지고 있는 사람들은 우리의 복잡한 사회적 환경을 더 잘 헤쳐 나갈 수 있고 앞서갈 수 있다.

해설 복잡한 사회적 삶의 가면을 쓰고 행동하는 듯한 연극적 속성에 대한 이야기를 하고 있다. 따라서 밑줄 친 부분이 글에서 의미하는 바로 가장 적절한 것은 ⑤ '우리의 행동을 주어진 사회적 상황에 맞추는 것'이다.
① 우리의 얼굴을 해로운 외부의 힘으로부터 보호하는 것
② 우리의 연기력을 뽐내기 위해 무대에서 공연하는 것
③ 경쟁에서 다른 사람들을 이겨서 자신감을 느끼는 것
④ 다른 사람들이 기대하는 것과 완전히 반대로 행동하는 것

어휘

angle	각도, 관점
characteristic	속성, 특성
expression	표현
traditionally	전통적으로
constantly	끊임없이
unfriendly	적대적인, 비우호적인
intention	의도
confidently	자신 있게
complex	복잡한
pass through	지나가다, 헤쳐 나가다
get ahead	앞서 가다
face	직면하다, 마주하다

02

소재 예의의 중요성   정답 ②

우리 모두는 마음속에 예의를 지니고 있다. 당신이 해야 하는 일은 그것을 기르고 강화하는 것뿐이다. 그것은 무거운 짐처럼 들릴 수 있지만, 그냥 자전거를 타는 것과 비슷하다. 일단 당신이 자전거 타는 방법을 배우면, 그 능력은 타고난 것이므로 그것은 당신의 곁에 머문다. 그렇지만 만약 당신이 결코 자전거를 타지 않는다면 당신은 그 선천적인 능력을 절대 활용하지 못할 것이다. 라틴계 사람들은 친절한 사람들이라고 한다. 사람들이 멕시코나 라틴아메리카를 방문하고 돌아오면, 그들은 항상 그들이 경험한 환대에 대해 언급한다. 나는 그것이 친절함 이상의 것이라고 생각한다. 라틴아메리카 사람들은 천성적으로 그리고 관습에 의해 사려 깊다. 이것은 우리가 만나는 모든 사람들과 우리 아이들에게 계속해서 전달해야 하는 것이다. 이런 식으로, 우리는 우리의 소중한 선천적인 능력을 잃지 않는 것을 확실하게 할 수 있다.

어휘

perceive	인식하다
see ~ as ...	~를 ...로 여기다
latest	가장 최근의, 최신의
innovative	혁명적인
case	사실, 경우
advance	발전, 진전
when it comes to	~에 관한 한
revolutionary	혁명적인
in terms of	~의 측면에서
economic	경제적인
revolution	혁명
meaningless	의미 없는
washing machine	세탁기
appliances	가전제품
diminish	줄이다
chore	허드렛일
take part in	참여하다
get rid of	제거하다, 없애다
occupation	직업
domestic	가사의, 국내의
telescope	망원경
overlook	간과하다, 무시하다
overestimate	과대평가하다
all sorts of	모든 종류의
mistaken	잘못된
corporate	기업의
policy	정책, 방침

05 정답 ⑤

소재 사육으로 인한 인간과 동물들의 뇌 크기의 감소

최근의 연구는 개와 진화한 인간의 관계가 두 종 모두의 뇌 구조를 바꿨다는 것을 시사한다. 사육으로 인해 야기된 다양한 신체적 변화들 중 하나는 뇌의 크기의 감소인데, 말은 16%, 돼지는 34%, 그리고 개는 10에서 30% 감소했다. 이것은 인간들이 그것들을 돌보기 시작했을 때 그 동물들이 생존하기 위한 다양한 뇌 기능을 더 이상 필요로 하지 않았기 때문이다. 인간에 의해 길러진 동물들은 그것들의 야생 조상들에 의해 요구된 기술 중 많은 것들을 필요로 하지 않았다. 그들은 그런 능력들과 관련된 뇌의 부분들을 잃어버렸다. 유사한 과정이 인간에게 나타났는데, 그들(인간)은 아마도 늑대에 의해 길들여졌을 것이다. 약 일만 년 전, 개의 역할은 대부분 인간 사회에서 확실하게 정해졌다. 인간의 뇌 또한 이 기간 동안에 약 10% 늘어났다(→ 줄어들었다).

해설 인간과 개, 그리고 몇몇 동물들은 오랜 시간동안 뇌의 크기가 감소해 왔는데, 이는 사육이나 길들임에 인해 나타난 결과이며, 인간도 예외가 아닐 것이라는 내용의 글이다. 따라서 ⑤의 expanded(늘어났다)를 shrank(줄어들었다)와 같은 단어로 바꿔 써야 한다.

어휘

suggest	시사하다, 제안하다
evolve	진화하다, 발전하다
structure	구조
species	종(種)

---

physical	신체적인, 물리적인
reduction	감소
various	다양한
function	기능; 기능하다
survive	생존하다
require	요구하다, 필요로 하다
ancestor	조상
related to	~과 관련된
similar	유사한, 비슷한
process	과정, 절차
occur	발생하다
probably	아마도
firmly	확실하게
establish	정하다, 설립하다
expand	늘어나다, 확장되다
shrink	줄어들다

06 정답 ①

소재 인간의 필수적 생존 기술이었던 편견

우리가 외부의 세계를 바라볼 때 편견을 갖고 있다는 것은 슬프게도 사실이다. 모든 인간은 우리를 부정확한 추측으로 이끄는 무의식적인 편견에 영향 받는다. 하지만, 편견은 필수적인 생존 기술이다. 만일 당신이, 가령 Homo Erectus처럼, 정글을 돌아다니는 초기 인류라면, 당신은 동물이 다가오는 것을 볼 것이다. 당신은 그것의 모습과 행동을 관찰하자마자 그 동물은 안전한지 아닌지에 대한 매우 빠른 추측을 해야 한다. 이것은 다른 인류에게도 적용된다. 당신은, 만약 필요하다면, 도망갈 많은 시간을 갖기 위해 위험에 대한 순간적인 결정을 내린다. 이것은 그들의 외모와 옷을 기초로 하여 다른 사람들을 분류하는 우리 성향의 하나의 근원(근본이 되는 뿌리)일 수 있다.

해설 부정확한 추측으로 이끌 수 있는 편견은, 오래 전부터 인간이 생존을 위한 빠른 판단을 위해 습득한 기술이었다는 내용의 글이다. 따라서 글의 빈칸에 들어갈 말로 가장 적절한 것은 ① necessary survival skill(필수적인 생존 기술)이다.

② 상상력의 기원   ③ 바람직하지 않은 정신적 능력
④ 관계에 대한 장애물   ⑤ 도덕적인 판단에 대한 도전

어휘

bias	편견
unconscious	무의식적인
lead ~ to ...	~을 ...하도록 이끌다
incorrect	부정확한
assumption	추측, 가정
perhaps	가령, 아마도
approach	다가오다, 접근하다
observe	관찰하다, 준수하다
sudden	순간적인, 갑작스러운
threat	위협, 협박
tendency	성향, 경향
label	(라벨을 붙여) 분류하다
based on	~을 기초로 하여
origin	기원, 유래
undesirable	바람직하지 않은
capacity	능력, 용량

barrier	장애물
moral	도덕적인

07
정답 ②

인류를 진보하게 했던 가정의 수정

우리는 우리가 안다고 '생각하는' 것에 따라 결정을 한다. 대다수의 사람들이 세상이 평평하다고 믿었던 것은 오래되지 않았다. (B) 이런 믿음은 사람들의 행동에 영향을 미쳤다. 이 기간 동안에, 탐험이 거의 없었다. 사람들은 만약 그들이 너무 멀리까지 여행을 하면, 그들이 지구의 가장자리에서 떨어질 것을 두려워했다. 그래서 대체로 그들은 그대로 있었다. (A) 그러나 세상은 둥글다는 사실이 그들이 과거에 했던 방식과 다르게 생각하도록 하게 했다. 이것이 발견된 후, 그들은 지구 곳곳으로 여행하기 시작했다. 무역 경로를 확립하였고, 향신료가 거래되었다. (C) 수학과 같은, 새로운 개념은 모든 종류의 혁신과 진보를 이끌었던 사회들 사이에서 공유되었다. 따라서 단순한 잘못된 가정의 수정은 모든 인류를 앞으로 나아가게 했다.

사람들이 과거, 세상이 평평하다고 믿었다는 주어진 문장 이후에, 그 영향으로 탐험을 거의 하지 않던 (B)가 오고, 세상이 둥글다는 사실이 그들의 행동 방식을 다르게 했다는 (A)가 이어진 뒤, 잘못된 가정의 수정은 인류의 발전을 이끌었다는 (C)로 이어지는 것이 글의 순서로 가장 적절하다.

according to	~에 따라
flat	평평한, 납작한
trade route	무역 경로
establish	확립하다, 설립하다
affect	영향을 미치다
behavior	행동, 행위
fear	두려워하다; 공포
fall off	떨어지다
edge	가장자리, 모서리
stay put	그대로 있다
mathematics	수학
innovation	혁신
advancement	진보
correction	수정
assumption	가정, 추측
whole	모든, 전체의
human race	인류
forward	앞으로

08
정답 ③

초기와는 다른 최근 농업시스템의 변화

초기의 농업 시스템은 사회 시스템의 일부로서 기술, 신념, 신화, 그리고 전통과 함께 진화되었다. 일반적으로, 사람들은 안정적인 식량 공급을 갖고 살기를 기대하며, 다른 지역에 다양한 농작물을 심었다. 이 시스템은 낮은 인구 수준에서만 유지될 수 있었고, 꽤 성공적이었다. 하지만 최근에, 농업은 많은 곳에서 그것의 지역적인 특성을 잃고, 세계 경제의 일부가 되어 왔다. 이것은 인기 있는 농작물과 수출 상품을 기르기 위한 농경지에 대한 증가된 압력을 초래했다. 더 많은 땅이 지역 식량 생산으로부터 수출과 교환을 위한 '환금 작물'로 전환되고 있는데, 각각의 작물은 이전보다 훨씬 더 많은 양으로 재배된다. 따라서, 점점 더 많은 땅은 자급자족용 작물을 위한 땅을 사용하

는 대신, 수출 농업을 위해 만들어 진다.

초기의 농업과는 달리, 최근의 농업은 지역적인 특성을 잃고, 인기 있는 농작물과 수출 상품을 기르는 것을 주로 했다는 내용이 연결되어야 하므로, 주어진 문장이 들어가기에 가장 적절한 곳은 ③이다.

agriculture	농업
local	지역적인, 지역의
character	특성, 특징
economy	경제
evolve	진화하다, 발전하다
along with	~과 함께
myth	신화
crop	농작물
stable	안정적인
supply	공급
maintain	유지하다
lead to	~을 초래하다, ~을 이끌다
increase	증가하다
pressure	압력, 압박
export goods	수출 상품
cash crop	환금작물(현금교환이 가능한 작물)
exchange	교환; 교환하다
quantity	양

Mini Test 제3회
본문 p.122

01 ③	02 ②	03 ④	04 ⑤
05 ②	06 ②	07 ③	08 ③

01
정답 ③

도와주려는 습관이 연습이 필요한 이유

우리가 필요한 대부분의 것을 가지려 노력할 필요가 있듯이, 연민은 연습이 필요하다. 우리는 곤경에 빠진 다른 사람들과 함께 하는 습관을 들이는 데 힘을 쏟아야 한다. 때때로 도움을 주는 것은 우리를 곤경에 빠뜨리지 않는 단순한 일이다. 우리는 낙담한 누군가에게 친절한 한마디를 말하거나, 그것이 우리가 해야 할 가장 좋아하는 것이기에 이따금 토요일 아침을 자원 봉사를 하는데 시간을 보낼 것을 기억할 수 있다. 다른 때에는, 남을 돕는 것이 진정한 희생을 수반한다. Jack London은 "개에게 뼈를 주는 것은 자선이 아니다."라고 말했다. "자선은 당신이 개만큼 배가 고플 때, 그 개와 함께 나눠 가진 뼈이다." 만약 우리가 다른 사람들을 돕기 위해 많은 작은 기회들을 가지려 연습을 한다면, 우리는 진정한, 힘든 희생을 요구하는 시기가 발생할 때 행동할 준비가 되어 있을 것이다.

곤경에 처한 다른 사람을 돕는 일은 단순하고 쉬울 수도 있지만, 진정한 희생을 수반할 수도 있기 때문에, 남을 돕는 습관을 위해 연습해야 한다는 내용의 글이다. 그러므로 글의 주제로 가장 적절한 것은 ③ '다른 사람들을 도와주는 연습의 중요성'이다.

① 다른 사람들과 조화롭게 사는 것의 혜택[이익]

② 친절하게 말하는데 있어서 연습의 효과
④ 곤경에 처한 사람들을 돕는 수단[방법]
⑤ 새로운 습관을 형성하는데 있어서 어려움

어휘

make an effort	노력하다
compassion	연민
matter	일, 사안, 문제
put ~ into trouble	~을 곤경에 빠뜨리다
down	낙담한, 우울한
occasional	이따금의, 가끔의
involve	수반하다, 포함하다
sacrifice	희생
charity	자선
share	나누어 갖다, 공유하다
opportunity	기회
require	요구하다, 필요로 하다
benefit	혜택, 이익
in harmony	조화롭게
effect	효과, 영향, 결과
means	수단, 방법
form	형성하다, 만들다

02 정답 ②

소재 AI로 인한 새로운 직업의 창출

예술부터 건강관리에 이르는 모든 것에서의 많은 전통적인 직업의 상실은 새로운 인간 직업의 창조에 의해 부분적으로 상쇄될 것이다. 알려진 질병을 진단하고 익숙한 치료는 해주는 것에 집중하는 의사들은 아마도 AI 의사들로 대체될 것이다. 그러나 그것 때문에, 인간 의사와 실험실 조교에게 지불하기 위해 이용 가능한 훨씬 더 많은 돈이 있을 것이다. 그들은 놀랄만한 연구를 하고 새로운 약이나 수술 체계를 개발할 것이다. AI는 또 다른 방식으로 새로운 인간의 직업을 만드는 것을 도울 것이다. AI와 경쟁하는 인간들 대신에, 그들은 AI를 정비하고 사용하는 것에 집중할 수 있다. 예를 들어, 드론에 의한 인간 조종사의 대체는 몇몇 직업의 상실을 초래했다. 하지만 그것은 정비, 원격조종, 자료 분석, 그리고 사이버 보안에 있어 새로운 많은 기회들을 창조했다.

해설 전통적인 직업은 감소하고 있는 추세이지만, AI에 파생되는 새로운 직업의 기회들이 만들어지고 있다는 내용의 글이다. 따라서 글의 제목으로 가장 적절한 것은 ② 'AI는 정말로 당신의 직업에 대한 위협인가?'이다.
① 조심하라! AI가 당신의 마음을 읽을 수 있다
③ 미래의 직업: 더 적은 일, 더 많은 이득
④ AI의 발달을 위해 계속 진행 중인 도전[어려움]
⑤ 무엇이 로봇을 더 영리하게 하는가?

어휘

loss	상실, 손실
partly	부분적으로
diagnose	진단하다
familiar	익숙한, 친숙한
treatment	치료, 대우, 처리
replace	대체하다
available	이용 가능한

assistant	조교, 조수
surgical	수술의, 외과의
compete	경쟁하다
focus on	~에 집중하다
replacement	대체
service	정비하다, 수리하다
opportunity	기회
maintenance	정비, 유지
analysis	분석
security	보안, 안전
threat	위협
gain	이득, 이익
ongoing	계속 진행 중인
challenge	도전, 어려움, 난관

03 정답 ④

소재 비언어적 의사소통의 기능

우리는 언어적 의사소통 대신에 비언어적 의사소통을 사용할 수 없다. 오히려 전자(언어적 의사소통)는 보충으로서 기능해야만 하며, 메시지가 포함하는 내용의 풍부함을 개선하도록 도움을 주어야 한다. 비언어적 의사소통은 말하기가 불가능하거나 부적절하지도 모르는 상황에서 유용할 수 있다. 당신이 어떤 개인과 이야기하는 동안 불편한 입장에 있다고 상상해 보라. 비언어적 의사소통을 통해, 당신은 다시 편안해지기 위해서는 대화로부터 떨어져 약간의 시간을 보낼 필요가 있다는 메시지를 그 또는 그녀에게 보낼 수 있다. 또 다른 장점은 그것이 감정과 태도를 적절하게 표현할 수 있는 기회를 당신에게 제공한다는 것이다. 비언어적 의사소통의 도움 없다면, 당신은 당신의 본성과 성격의 여러 측면을 적절하게 표현할 수 없다. 이러한 이유로 비언어적 의사소통은 언어적 의사소통을 대체하는 것이 아니라 오히려 그것을 보완하는 것이다.

해설 ④ 보어역할을 하는 자리이다. what이 이끄는 명사절은 불완전한 문장을 이끌고 오는데 반해 해당 문장은 문장의 필수요소를 모두 갖춘 완전한 절이므로, what을 명사절 접속사 that으로 고쳐야 한다.
① 문장 다음에 접속사가 없이 동사를 취할 수 없으므로, 분사구문을 활용한 것은 적절하다.
② situations를 수식하는 관계부사 where 뒤의 문장구조가 완전한 형태이므로 어법상 적절하다.
③ 목적을 나타내는 부사로 쓰인 to 부정사구는 적절하다.
⑤ does not substitute와 병렬을 이루는 구조로 주어(non-verbal communication)에 해당하는 동사(complements)를 쓴 것은 적절하다.

어휘

non-verbal	비언어적인
verbal	언어적인, 말의
former	전자
function	기능하다; 기능
serve	도움을 주다
richness	풍부함
content	내용
improper	부적절한
advantage	장점
attitude	태도
properly	적절하게

aid	도움, 지원
adequately	적절히
aspect	측면
personality	성격
substitute	대체하다
complement	보완하다

04
정답 ⑤

소재 잘못된 인과관계의 귀착

사람들은 자연스럽게 사건의 원인을 찾고 설명과 이야기를 구성하는 경향이 있다. 그것이 스토리텔링이 설득력 있는 도구인 이유 중 하나이다. 이야기는 우리에게 우리의 경험을 상기시키고 새로운 사례의 예를 제공한다. 우리의 경험과 다른 사람들의 이야기에서, 우리는 사람들이 행동하고 사물이 작동하는 방식에 대한 일반화를 형성할 가능성이 있다. 우리는 원인을 사건에 연결하고 이러한 인과관계 쌍이 의미가 있는 한, 그들을 통해 우리는 미래의 사건을 이해한다. 그러나 이러한 인과 관계의 귀착은 종종 잘못되기도 한다. 때때로, 그들은 잘못된 원인을 가리키기도 하고, 몇몇 결과는 단일 원인이 아니라 복잡한 일련의 사건으로 인해 발생한다. 만약 사건들 중 어떤 하나라도 발생하지 않았었다면, 그 결과는 유사할(→ 다를) 것이다. 그러나, 심지어 하나의 원인이 되는 행동이 있지 않을 때조차도 사람들은 계속해서 하나의 원인이 되는 행동을 하나의 결과와 연결한다.

해설 사람들은 행동이나 사물의 작동방식에 대해 인과관계를 통해 일반화하려는 경향이 있는데, 다수의 사건들에 의해 하나의 결과가 나오는 경우, 다수의 사건들(원인들)중 어느 하나가 발생하지 않았다면 결과는 당연히 달라져야 한다. 따라서, ⑤의 similar(유사한)를 different(다른)와 같은 단어로 바꾸어야 한다.

어휘

naturally	자연스럽게
look for	~을 찾다
cause	원인
form	형성하다, 구성하다
be likely to	~할 가능성이 있다, ~하기 쉽다
explanation	설명
persuasive	설득력 있는
remind ~ of ...	~에게 ...를 상기시키다
generalization	일반화
behave	행동하다
pairing	한 쌍
causal	인과 관계의, 원인이 되는
incorrect	부정확한
complex	복잡한
chain	사슬
occur	일어나다, 발생하다
single	(단) 하나의

05
정답 ②

소재 광고와 지도의 공통점

광고와 지도 제작은 무엇을 공통점으로 가진다고 당신은 생각하는가? 의심할 바 없이, 최고의 대답은 그들이 진실의 제한된 형태를 전달할 필요성을 공유한다는 것이다. 광고는 소비자에게 매력적인 이미지를 만들어야 하고, 지도는 여행자에게 명확한 이미지를 제시해야 하지만, 어느 것도 모든 것을 말하거나 보여줌으로써 그것의 목적을 달성할 수는 없다. 그것은 유사 제품과 우호적인 비교를 촉진하거나, 제품을 경쟁사와 차별화하거나, 회사 이미지를 향상시킬 때, 광고는 긍정적인 측면을 강조하거나 최대화함으로써 고객에게 제한된 정보에 대해 말하고, 이렇게 그들이 광고하는 회사나 서비스의 부정적인 측면을 숨기거나 최소화한다. 마찬가지로 지도도 그것을 사용하는 사람을 혼란스럽게 하거나 주의를 산만하게 하는 세부 정보를 제거해야 한다.

해설 광고와 지도 제작은 제한된 형태의 진실을 전달한다는 점에서 공통점이 있지만, 광고는 제품의 부정적인 측면을 숨기고, 지도는 사용자를 혼란스럽게 하는 세부사항을 제거해야 한다는 내용의 글이다. 따라서 빈칸에 들어갈 말로 가장 적절한 것은 ② telling or showing everything(모든 것을 말하거나 보여줌)이다.

① 정보의 양을 줄임
③ 사람들의 의견을 들음
④ 시각적 이미지에만 의존함
⑤ 모든 이에게 이용할 수 있게 함

어휘

have in common	~을 공통점으로 가지다
advertising	광고
map-making	지도제작
doubt	의심
communicate	전달하다, 알리다
limited	제한된
version	형태, 판, 버전
appealing	매력적인
present	제시하다, 나타내다
promote	촉진하다, 홍보하다
favorable	우호적인
comparison	비교
differentiate	차별화하다
competitor	경쟁자
improve	향상시키다
highlight	강조하다
thus	이렇게, 따라서
negative	부정적인
distract	산만하게 하다

06
정답 ②

소재 문화 상대주의의 모순

윤리적 그리고 도덕적 체계는 문화마다 다르다. 문화 상대주의는 이러한 모든 시스템이 동등하게 유효하고 가치가 있다고 말한다. (B) 흥미로운 점은 문화 상대주의는 선과 악의 진정한 기준이 실제로 존재하지 않는다고 (말)한다는 것이다. 따라서 어떤 것이 옳고 그름을 판단하는 것은 개별 사회의 신념에 달려 있고, 그것은 어떠한 도덕적 또는 윤리적 견해에 영향을 미친다. (A) 여기에서, 우리는 문화적 상대주의에서 논리적 모순을 발견한다. 만약 옳고 그름이 없다는 생각을 받아들이면, 애초에 판단할 방법이 없다. 이러한 불일치를 처리하기 위해 문화 상대주의는 "관용"을 만든다. (C) 그러나, 관용은 불관용을 수반하는데, 이것은 관용이 일종의 궁극적인 선을 포함해야 함을 의미한다. 따라서 관용은 또한 문화 상대주의라는 바로 그 개념에 위배되는 것이며, 이러한 논리적 불일치는 문화 상대주의를 불가능하게 만든다.

해설 윤리와 도덕 체계가 문화마다 다르다는 문화 상대주의의 개념을 진술하고 있는 주어진 글 다음에, 옳고 그름의 판단은 개별 사회의 신념체계에 달려있다는 (B)가 이어지고, 선악의 기준이 존재하지 않는다면 판단의 근거가 없게 되므로, 문화 상대주의에서 '관용'의 개념을 만든다는 내용의 (A)가 온 후, 관용에는 궁극적 선(善)의 개념이 포함되어 있기 때문에, 선악의 절대적 기준이 없다는 문화 상대주의가 모순이 된다는 (C)가 이어지는 것이 글의 순서로 가장 적절하다.

어휘

ethical	윤리적인
moral	도덕적인
relativism	상대주의
state	말하다, 진술하다
valid	유효한
valuable	가치 있는
equally	동등하게, 똑같이
judgment	판단
in the first place	애초에
deal with	~을 처리하다
standard	기준
depend on	~에 달려있다
individual	개별적인, 개개의
contain	포함하다
ultimate	궁극적인
go against	~에 위배되다
notion	개념

07　　　　　　　　　　　　정답 ③

소재 호혜주의와 서열 관계

포획된 침팬지 한 마리에게 수박이나 잎이 많은 가지와 같이 많은 양의 음식을 주고 다음에 오는 일을 관찰함으로써, 우리는 호혜주의를 알아낼 수 있다. 먹이 소유자는 그 또는 그녀 주변에 다른 침팬지들에 둘러싸인 채로 중심에 있게 되고, 곧 모든 먹이가 다 분배될 때까지, 상당히 많은 몫을 얻은 침팬지들 주위에 몇몇의 새로운 그룹이 형성될 것이다. 먹이를 구걸하는 침팬지들은 불평하고 울부짖을 수도 있지만, 공격적인 충돌은 드물다. 간혹 그것들이(충돌들이) 정말 발생할 때, 누군가를 무리에서 떠나게 하려는 것은 (먹이) 소유자다. 그녀는 그들이 그녀를 홀로 남겨둘 때까지 그들의 머리를 나뭇가지로 때리거나 그들에게 높은 소리로 짖을 것이다. 그들의 서열이 무엇이든 간에, (먹이) 소유자가 먹이 흐름을 제어한다. 일단 침팬지들이 호혜주의 상태에 접어들면, 그들의 사회적 서열은 더 이상 중요하지 않다.

해설 충돌이 발생할 때, 누군가를 무리에서 떠나게 강제하는 것은 먹이 소유자라는 내용의 주어진 문장은, 충돌을 언급한 문장 다음에 위치하여야 하고, 먹이 소유자가 어떤 방식으로 누군가를 무리에서 떠나게 하는지가 서술된 문장 앞인 ③에 들어가기에 가장 적절하다.

어휘

follow	다음에 오다, 뒤따르다

possessor	소유자
circle	무리
captivity	포획(된 상태), 감금
leafy	잎이 많은
branch	가지
obtain	얻다
fairly	상당히, 꽤
share	몫; 공유하다
surround	둘러싸다
distribute	분배하다
beggar	거지, 가난뱅이
complain	불평하다
aggressive	공격적인, 침략적인
conflict	갈등, 충돌
rare	드문
bark	소리를 지르다, 짖다
high-pitched	고음의
control	제어하다, 통제하다
rank	서열

08　　　　　　　　　　　　정답 ③

소재 의견 형성에 있어 초기 정보의 역할

한 실험에서, 실험 대상자들은 한 사람이 30개의 선다형 문제를 푸는 것을 지켜보았다. 모든 경우에서, 그 사람은 문제 중 15개를 정확하게 풀었다. 한 실험 대상자 집단은 그 사람이 전반부에 더 많은 문제를 정확하게 푸는 것을 보았고, 다른 실험 대상자 집단은 그 사람이 후반부에 더 많은 문제를 정확하게 푸는 것을 보았다. 그 사람이 전반부에서 더 잘하는 것을 본 전자의 집단은 그 사람을 더 똑똑하다고 평가하였고 그가 더 많은 문제들을 올바르게 풀었다고 기억해 냈다. 그 차이점은 한 집단은 처음의 데이터(정보) 세트에서 그 사람이 똑똑하다는 의견을 형성하였지만, 나머지 한 집단은 그 반대의 의견을 형성했다는 것이다. 일단 이러한 의견이 형성되면, 반대되는 증거가 제시될 때, 그것은 나중의 수행을 우연이나 문제 난이도와 같은 어떤 다른 원인의 탓으로 돌림으로써 간과될 수 있다.

→ 사람들은 초반의 정보에 근거하여 의견을 형성하는 경향이 있고, 의견에 대한 반대 증거가 제시될 때, 그것은 무시되기 쉽다.

해설 한 사람이 문제를 능숙하게 해결하는 것을 어떤 시기에 보았느냐에 따라 그 사람에 대한 평가가 달라진다는 내용의 글이다. 실험에 따르면, 전반부에 정확하게 문제를 푸는 것을 본 사람들은 그 사람에 대한 평가를 더 긍정적으로 하며, 반대되는 증거는 다른 원의 탓으로 돌린다고 하였으므로, (A)와 (B)에 들어갈 말로 가장 적절한 것은 ③ '초반의(earlier) – 무시된(ignored)'이다.

① 더 많은 – 받아들여지기　　② 제한된 – 확정되기
④ 정확한 – 열등한　　　　　　⑤ 더 쉬운 – 우월한

어휘

experiment	실험
multiple-choice	선다형의
former	전자의, 앞서 말한
rate	평가하다
intelligent	똑똑한, 총명한
recall	기억해 내다, 상기하다
initial	처음의
opposite	반대의

opinion	의견
opposing	반대되는
evidence	증거
overlook	간과하다
attribute ~ to ...	~을 …의 탓으로 돌리다
performance	수행, 성과
chance	우연

MEMO